S. FISCHER

Zu diesem Buch

Lange Zeit bewunderte die Welt Deutschland für seine Kraft, Stabilität und Weltoffenheit. Aber die Mittelschicht schrumpft, die sozialen Aufstiegschancen sind gering. Die rechtspopulistische AfD sitzt im Bundestag, das Land ist gespalten. Ein großer Teil der Deutschen steht unter erheblichem Druck. Was bedeutet das für den Einzelnen und für das ganze Land, wenn das bundesrepublikanische Versprechen vom Wohlstand für alle nicht mehr gilt? Anhand verschiedener Lebensgeschichten zeichnet die Journalistin Jana Simon ein differenziertes Bild Deutschlands von 2013 bis heute, das die politische, soziale und gesellschaftliche Wucht der Veränderungen eindrücklich wiedergibt.

Nahaufnahmen einer verunsicherten Nation: Ein Polizist aus Thüringen, eine alleinerziehende Krankenschwester, der frühere EZB-Direktor Jörg Asmussen, der heute Investmentbanker ist, eine junge »Influencerin« aus Berlin, eine Familie, die um ihren Mittelklassestatus und mit den Auswirkungen des Dieselskandals kämpft und der AfD-Vorsitzende Alexander Gauland.

Die Autorin und Journalistin Jana Simon schreibt für die ›Zeit‹ u. a. über IS-Rückkehrer, die AfD, globale Friedensvermittler und hat den Fall Dieter Wedel, dem mehrere Frauen sexuelle Belästigung vorwerfen, mit aufgedeckt. Für ihre Reportagen erhielt sie zahlreiche Preise, u. a. den Theodor-Wolff-Preis, den Axel-Springer-Preis und den Deutschen Reporterpreis. 2018 wurde sie »Reporterin des Jahres«. Ihr Buch »Sei dennoch unverzagt. Gespräche mit meinen Großeltern Christa und Gerhard Wolf« (2013) war ein Bestseller. Jana Simon lebt in Berlin.

Weitere Informationen finden Sie auf www.fischerverlage.de

JANA SIMON

UNTER DRUCK

Wie Deutschland
sich verändert

S. FISCHER

Den Kapiteln über Jörg Asmussen und Thomas Matczak 2013 und über Alexander Gauland 2015/2016 liegen bereits veröffentlichte Artikel der Autorin im ›Zeitmagazin‹ zugrunde. Sie wurden für die Buchausgabe überarbeitet und verändert.

Aus Gründen des Datenschutzes wurden Namen und Wohnorte der Patienten von Bożena Block in diesem Buch geändert.

MIX
Papier aus verantwor-
tungsvollen Quellen
FSC
www.fsc.org
FSC® C083411

Erschienen bei S. FISCHER

© 2019 S. Fischer Verlag GmbH,
Hedderichstr. 114, D-60596 Frankfurt am Main

Umschlaggestaltung: Büro KLASS, Hamburg
Foto: Frank Rothe
Lektorat: Tanja Ruzicska, Berlin
Satz: Dörlemann Satz, Lemförde
Druck und Bindung: CPI books GmbH, Leck

Printed in Germany
ISBN 978-3-10-397389-1

INHALT

VORWORT

In der Biographie jedes Einzelnen spiegelt sich die Welt. Und in jeder Biographie spiegelt sich die Wirklichkeit eines Landes. *»Dieser Maßstab hat mich schon immer fasziniert – der Mensch, der einzelne Mensch. Denn im Grunde passiert alles dort«*, schreibt die weißrussische Schriftstellerin und Nobelpreisträgerin Swetlana Alexijewitsch in ihrem Buch »Secondhand-Time«.

Anhand von Lebensgeschichten zeichne ich ein Bild Deutschlands der Gegenwart und der Entwicklung der vergangenen Jahre. Ein Biographiengewebe, in dessen Mittelpunkt sechs Menschen stehen, die an sehr verschiedenen, aber aus meiner Sicht entscheidenden Stellen der deutschen Gesellschaft wirken. Es sind Porträts von Frauen und Männern: die alleinerziehende Krankenschwester Bożena Block, die junge Influencerin Lisa Banholzer, der einstige EZB-Direktor und heutige Investmentbanker Jörg Asmussen, der AfD-Vorsitzende Alexander Gauland, der Polizist Thomas Matczak und die Familie Reichenbach, die mit der Last des Eigenheims, der Erhaltung ihres Mittelklassestatus und den Auswirkungen des Dieselskandals kämpft. Es sind Beschreibungen von Einzelschicksalen. Subjektive Beobachtungen, die keinen Anspruch darauf erheben, repräsentativ zu sein. Trotzdem kann man meiner Meinung nach Übertragbares aus ihnen herauslesen.

Wie in einem Brennglas verdeutlichen diese Biographien die Veränderungen in Deutschland, versinnbildlichen die Umbrüche in gemeinhin wichtigen Bereichen wie Gesundheit, Rente, Bildung, Europa, Migration, Geldpolitik, Rechts- und Linksextremismus, Populismus, Wirtschaft, Globalisierung, Terror, Innere Sicherheit, Islamismus, und Digitalisierung, und wie diese sich im Alltag eines jeden Einzelnen und in der gesamten Gesellschaft auswirken. Nahaufnahmen einer verunsicherten Nation.

Manche Gesprächspartner, wie Thomas Matczak, Jörg Asmussen und Alexander Gauland, kenne ich schon länger und habe immer wieder über sie geschrieben. Bożena Block, Lisa Banholzer und Familie Reichenbach kamen später hinzu, sie alle stammen aus verschiedenen sozialen Schichten, Milieus, Berufen und Generationen. Einige habe ich über viele Jahre hinweg immer wieder gesprochen, andere kürzer, aber dennoch sehr intensiv.

Etwas eint alle meine Gesprächspartner in diesem Buch, sie empfinden Druck, auf vielfältige und unterschiedlich ausgeprägte Weise. Manche erwähnen ihn in fast jedem Satz, bei anderen ergibt er sich eher aus der Gesamtbetrachtung. Und Alexander Gauland tritt in einer Zwitterrolle auf, er selbst ringt darum, in die erste Reihe der Politik zu gelangen, zugleich setzen er und seine Partei ein ganzes Land unter Druck.

Es gibt keinen Tag, an dem ich oder meine Gesprächspartner festmachen könnten, wann diese schleichende Veränderung Deutschlands begann, der steigende Druck, die allmähliche Zersetzung der Gemeinschaft. Wann habe ich den Druck selbst zum ersten Mal gespürt? Vielleicht in der Finanzkrise 2008/2009? Ganz sicher jedoch 2010 und 2011 in den USA, als ich für sieben Monate mit meiner Familie in Los Angeles lebte. Die Vereinigten Staaten erschienen damals von der Finanz- und Immobilienkrise ausgezehrt, in Downtown Los Angeles erhoben sich jeden Morgen hinter unserem Haus hunderte Obdachlose vom Asphalt, die in Zelten auf der Straße hausten. Aber von meinen amerikanischen Freunden und Bekannten nahm sie kaum einer wahr, und vor allem mochte niemand über sie sprechen. Als würden sie allein durch das Verschweigen verschwinden.

Im Januar 2011 berichtete ich für die *Zeit* aus Tucson, Arizona, über das Attentat auf die demokratische Kongressabgeordnete Gabrielle Giffords. Es war der erste Anschlag auf einen US-Bundespolitiker nach dem Angriff auf Ronald Reagan 1981. Zuvor war Giffords bedroht worden, sie hatte sich für eine Reform des Gesundheitswesens ausgesprochen. Ich sprach mit einem der Gründer der Tucsoner Tea Party. Er hielt Demokraten schlicht für verrückt. Sein demokratischer Gegenspieler machte die Tea-Party-Anhänger für das Attentat verantwortlich. Beide Seiten standen sich vollkommen unversöhnlich gegenüber. Im Prinzip nahmen sie das vorweg, was heute tägliche Normalität ist in den Nachrichten und in der Wirklichkeit.

Damals hatte ich das Gefühl, dass in den Vereinigten Staaten, eine Gemeinschaft wie ich sie kannte, nicht mehr existierte. Eine Gesellschaft in Auflösung.

Als ich im Sommer 2011 nach Deutschland zurückkehrte, wirkte das Leben in Berlin im Vergleich zu Los Angeles geradezu harmonisch entspannt. Ich dachte, wenn es stimmt, dass Entwicklungen aus den Vereinigten Staaten mit ein wenig Zeitverzögerung nach Europa kommen, kann man sich nur fürchten.

Und sie kamen. Sichtbar wurden die Verschiebungen in Deutschland aber erst nach und nach. Ein Jahr ist mir dabei besonders im Gedächtnis geblieben – 2013, das Ausgangsjahr dieses Buches, dem die Griechenlandrettung, die Eurokrise, der Kriegsausbruch in Syrien und die Entdeckung des rechtsextremen NSU-Terror-Trios vorausgegangen waren. Das Jahr, in dem der

Ukraine-Konflikt eskaliert, der NSU-Prozess anfängt und sich die AfD gründet.

In diesem Jahr treffe ich den fast achtzigjährigen Horst Wilde in seiner Berliner Wohnung, aus der er nach 41 Jahren ausziehen muss, weil die Miete nach einer »energetischen Sanierung« und den Modernisierungsmaßnahmen das Fünffache kostet. Ich spreche mit den Angehörigen eines NSU-Opfers, die jahrelang als Täter verdächtigt wurden. Polizeibeamte hatten sich bei den Befragungen der Familien als Journalisten und Privatdetektive ausgegeben. Erstmals ziehen deutsche Islamisten in den Syrienkrieg.

Ende 2014/Anfang 2015 beginnen die Menschen in Dresden, auf die Straße zu gehen und gegen eine »Islamisierung des Abendlandes« zu demonstrieren und Journalisten wie mich als Vertreter einer »Lügenpresse« zu beschimpfen. Wie tief Journalisten verabscheut werden, erfahre ich zum ersten Mal leibhaftig im Frühjahr 2015 in Montabaur. Ich bin von der *Zeit*-Redaktion zum Wohnort des Todespiloten der Germanwings-Maschine geschickt worden. Als ich dort ankomme, ist die Stimmung bereits aggressiv. Reden mag fast niemand mehr. Die Straße zum Elternhaus des Kopiloten ist gesperrt, weil zu viele Übertragungswagen und Reporter dorthin drängen. Kollegen rufen jeden einzelnen der ehemaligen Mitschüler des Piloten an.

Ich besuche den ehemaligen Grundschullehrer des Kopiloten in seinem Wohnzimmer. Ein niederländisches TV-Team ist auch schon da. Es bittet den Gastgeber darum, mit ihnen gemeinsam eine *Bild*-Zeitung kaufen zu gehen: Die Fernsehleute brauchen Schnittbilder, und *Bild* hat das aussagekräftigste Titelblatt, das erklären sie ihm aber nicht. Die Beobachtung der Szene bereitet Unbehagen. Der Lehrer schaut ein wenig verunsichert zu seiner Frau. Die ist nicht begeistert. Sie sagt: »Wir lesen die *Bild*-Zeitung nicht. Das ist für uns die Lügenpresse.« Sie meint es nicht böse, aber es klingt so. Noch vor kurzem hätte in einem Gespräch wie diesem keiner eine »Lügenpresse« erwähnt.

Heute vergeht kaum ein Interview, bei dem ich nicht gefragt werde, wer mich bezahlt und wer eigentlich bestimmt, was ich schreibe und was gedruckt wird. Journalisten als Lakaien der Mächtigen, die sich von der Wirklichkeit und der Suche nach Wahrheit verabschiedet haben? Leider tragen Journalisten auch ihrerseits einiges zu diesem Bild bei. Das Misstrauen zieht sich durch alle gesellschaftlichen Schichten und beschränkt sich nicht nur auf Ostdeutschland.

Seitdem ist der Druck stetig gestiegen. Die Ankunft der Flüchtlinge 2015, eine weitere Zäsur, führt zu einer weiteren Spaltung der Gesellschaft. Und durch den Aufstieg der AfD verschieben sich die Grenzen des Sagbaren, die Gräben reichen nun immer tiefer.

Gegenüber von meiner Berliner Wohnung ziehen 2016 mehrere osteuropäische Obdachlose unter das U-Bahn-Viadukt. Jeden Morgen kann ich ihnen Auge in Auge beim Kochen, Essen und Verrichten ihrer Notdurft zuschauen. Ab und zu entfachen sie auch ein Feuer. Es ist fast wie in Los Angeles. Über den Umgang mit ihnen zerstreiten sich die Mieter des Hauses. Die einen halten das Elend nicht mehr aus und wollen die Obdachlosen möglichst in ihre Heimatländer vertreiben, die anderen wollen am liebsten Decken und Matratzen spenden. Kommuniziert wird irgendwann nur noch über Aushänge im Hausflur.

Im Herbst 2017 werde ich schließlich bei einer Kunstaktion des Zentrums für politische Schönheit, das im dörflichen Nachbargarten des thüringischen AfD-Fraktionsvorsitzenden Björn Höcke das Holocaust-Mahnmal in Miniaturformat aufstellt, von einer sehr aufgebrachten Menge aus zornigen Anwohnern und AfD-Anhängern fast verprügelt. Die Wütenden gehen auf die

Künstler los. Die hatten sich zuvor monatelang als harmlose Mieter und Nachbarn ausgegeben. Die Künstler provozieren und die, die sich angesprochen und getäuscht fühlen, reagieren.

Es ist das erste Mal, dass ich abgesehen von Handgemengen bei Demonstrationen im vereinten Deutschland leibhaftige Gewalt erlebe – aus politischen Gründen. Szenen aus einem gespaltenen Land: Keine Seite findet für die andere noch Worte, so bleiben nur Taten. Und zwischen die Fronten zu geraten ist gefährlich.

An welchen Stellen ist der zunehmende Druck noch spürbar? Vielleicht daran, dass Heimat nicht mehr unbedingt dort ist, wo man geboren und aufgewachsen ist oder sich wohl und zu Hause fühlt, sondern dort, wo man sich Wohnraum leisten kann. Im Februar 2019 lese ich in der *Süddeutschen Zeitung* einen Artikel über Hans-Jochen Vogel, ehemaliger Kanzlerkandidat und SPD-Vorsitzender. Er ist inzwischen 93 Jahre alt und lebt in einem Münchner Seniorenheim. Von da aus führt er einen Kampf gegen die exorbitant steigenden Bodenpreise, er erkennt darin ein Problem, das Deutschland in seinen Grundfesten bedroht: Wo und wie man wohnt und lebt. Vogel sitzt im Rollstuhl und diktiert Briefe. Er wirkt wie der Vertreter einer aussterbenden Spezies, wie einer der Letzten, die noch Zeit und Muße haben, sich so eines wichtigen Themas anzunehmen.

Hans-Jochen Vogel kämpft gegen etwas, das in den Gesprächen mit fast allen Menschen für dieses Buch eine existentielle Rolle spielt – gestiegene Mieten und Eigentumspreise, unsicherer Wohnraum. Gefährdete Lebensorte.

Und noch etwas kommt in allen Gesprächen sehr häufig vor: Angst, Angst vor der Zukunft, vor Verlust, Abstieg, Armut, Alter, Krankheit, politischer Spaltung und Instabilität der Welt. Der Abschied von Gewissheiten zeigt sich zuweilen in Kleinigkeiten wie einer misslungenen Vertragskündigung. Manchmal wird die Furcht auch sehr konkret: Alle Gesprächspartner haben ihre wörtlichen Zitate autorisiert. Ein schwieriger Prozess. Bei Familie Reichenbach etwa musste ich die Namen und Details aus ihrem Leben ändern. Jörg Asmussen durfte ich trotz seiner Zusage später fast nicht mehr bei seiner Arbeit begleiten oder beobachten. Die Gespräche in Cafés, die noch möglich waren, verdichtete ich zu Wortlautprotokollen, aber am Ende waren auch sie zu viel und zu nah. Jörg Asmussen und sein Arbeitgeber, die US-amerikanische Investmentbank Lazard, haben sie nicht freigegeben, deshalb stehen an ihrer Stelle nun Gespräche, deren Veröffentlichung sie schließlich zugestimmt haben. So gut wie angstfrei erscheint nur Alexander Gauland, vielleicht, weil er nichts mehr zu verlieren hat.

Ich habe mich bemüht, allen meinen Gesprächspartnern offen zu begegnen. Bei Alexander Gauland brachte mich das ab und zu an meine Grenzen. Nach seiner Aussage, dass wir das Recht hätten, auf die Leistungen der deutschen Soldaten in zwei Weltkriegen stolz zu sein, erschien ich bei einem Treffen mit ihm in seinem Potsdamer Lieblingslokal derart aufgewühlt, dass ich sogleich den gesamten Wein auf mich und meine Aufzeichnungen verschüttete. Als wollte ich seine Worte buchstäblich aufweichen. Immer wieder zweifelte ich daran, ob ich ihm mit meiner Beschreibung zu viel Raum, eine zu große Plattform biete. Andererseits reiben sich alle anderen Gesprächspartner in diesem Buch an ihm und der AfD, es gibt niemanden, der nicht auf Gauland reagiert. Kaum jemand hat Deutschland in den vergangenen Jahren so verändert und in Atem gehalten wie er und seine Partei. Ich kann nicht so tun, als würde es einen inzwischen ziemlich großen Teil der deutschen Bevölkerung nicht geben. Es sind meine Mitbürger, Mitmenschen. Wir.

Denn was bleibt, wenn kein Gespräch mehr möglich ist, wenn die Berührungspunkte schwinden, wenn der Dialog endet?

2013

JÖRG ASMUSSEN

Manchmal in dieser Sommernacht Ende August 2013 bekommt Jörg Asmussen einen leeren Blick, als würde er gern kurz ausrasten, wenigstens ein bisschen stänkern, aber dann ist der Augenblick wieder vorüber. Asmussen sitzt in einem Athener Restaurant, eingeklemmt zwischen schwergewichtigen älteren Herren: dem Direktor des größten griechischen Kreditinstituts, der National Bank of Greece (NBG), und den Chefs der wichtigsten Wirtschaftskonzerne des Landes – Telekommunikation, Energie, Schifffahrt und Tourismus. Die verbliebene Macht der Griechen. Ein warmer Wind weht über die Bucht, auf dem Tisch vor Asmussen wartet der erste Gang, ein riesiger Teller Orzo, griechische Nudeln.

Der Direktor der NBG, im vergangenen Jahr war er noch Finanzminister, erhebt die Stimme, er begrüßt seinen »Freund Jörg«, mit dem er schon viele schwierige Nächte durchgestanden habe. Dann ergreifen die Männer nacheinander das Wort, manche haben Zettel mit Stichpunkten vorbereitet, die sie abarbeiten. Sie reden gegen das Zirpen der Grillen an, werden immer lauter, immer intensiver. Sie reden, als sei dieser Deutsche, der aussieht, als nehme er nach 15 Uhr keine Kohlenhydrate mehr zu sich, ihre letzte Chance. Die Rettung ihres Landes, ihrer Posten vielleicht.

Sie wissen, Jörg Asmussen ist nicht nur Notenbanker, Mitglied des Direktoriums der Europäischen Zentralbank (EZB), er ist auch eng mit der Kanzlerin.

In diesem Sommer sieht es so aus, als könnte Asmussen der nächste Finanzminister werden, und dieser Tisch mutet an wie das Sinnbild der zu dem Zeitpunkt etablierten Machtverhältnisse in Europa – auf der einen Seite der fitte, junge Deutsche, auf der anderen die alt und ratlos wirkenden Griechen.

Seit Ende 2009 ist Griechenland in der Krise, hat ein überhöhtes Haushaltsdefizit und kann seine Schulden nicht mehr bezahlen. 2001 war das Land nur dank gefälschter Defizitzahlen in die Eurozone gelangt. Um nun einen Staatsbankrott zu verhindern, beantragt die griechische Regierung Hilfe von der EU und dem Internationalen Währungsfonds (IWF). 2010 und 2012 folgen Rettungspakete von Eurostaaten und IWF in dreistelliger Milliardenhöhe. Im Gegenzug sollen die Griechen sparen und reformieren.

Die Reise von Asmussen war seit Wochen geplant, um die nächste Mission der Troika aus EU, Europäischer Zentralbank und Internationalem Währungsfonds vorzubereiten, die prüfen soll, ob Griechenland sich an die Vorgaben hält. Dann kündigt der Finanzminister Wolfgang Schäuble auf einer Wahlkampfveranstaltung ein drittes Hilfspaket für Griechenland an und Frau Heyne, Asmussens Assistentin, kann dabei zusehen, wie sich der Terminkalender ihres Chefs füllt: Nun wollen sich auch der griechische Premier- und der Vizepremierminister mit ihm treffen.

Jörg Asmussen trägt Glatze. Er wird in diesem Jahr 47, der typische deutsche Beamte hat es in diesem Alter vielleicht zum Unterabteilungsleiter gebracht, Asmussen war Staatssekretär im Finanzministerium und sitzt heute, 2013, im Direktorium der

EZB – einer der wichtigsten Posten der Finanzwelt. Er ist einer der Herren des Euro, wacht über die Sparprogramme der Krisenländer. Wenn in den vergangenen Jahren etwas gerettet werden musste – Opel, Quelle, Banken, der Euro oder Griechenland –, stets verhandelte er im Hintergrund. In gewisser Weise ist er ein Gewinner der Krise, sie beschleunigte seinen Aufstieg. Asmussen wurde nie gewählt, er ist ein Spitzenbeamter, ein Bescheidwisser ohne offensichtliche eigene politische Agenda. Gleichwohl nennen ihn fast alle seiner Gesprächspartner einen der mächtigsten Männer Deutschlands.

In Athen wird der Hauptgang serviert, gegrillter Fisch. Auch davon nimmt Asmussen nur wenig. Die Griechen reden weiter, die Steuern seien zu hoch, die Sparmaßnahmen zu hart, mehr gehe nicht. Die einzige Frau, eine Parlamentarierin, sagt: »Wir brauchen etwas Luft.« Sie meint ihr Land. Es klingt wie ein Hilferuf. Alle am Tisch wenden sich an Asmussen, es ist, als rückten sie immer näher an ihn heran. Man merkt ihm keine Veränderung an, er schwitzt nicht, regt sich nicht auf, hört nur zu. Im Zuhören ist er phantastisch. Er scheint nur etwas tiefer in seinen Stuhl gesunken zu sein. Am anderen Ende des Tisches macht sich Frau Heyne Sorgen um ihren Chef, sollte sie ihn retten? Es ist ihre erste Reise mit ihm, sie weiß noch nicht, wie er tickt. Unter dem Tisch behält sie mit dem Blackberry den Überblick über seine Nachrichten. Während des Abendessens gehen hundert Mails ein. In zwei Stunden. Für Athen hat Asmussen 24 Stunden Zeit.

Am Mittag ist er gelandet, hat im VIP-Bereich des Flughafens seine Jeans ausgezogen und seinen Anzug wie einen Panzer angelegt. In einer Wagenkolonne ist er durch die leeren Straßen Athens gerast. Normalerweise reist er ohne Personenschutz, aber Griechenland gilt für seine Sicherheitsleute als »Risiko-Location«. Die Deutschen und die Troika sind derzeit nicht sehr beliebt. Eine erste Station ist das Finanzministerium. Es sieht aus, als habe Griechenland dort bereits alles eingespart, was möglich ist: Trinkwasser gibt es nur in der Mitarbeiterküche, Seife auf den Toiletten fehlt, und auch an Möbeln scheint nur noch das Nötigste vorhanden zu sein. Giannis Stournaras, der Finanzminister, beruft eilig eine Pressekonferenz ein. Asmussen stellt sich neben ihn, er weiß, der Minister muss etwas nach außen melden. Irgendwas Positives. Asmussen redet frei, seine linke Hand steckt in der Hosentasche, die rechte schnellt immer wieder hervor, sticht in die Luft. Zack, zack, zack. So redet er immer – egal, ob in Schwerin, in Hessen oder in Athen, egal, vor welchem Publikum. Es ist die Haltung eines Mannes, der sich um sein Auftreten nicht sorgen muss, der weiß, dass man ihm zuhören wird.

Asmussen sagt, er habe Riesenrespekt vor dem, was Griechenland geleistet habe, aber der Reformprozess müsse weitergehen. Er klingt verständnisvoll. Aber seine Botschaft bleibt: Es reicht noch nicht.

Auf dem Weg hinaus umarmt Asmussen einen Bekannten. Asmussen trifft andauernd Bekannte. Auf internationalen Konferenzen ist er stets derjenige, der schon zum Frühstück verabredet, fortwährend ins Gespräch vertieft ist, der auch die Teilnehmer aus den afrikanischen Ländern kennt. Er webt Netzwerke, die ihn wie ein Kokon umgeben. Sie schützen, sie tragen ihn. Er weiß meistens, was in Paris, Washington oder London gerade geplant ist. Fünf verschiedenen Finanzministern hat er gedient und allen wurde er unverzichtbar: Waigel, Lafontaine, Eichel, Steinbrück, Schäuble. Informationen machen mächtig. Wenn man sich mit Asmussen über Menschen unterhält, sagt er gern: »Den kenne ich schon ewig.« Das trifft auf seinen Chef Mario Draghi ebenso zu wie auf den ehemaligen US-Finanzminister Tim Geithner und den Direktor der National Bank of Greece. Jemanden lange zu kennen ist ein Wert für Asmussen. Er behält gern die Kontrolle. Kommunikation ist dabei sein Mittel, sein Werkzeug.

Beim griechischen Premierminister verschwindet Asmussen sogleich in dessen Empfangssaal. Der Amtssitz liegt mitten in Athen, kein Geräusch dringt ins Innere. Draußen sind 65 Prozent der Jugend arbeitslos, die Sparvorgaben der Troika sind brutal. Das Land muss in drei Jahren Reformen umsetzen, für die man normalerweise zehn Jahre bräuchte. »Griechenland war faktisch zahlungsunfähig. Da gab es wenig Alternativen«, hat Asmussen vor Antritt seiner Reise gesagt. Als er nach einer Stunde wieder erscheint, sagt er nichts. Er kommuniziert auch durch Stille. Wenn er schweigt, ist es wichtig. Er schweigt zum Thema Macht, zu seiner Zukunft in der Politik und zu seinem Verhältnis zur Kanzlerin. Es heißt, Merkel habe sich dafür eingesetzt, dass er auch unter Schäuble Staatssekretär blieb, obwohl er in der SPD ist. Sie schreiben sich häufig SMS. Er sagt: »Sie kennt sich gut aus in den Details.« Asmussen ist einer der Männer, die sie ihr erklären.

In den Krisenmonaten nach dem Zusammenbruch der US-Investmentbank Lehmann Brothers 2008 bildete Asmussen gemeinsam mit dem damaligen Bundesbankchef Axel Weber und dem damaligen Leiter der Finanzabteilung im Kanzleramt, Jens Weidmann, eine Art Ersatzregierung. Auch diese beiden Männer kennt Asmussen lange. Weber war sein Professor, Weidmann sein Kommilitone an der Universität Bonn. Sie bemühten sich eine »Kernschmelze« des Finanzsystems, wie Asmussen es nennt, zu verhindern. Als die Politik den Überblick verliert, übernehmen die Beamten, die Bescheidwisser, die Macht.

Asmussen und Weidmann sind Pragmatiker, die Probleme wie Ingenieure lösen: probieren, sezieren, analysieren. Auf den ersten Blick ist nicht erkennbar, wofür sie stehen. Von außen betrachtet wirkt es, als könnten sie Mitglied fast jeder Partei sein. Sie sind ein wenig wie Angela Merkel selbst. Sie sind die Antwort auf eine komplexer gewordene Welt, in der Zahlen Karriere machen und diejenigen, die sie lesen können, immer mächtiger werden. Sie verkörpern ein Phänomen, das der britische Politikwissenschaftler Colin Crouch in seinem Buch »Postdemokratie« beschreibt. Darin skizziert er eine Gesellschaft, die von PR-Teams und Experten kontrolliert wird. Eine Gesellschaft, aus der sich die Bevölkerung in die Gleichgültigkeit verabschiedet hat. So gesehen ist Asmussen ein Postdemokrat.

Asmussen hat »Postdemokratie« von Otto Fricke, dem parlamentarischen Geschäftsführer der FDP, geschenkt bekommen. Auch ihn kennt Asmussen seit Jahren, er ist Teil seines Netzwerks. Bis 2009 war Fricke Vorsitzender des Haushaltsausschusses, Asmussen arbeitete damals im Finanzministerium. Asmussen ist für Fricke immer erreichbar. Manchmal treffen sie sich auch privat. Wenn man ihn fragt, wie er zu Asmussen stehe, ob er mit ihm befreundet sei, muss er nachdenken. »Freundschaftlich verbunden«, sagt er schließlich.

Asmussen hat das Buch von Crouch gelesen. »Hochinteressant, ich teile aber nicht alles«, sagt er. Das ist einer seiner liebsten Sätze. Er legt sich nicht fest, stimmt nicht zu, lehnt aber auch nicht ab. »Postdemokratie« hat er an Wolfgang Schäuble weitergegeben, der habe gefragt, warum Asmussen ihm ein sozialdemokratisches Buch schenke. Asmussen lacht. Dabei hält er den Mund geschlossen, zieht Luft durch die Nase ein, als dürfe seinen Lippen kein Laut entweichen. Asmussen redet gern, in der Öffentlichkeit muss er sich stets beherrschen. Seine Mimik spiegelt diesen Zwiespalt wider: Lachen mit zugepresstem Mund.

Er hat eine Position, in der ein falscher Nebensatz Milliarden bedeuten, Kurse ins Wanken bringen kann. Wie etwa am Morgen des 9. Juli 2013 in London: Asmussen gibt der Nachrichtenagentur Reuters ein Fernsehinterview. Wenige Tage zuvor hat Notenbankpräsident Mario Draghi versprochen, die Zinsen für längere Zeit nicht mehr zu erhöhen. Der Reuters-Journalist fragt, was darunter zu verstehen sei. Draghi habe sich doch deutlich ausgedrückt, sagt Asmussen, es gehe nicht um sechs Monate, auch nicht um zwölf Monate, sondern um mehr. Er hat den Satz kaum beendet, da bricht an den Finanzmärkten Hektik aus, der Euro stürzt ab. Noch am selben Tag veröffentlicht die EZB eine Erklärung, in der es heißt, Asmussen habe es nicht so gemeint. Tatsächlich hatte Draghi nur gesagt, es gehe weder um sechs noch um zwölf Monate. Sonst nichts. Asmussens kleine Unachtsamkeit hat den Eindruck erweckt, die zweitwichtigste Zentralbank der Welt habe innerhalb weniger Tage ihren Kurs korrigiert.

Dieses Interview treibt Asmussen auch noch Monate später um. »Es war mein Fehler«, sagt er. »Nur drei falsche Wörter, dennoch mein Fehler.« Und Fehler sind im System Asmussen nicht vorgesehen. In Krisenzeiten arbeitet er 18 Stunden am Tag. Er ist der ideale Mitarbeiter, Traum eines jeden Vorgesetzten. Einer seiner Kritiker, Gerhard Schick, finanzpolitischer Sprecher der Grünen, der ihn inhaltlich scharf angreift, ihm vorwirft, die Finanzkrise nicht vorhergesehen zu haben, der bei der Rettung der Hypo Real Estate sogar seinen Rücktritt als Staatssekretär forderte, sagt dennoch auch: Er würde Asmussen sofort einstellen.

Wenn man Asmussen fragt, ob ihm sein Beruf Spaß mache, blickt er einen an, als sei man nicht bei Sinnen. »Spaß ist privat«, sagt er dann. Als er bei einem Musikfestival in Schleswig-Holstein eine Rede halten soll, was seinen Sonntag ruiniert, ist die Autobahn wegen eines Unfalls gesperrt. Er steckt im Auto fest und kann nichts tun. Mehrmals meldet er sich beim Veranstalter, um sich zu entschuldigen. Es ist kein wichtiger Auftritt, aber er kann eine Zusage nicht einhalten. Asmussen treibt die Pflicht, eine Art protestantischer Härte gegen sich selbst. »Wenn die Institutionen nicht funktionieren, funktioniert die Gesellschaft nicht.« Schon seine Eltern waren Beamte, der Vater Feuerwehrmann, die Mutter Lehrerin. Auch sie haben funktioniert.

In Athen stoppt Asmussens Wagen in einer schmalen Gasse. Es stinkt nach Urin. Asmussen drängt sich in einen engen Fahrstuhl, fährt hinauf zum Büro von *Imagine the City*, einem kleinen Sozialprojekt. Zwei junge Frauen erzählen ihm, wie sie die griechische Zivilgesellschaft wiederbeleben wollen. Asmussen sitzt da, es sieht aus, als entspanne er sich. Die Frauen sind klug und haben gute Ideen. Und keine fragt Asmussen nach einer Lösung. Seit seiner Ankunft war er beim Präsidenten der griechischen Notenbank, beim Finanzminister, beim Premierminister, nun hier. Danach wird er einer Zeitung ein Interview geben, darauf folgt das Dinner mit den Wirtschafts-Schwergewichten. Und so geht es am nächsten Tag weiter und am übernächsten. Eigentlich sieht jeder Tag so aus. Asmussen jagt von Termin zu Termin. Wenn er aus dem Wagen steigt, schiebt er Kopf und Hüfte ein wenig nach vorn, als gelte es, demnächst als Erster in ein imaginäres Ziel einzulaufen. Er geht nicht, er rennt. Stillstand bedeutet Zeitverlust. Woher bekommt er noch Anregungen, Ideen, wann hat er Muße, innezuhalten? »Eigentlich denkt man zu wenig strategisch nach. Das ist zeitlich nicht möglich«, sagt er selbstkritisch. Was bedeutet das für unsere Gesellschaft, wenn diejenigen, die Länder und Banken retten sollen, kaum einen Gedanken fassen können, ob es sinnvoll und richtig ist, was sie beschließen? Asmussen schwärmt von einem Workshop in Lappland. Das Beste sei gewesen, dass niemand Handyempfang hatte. Endlich schwiegen die Blackberrys.

Wieso hat ein Experte wie er die Anzeichen der Finanzkrise nicht gesehen? »Das hat keiner gesehen. Die Deregulierung der Finanzmärkte war damals der Zeitgeist, auch bei Journalisten«, sagt er. Es ging um den Finanzstandort Deutschland, der sollte wettbewerbsfähig bleiben. »Viele Dinge wusste man zu der Zeit einfach nicht«, schiebt er nach. Hätte er sie wissen können, sie wissen müssen? Die Bank IKB, in deren Aufsichtsrat Asmussen saß, hatte sich in den USA verspekuliert und konnte nur mit Geld des Bundes gerettet werden. Bei diesem Thema wird Asmussen still, er hat keine Lust, darüber zu reden. Er sagt, er habe damals nachgefragt, ob die Bank direkt oder indirekt die gefährlichen Wertpapiere aus den USA besitze, die sie später in den Untergang führten. Der Vorstandschef habe verneint.

Es gibt einen Aufsatz *Verbriefungen aus der Sicht des Finanzministeriums,* er ist 2006 in einer Fachzeitschrift erschienen. Asmussen war damals Ministerialdirektor, er steht als Autor darüber. Vier Jahre später erscheint auf der ersten Seite der *Süddeutschen Zeitung* ein Artikel über den Aufsatz. Asmussen habe sich darin für eine »weitreichende Liberalisierung der Finanzmärkte« ausgesprochen. Er sei für die Krise mitverantwortlich. Asmussen gilt seither vor allem in linken Kreisen als Agent des Finanzkapitals. Asmussen hat den Aufsatz nicht geschrieben. Er sagt, er habe ihn zuvor noch nicht einmal gelesen. Wie oft in solchen Fällen wurde er von der Fachabteilung im Ministerium verfasst. Das Dokument, das seine wahre Gesinnung offenbaren soll, stammt nicht von ihm. Diese Geschichte ist bezeichnend für Asmussen. Wenn man ihn festlegen will, entgleitet er einem. Egal, wie oft man ihn trifft, wie oft man mit ihm redet, das Bild von ihm bleibt leicht unscharf.

Asmussen hat die Deregulierung vorangetrieben, weil es damals die vorherrschende Meinung war, dass freie Märkte Wohlstand und Wachstum versprechen. Und Asmussen ist keiner, der sich abseits stellt.

Ein Vorfall wie die Pleite von Lehman Brothers war in diesem System aus scheinbaren Gewissheiten nicht vorgesehen. »Die Wahrscheinlichkeit, dass eine globale Investmentbank über Nacht verschwindet, war gleich null.« Danach war die Welt eine andere, sagt er. Es ist eine Zeit, an die er sich nicht gern zurückerinnert. »Man hat Demut gelernt, was man weiß und was nicht.« Dann kam die Rettung der Hypo Real Estate. Und wieder gab es Kritik an ihm persönlich, er habe als Staatssekretär, als Vertreter des Bundes, zu spät auf Warnhinweise reagiert, er habe seine Sorgfaltspflicht verletzt. Asmussen musste in einem Untersuchungsausschuss auftreten, die Opposition forderte seinen Rücktritt. Es war ein Versagen der gesamten Finanzwelt. Die Bescheidwisser wirkten auf einmal ahnungslos. Zugleich wurden sie als Retter gebraucht. Sie schalteten um. Auch Asmussen. Jetzt setzt er sich für eine strenge Regulierung der Banken ein, jetzt ist er sogar für eine Finanztransaktionssteuer. »Die Deregulierung ist zu weit gegangen«, sagt er heute, fünf Jahre nach der Rettung der Hypo Real Estate.

Schon in diesem Sommer spricht er bei seinen Auftritten nicht nur über den Euro (stabil), über Europa (die Integration muss vorangehen), die Krise (schon besser), sondern auch über den Ausbau der Infrastruktur, die Integration von Migranten, Demographie, Bildung, die wachsende Einkommensungleichheit. Irgendwie scheint er über alles Bescheid zu wissen. Und er muss es zeigen. Sein Scharfsinn, seine Lockerheit können demütigen. Er formuliert auch, dass die Vollendung der Wirtschafts- und Währungsunion Europas als Ziel benannt werden müsse. Schnell fügt er hinzu: »Das ist nicht die Aufgabe von Notenbankern, sondern der Politik.«

Asmussen ist in Flensburg aufgewachsen, die Grenze zu Dänemark ist nah. Er spricht Dänisch, Französisch, Englisch, Italienisch. Für ihn ist Europa, ist der Euro selbstverständlich. Er bekommt Drohungen von Rechtsextremen. Asmussen scheint stets zwischen allen Lagern zu stehen: Den Linken ist er zu rechts, den Rechten zu links. Den Politikern zu unpolitisch, den Bankern zu politisch. Er steht damit für viele in seiner Generation. Polyglott und postideologisch. Eine Generation, deren Überzeugungen und Absichten stets ein wenig unscharf bleiben, weil sie keine absoluten Gewissheiten in sich trägt. Es geht nicht mehr um ideologische Kämpfe. Es geht darum, ob etwas funktioniert.

Während seiner Athenreise trifft Asmussen auch den griechischen Vizepremierminister. Sie reden über die sich abzeichnende griechische Haushaltslücke. Nach dem Gespräch flüchtet Asmussen fast aus dem Amtssitz. Er ist fassungslos. Der Vizepremierminister hat ihn gefragt, ob man nicht die Zahlen verändern könne, so dass die Lücke kleiner wird oder verschwindet. *Reorganise the figures.* Für Asmussen charakterisieren diese Worte das »alte Griechenland«. Und für überholte, ineffiziente Systeme hat er grundsätzlich kein Verständnis.

Beim Abendessen in Athen dauert es bis zum vierten Gang, dem süßen Kuchen, dann schlägt Asmussen zu. Er hat den ganzen Abend stillgehalten, zugehört, jetzt ist es fast Mitternacht. Die griechischen Banker und Unternehmer erwarten, dass Asmussen spricht. Sein Rücken strafft sich, seine rechte Hand schnellt hervor. Er sehe, dass vieles geschafft worden sei, aber, nun kommt sein Zeigefinger zum Einsatz, es müsse noch mehr getan werden. Asmussen redet eine Viertelstunde. Er stänkert. Danach ist Stille. Ende. Aus.

Am Restaurantausgang verabschiedet der Direktor der NBG noch die Gäste. Er deutet auf die andere Seite der Bucht, auf die

Lichter eines Ferienresorts. Es gehört seiner Bank, nun steht es zum Verkauf. Aber das hört Asmussen schon nicht mehr, er ist weitergelaufen.

Und noch etwas geschieht 2013, das nicht aufhaltbar zu sein scheint: Vor allem aus Protest gegen die Griechenland-Rettung und den Euro gründet sich im hessischen Oberursel die AfD.

ALEXANDER GAULAND

An dem Tag, an dem alles beginnt, ist Alexander Gauland gar nicht dabei. Am 6. Februar 2013 versammeln sich unter einer überlebensgroßen Jesusfigur aus Holz 18 ältere Herren an weißen Tischen, um eine Partei zu gründen. Eine Partei, bei deren Kundgebungen die Pfarrer in einigen deutschen Städten später die Glocken läuten oder das Domlicht ausschalten werden, um gegen sie zu protestieren.

Aber davon ahnt noch keiner der Männer etwas, die sich an jenem Mittwoch im Gemeindesaal der Christuskirche von Oberursel im Taunus treffen. Draußen auf der Wiese vor dem Panoramafenster liegt Schnee. Es ist ein grauer Tag, um die null Grad. Die meisten der Männer, die an diesem Tag zusammenkommen, sind sich bisher kaum begegnet. Was sie eint, ist ihre Wut auf den Euro und die Griechenland-Politik der Parteien im Bundestag. Sie finden, Deutschland brauche eine neue politische Bewegung. Viele beschäftigen sich hauptberuflich mit Finanzen oder sind Wirtschaftswissenschaftler. Neben Bernd Lucke, Professor für Makroökonomie, der die Gründung initiiert hat, sind dabei: Gaulands Freund Konrad Adam – ein Publizist – sowie ein Jurist; ein Unternehmer; ein Unternehmensberater; ein Chemiker und Betriebswirt; ein Mitarbeiter einer Krankenversicherung; ein

Leiter einer Finanzberatungsfirma; ein Steuerberater, der heute Karaoke-Partys organisiert; ein IT-Experte; ein Ex-Polizist; ein Immobilienmakler; ein Leiter einer Firma für künstliche Intelligenz; zwei Betriebswirte; ein Rentner; ein Wirtschaftsberater; ein Wirtschaftswissenschaftler. Alexander Gauland kennt nur wenige von ihnen. Die meisten werden einige Jahre später nicht mehr in der Partei sein.

Wenn man mit Alexander Gauland über die Anfänge seiner Partei spricht und seinen Abschied von der CDU, in der er jahrzehntelang Mitglied war und es am Ende wie Jörg Asmussen bis zum Staatssekretär geschafft hatte, hebt sich seine Stimme. Er ist noch immer wütend. Es ist eine Geschichte der allmählichen Enttäuschung und Entfremdung.

Die Merkelsche Energiewende, die Abschaffung der Wehrpflicht ohne größere Erklärungen und schließlich die Euro-Rettung, die Hilfskredite für Griechenland. Für Gauland bedeutet das: ein Abschied nach dem anderen von »Heiligtümern« des CDU-Programmes, die Hilfspakete erscheinen ihm als das Ende des Rechtsstaates, als ein Vertragsbruch. Besonders die Nacht vom 29. Juni 2012 ist ihm im Gedächtnis geblieben. Kurz vor Mitternacht stimmt nach dem Bundestag auch der Bundesrat der Einrichtung eines Euro-Rettungsschirms zu. Viele, die sich später in der AfD wiederfinden werden, werten dies als eine Entscheidung dafür, dass Deutschland seine Hoheit über den Haushalt aufgeben und Zahlungen jeder Höhe zulassen wird, um Griechenland zu retten.

»Diejenigen, die diesen Schwenk in der CDU nicht mitmachen wollten, wurden hingestellt, als wären sie von Gott verlassen«, sagt Gauland. »Dieser Spruch der Kanzlerin – zu meiner Politik gibt es keine Alternative – geht mir wahnsinnig auf die Nerven.«

Die endgültige Trennung von seiner Partei vollzieht er 2012

bei einem Treffen des konservativen Berliner Kreises mit dem CDU-Generalsekretär Hermann Gröhe. Nicht nur das Essen sei schlecht gewesen, erinnert sich Gauland. Gröhe machte ihm und seinen Mitstreitern deutlich, sie könnten in ihrer Partei nur in den Kreisverbänden wirken. »Das Entscheidende war die Euro-Rettung, diese Aushöhlung des Rechtsstaates. Nach dem Treffen war klar, wir hatten keine Chance, innerhalb der CDU-Strukturen anerkannt zu werden. Wir sollten nicht so viel meckern.« Anders formuliert: Ihre Meinung interessierte niemanden. Es war eine Demütigung, ein Hinweis auf die völlige Bedeutungslosigkeit ihrer Ansichten und Anregungen.

Gauland reagierte. Er schrieb einen Brief und verließ 2013 nach vierzig Jahren die CDU. Es kann sein, dass es heute gar keine AfD gäbe, wenn seine Parteiführung sich damals anders verhalten hätte.

Kurz darauf rief Gaulands Freund Konrad Adam an. Die beiden kennen sich seit dreißig Jahren. Adam arbeitete früher für die *Frankfurter Allgemeine Zeitung*. Er habe da einen Professor kennengelernt, sagte Adam zu Gauland. Gemeint war Bernd Lucke. »Wir wollten doch noch einmal was anderes machen, mit dem ginge das«, habe Adam gesagt, erinnert sich Gauland. Schließlich traf auch Gauland Bernd Lucke und war von dessen Tatkraft und Energie begeistert. »Das musste man bewundern.« Zuvor hatten Gauland und Adam gefürchtet, eine neue politische Bewegung könnte schnell in die falsche Richtung gehen. Schon damals hatte er die möglichen Konsequenzen seines Handelns ziemlich genau im Blick. »Wenn Sie eine neue Partei gründen, ziehen Sie immer Menschen an, die in keiner anderen Partei existieren könnten.« Im Fall der AfD waren das von Beginn an Rechtsextreme.

Weil er bei der Gründung nicht dabei sein kann, reist Gauland zur ersten öffentlichen AfD-Veranstaltung 2013 in die Oberurseler Bürgerhalle. 1200 Menschen sind gekommen, so viele, dass Wände herausgenommen und verschobenen werden müssen. Das ist das erste Mal, dass Alexander Gauland denkt, diese neue Partei könnte tatsächlich erfolgreich sein.

Beim Gründungsparteitag im April 2013 in Berlin will Gauland zunächst nur für den Beisitzer des Vorstands kandidieren, wird aber zum stellvertretenden Sprecher gewählt. Und so wird es die folgenden Jahre weitergehen, immer bekommt er Posten, die er scheinbar zuvor nicht angestrebt hat. Nach kurzer Zeit fragen AfD-Mitglieder aus Brandenburg, ob er dort nicht als ihr Spitzenkandidat antreten wolle. Und Gauland will. Endlich wird ihm zugehört, endlich wird er ernst genommen. Eine neue Partei muss wie eine politische Wiedergeburt auf den 72-jährigen Alexander Gauland wirken. Noch deutet jedoch nichts darauf hin, dass er schon bald der mächtigste Mann dieser Bewegung werden wird.

In der Zeit des Neuaufbruchs, in der Gauland eine Partei mitgründet, die sich rechts von der CDU verortet, beginnt im Mai 2013 in München einer der größten Prozesse der deutschen Nachkriegszeit – gegen die rechtsextreme Terrorgruppe Nationalsozialistischer Untergrund (NSU).

THOMAS MATCZAK

Nur eine schmale Straße trennt Thomas Matczak am 26. Januar 1998 in Jena von Uwe Böhnhardt. Er könnte hinübergehen und ihn festnehmen. Aber Matczak geht nicht hinüber, keiner seiner Kollegen geht hinüber an jenem Montagmorgen. Es ist kalt. Die Polizisten durchsuchen zwei Garagen nach Sprengstoff. Böhnhardt wird verdächtigt, Bomben zu bauen, als er gegenüber seinem Elternhaus eine Sporttasche in den Kofferraum seines Wagens legt und davonfährt. Thomas Matczak ist einer der letzten Polizisten, die ihn sehen, bevor Böhnhardt gemeinsam mit Uwe Mundlos und Beate Zschäpe verschwindet. Erst 13 Jahre später werden sie wieder auftauchen. Als NSU-Terrortrio. Da ist Böhnhardt tot, und Matczak hat ein Problem. Sein Gewissen. Er erinnert sich an jenen Morgen im Januar, aber er erinnert sich anders daran als seine Kollegen.

Im Mai 2013 steht Thomas Matczak noch einmal in derselben Straße, die Garagen gibt es noch immer, nur die Plattenbauten rundherum wurden renoviert und schimmern pastellfarben. Seit damals war er nie wieder an diesem Ort. Matczak läuft zum Haus Nummer 11, steigt die Treppen zum Eingang hinauf, sieht auf die Klingelschilder. Böhnhardt steht da. Die Eltern wohnen weiter dort. Matczak weicht zurück, das hat er nicht gedacht.

»Komisches Gefühl, oder?«, sagt er leise wie zu sich selbst. Er hat vermutet, dass sie weg sind, umgezogen, versunken in der Vergangenheit. Das ist einer dieser Augenblicke, in denen Matczak die damaligen Ereignisse sehr nah erscheinen, allzu gegenwärtig. Er schaut zu den Fenstern hinauf, überlegt, wo die Wohnung liegt, in der er 15 Jahre zuvor war. Sein Brustkorb bebt. Matczak ist zu diesem Zeitpunkt 47 Jahre alt, Kriminalhauptkommissar beim Staatsschutz der Kriminalpolizeiinspektion Jena, und er ist es nicht gewohnt, über seine Arbeit zu reden. Seine Antworten sind meist nach wenigen Sätzen zu Ende. Zwischendurch ist er lange still, muss durchatmen, bevor er weitersprechen kann. »Ich bin zufrieden, dass endlich die Wahrheit herauskommt«, sagt er. Er sagt »zufrieden«. Es klingt reserviert und emotional zugleich, als könne er sich nicht richtig entscheiden, welches Gefühl das angebrachte ist.

Damals, nach der Garagendurchsuchung, bittet Matczak um seine Versetzung, Gründe dafür sind sein Frust und sein Unverständnis über den Verlauf der Durchsuchung, über die Flucht Böhnhardts. Er wird erst im Bereich Innere Ermittlungen, dann bei der Drogenfahndung arbeiten. Der Einsatz, der so anders ist als alle davor und danach, wirkt heute wie ein Mahnmal in seiner Polizeilaufbahn.

Matczak ist entsetzt über die Ereignisse am 26. Januar 1998. Die Durchsuchung ist das Trauma vieler Polizisten, Matczak spürt die Auswirkungen bis heute. Bis heute denkt er darüber nach, warum es damals schiefging. Und bis heute treibt ihn ein Gedanke um: Wäre der 26. Januar 1998 anders verlaufen, vielleicht hätte es den NSU nie gegeben. Vielleicht wären zehn Menschen noch am Leben.

Am Freitag vor dem 26. Januar erfährt Thomas Matczak, dass er am Montag das Landeskriminalamt (LKA) bei einer Durchsuchung unterstützen soll. Worum es geht, weiß er nicht. Montagfrüh um sechs trifft er sich mit seinen Kollegen in Raum 202, im früheren Parteikabinett, der Kriminalpolizeiinspektion Jena. Matczak kann sich nicht mehr daran erinnern, wer die Besprechung damals führte. Der damalige Leiter der Einsatzgruppe Terrorismus/Extremismus (EG Tex) vom LKA Thüringen, Jürgen Dressler, ist an jenem Morgen jedenfalls nicht dabei. Zuständiger Einsatzleiter ist somit sein Vertreter. Dressler sagt am 11. April 2013 vor dem Thüringer Untersuchungsausschuss, er sei seinerzeit bei einer Fortbildung gewesen. Matczak wundert sich noch immer darüber: Der Ermittlungsführer lernt am Tag der wichtigsten Durchsuchung von Rechtsextremen den Umgang mit Computerprogrammen? Gewöhnlich würde ein Ermittlungsführer die Fortbildung absagen oder die Durchsuchung verschieben.

Thomas Matczak weiß 1998 wenig über den Fall. Uwe Böhnhardt, den Namen, der auf dem Durchsuchungsbeschluss steht, hat er schon einmal gehört, in Zusammenhang mit mehreren Bombenattrappen und einer Bombe in Jena. Matczak wird erklärt, dass es auch diesmal um Sprengstoff geht. Zwei Teams werden gebildet. Er soll mit mehreren Kollegen zwei nebeneinanderliegende Garagen in Jena-Lobeda durchsuchen. Wie viele Beamte es genau sind, daran entsinnt er sich nicht mehr. Das zweite Team fährt zu einer weiteren Garage an einer Kläranlage. Gegen halb sieben bricht Matczaks Team auf. Matczak denkt nicht weiter über den Einsatz nach, für ihn ist es Routine. Er kennt keine Hintergründe oder Absprachen mit der Staatsanwaltschaft. Gegen sieben, halb acht treffen sie im Neubaugebiet Jena-Lobeda ein und klingeln an der Tür der Familie Böhnhardt.

Nach dem Mauerfall hatte sich in Thüringen eine starke rechte Szene gebildet. Tino Brandt hat die Kameradschaft Jena mit aufgebaut. Gründungsmitglieder waren unter anderem Uwe Böhnhardt und Uwe Mundlos. Auch Beate Zschäpe gehörte bald dazu. Ein Kollege von Matczak vom LKA Thüringen sagt, er habe seit 1996 aus Vernehmungen gewusst, dass Tino Brandt V-Mann des Thüringer Verfassungsschutzes war. Die Öffentlichkeit erfuhr davon erst 2001. Brandt galt als der Kopf des Kameradschaftsnetzwerkes Thüringer Heimatschutz, als die Schlüsselfigur der rechten Szene in Thüringen. Viele fragen sich bis heute, ob es diese ohne Brandt und dessen finanzielle Unterstützung durch den Verfassungsschutz in der Form überhaupt gegeben hätte. Der Thüringer Verfassungsschutz wird in dieser Geschichte eine fragwürdige Rolle spielen. Nach dem Ende des Kalten Krieges musste sich der Verfassungsschutz neu definieren. Fast entsteht der Eindruck, als habe er sich in Thüringen seine Existenzberechtigung selbst mitgeschaffen.

Matczak weiß nicht mehr genau, wer an jenem 26. Januar 1998 die Tür der Böhnhardts öffnet. Er ist sich sicher, dass Böhnhardts Eltern da waren, Uwe Böhnhardt ist nicht da. Damit weicht er vom Durchsuchungsbericht und von den Aussagen seiner Kollegen ab, die sagen, Uwe Böhnhardt sei in der Wohnung gewesen und habe die Garage aufgeschlossen. Matczak erinnert sich, dass Böhnhardts Mutter laut wird und immer wieder »mein Uwe!« ruft. Er entsinnt sich, wie er in Uwe Böhnhardts Zimmer schaut und sein Blick auf eine blaue Tagesdecke auf dem Bett fällt. Es sieht nicht aus, als hätte Böhnhardt dort übernachtet. Böhnhardts Mutter weist den Vater an: »Geh mit runter, und guck genau hin, nicht dass die etwas finden, was vorher nicht da war!« Matczak denkt: »Was für eine Pute!« In seiner Erinnerung begleitet nicht Uwe Böhnhardt, sondern dessen Vater die Beamten hinab und schließt seine Garage auf der gegenüberliegenden Straßenseite auf. Die zweite, daneben liegende Garage wird kurz darauf von

einem Schlüsseldienst aufgesperrt. Auf dem Durchsuchungsbeschluss sind alle drei Garagen – auch die an der Kläranlage – untereinander aufgelistet, spätestens jetzt weiß Böhnhardt oder wissen dessen Eltern – je nach Version –, wo durchsucht werden soll.
Unterdessen versucht das zweite Team der Polizei die Garage an der Kläranlage zu öffnen. Diese Garage gehört einem Jenaer Polizeibeamten, der sie an Beate Zschäpe vermietet hat. Dort hängt ein Schloss vor dem Tor, die Polizei muss die Feuerwehr rufen, um ins Innere zu gelangen. Wertvolle Zeit verstreicht. Dann sieht Matczak, wie Uwe Böhnhardt heimkehrt und im Haus seiner Eltern verschwindet. »Ich möchte meinen, er ist mit dem Auto gekommen.« Er erinnert sich, dass, während er und seine Kollegen suchen, bekannt wird, dass die Kollegen in der anderen Garage »fündig geworden sind«, also wie vermutet Sprengstoff entdeckt haben. Später wird sich herausstellen, dass sie 1,4 Kilogramm TNT gefunden haben. Matczak weiß nicht mehr genau, ob diese Nachricht seinen Teamleiter über Funk oder Handy erreicht hat. Sicher ist er sich hingegen, dass ihn sein Gedächtnis nicht trügt und der Teamleiter die Nachricht erhalten hat. Matczak entsinnt sich, dass nach etwa zehn Minuten Böhnhardt wieder auf der Straße erscheint und eine Reisetasche in den Kofferraum seines Wagens legt. Matczak sagt zu seinem Teamleiter: »Es sieht aus, als ob er packt.« Und fügt hinzu: »Er ist weg, wenn wir ihn jetzt fahren lassen.« Matczak wundert sich, es wird Sprengstoff gefunden, und der Beschuldigte kann vor seinen Augen, vor den Augen der Polizei, unbehelligt davonfahren.

Thomas Matczak und seine Kollegen finden in den Garagen nichts. Auf dem Rückweg halten sie an der Kläranlage. Es gibt Diskussionen mit dem Einsatzleiter vom LKA, dabei hört Matczak zum ersten Mal, dass der Hinweis über den Sprengstoff in der Garage auf Erkenntnissen des Thüringer Verfassungsschutzes beruhe und eine Festnahme nur nach Rücksprache mit dem zuständigen Staatsanwalt möglich sei. Der LKA-Einsatzleiter versucht immer wieder, mit seinem Mobiltelefon den Staatsanwalt zu erreichen, es gelingt ihm aber nicht. Ein Kollege schlägt vor, rasch bei Beate Zschäpe vorbeizufahren, um zu schauen, ob Böhnhardt dort sei. Der Einsatzleiter besteht darauf, zuerst mit dem Staatsanwalt zu reden. Das ist Matczaks Version. Es ist die Version, bei der die Polizei am schlechtesten aussieht, bei der sie Böhnhardt flüchten lässt.

Diese Version hat Thomas Matczak im Kern mehrmals wiederholt, zuerst im Thüringer Innenministerium, kurz nach der Entdeckung der Terrorzelle 2011, dann vor der Schäfer-Kommission, jenem Gremium, das unter Vorsitz des ehemaligen BGH-Richters Gerhard Schäfer Behördenfehler im Umfeld der rechtsextremen Terrorgruppe NSU ermitteln soll, und zuletzt im Thüringer Untersuchungsausschuss. Inzwischen hat Matczak allerdings bemerkt, dass er der Einzige ist, der sich so erinnert. Mit jeder neuen Befragung wird er unsicherer.

Im Thüringer Untersuchungsausschuss in Erfurt sitzt Thomas Matczak am 15. April 2013 in einem beigefarbenen Anzug. Er zittert, knetet nervös seine Hände. Ein Polizist unter Druck. Auch hier wiederholt er seine Version, aber nun fügt er oft hinzu, er könne nicht beschwören, dass es tatsächlich so gewesen sei. Eine Abgeordnete fragt ihn, ob er Angst habe. »Wenn man der Einzige ist, der einen anderen Ablauf darstellt, dann fragt man sich doch: Mensch, ist das wirklich so, wie du es in Erinnerung hast, oder kann es auch anders gewesen sein?« Die Vorsitzende des Untersuchungsausschusses ermuntert Matczak: »Ich glaube Ihnen mehr als vielen anderen!«

Matczaks Kollegen können sich nicht erinnern oder sagen aus, Uwe Böhnhardt sei abgefahren, bevor die Bombenwerkstatt in der Garage an der Kläranlage gefunden wurde. So steht es auch in den Akten. Oft haben die Beamten ebendiese Akten kurz vor ihrer Befragung gelesen. Allerdings steht dort auch, dass die Feuerwehr gegen neun Uhr die Garage an der Kläranlage öffnet. Matczak und seine Kollegen durchsuchen ihre Objekte laut Bericht bis 10.15 Uhr. Zeitlich ist Matczaks Version möglich.

Vor dem Untersuchungsausschuss fühlt sich Thomas Matczak wie bei einem Tribunal. In dieser Umgebung wird ihm die ganze Tragweite seiner Aussage bewusst, er zieht sich zurück. »Viele bei der Polizei fragen sich, was damals schiefgegangen ist. Aber ob man das öffentlich wiederholt, ist die Frage.« Nun, im Mai 2013, steht Matczak auf dem Gehweg vor den Garagen in Jena, die er damals durchsucht hat. Im Block der Böhnhardts hängt eine Reggae-Fahne im Fenster. »Letzten Endes ist klar, keiner wird sich hinstellen und sagen, das ist blöd gelaufen!«, sagt Matczak. Warum macht er es? Matczak schweigt lange, atmet schneller, wieder sagt er: »Ich bin zufrieden, dass so eine Geschichte im Nachhinein bekannt wird.« Sie habe ihm »schwer im Magen« gelegen.

Für Matczak ist der Einsatz am 26. Januar 1998 gegen 11 Uhr beendet, er fährt ins Präsidium. 15 Jahre später liest er im Durchsuchungsbericht, er habe von 11 Uhr an die Garage an der Kläranlage, die Bombenwerkstatt, durchsucht. Das Problem: Matczak kann sich nicht erinnern, sie jemals betreten zu haben. Er schaut sich die Lichtbildmappe an, überlegt, ob er sich irren könnte. Es hilft nichts. »Ich war nicht in dieser Garage.« In den vergangenen Monaten hat sich Matczak immer wieder gefragt, ob er vielleicht einem Trugschluss erliege. Aber er ist sich sicher, dass die Bombenwerkstatt schon gefunden worden war, als Uwe Böhnhardt wegfährt. Warum also lassen die Polizisten Böhnhardt an jenem Morgen laufen?

Festzustehen scheint, dass Jürgen Dressler, der damalige EG-Tex-Leiter des LKA, den Thüringer Verfassungsschutz schon lange vor der Durchsuchung um Hilfe bittet. Vom 24. November bis zum 1. Dezember 1997 observiert ein Team des Thüringer Verfassungsschutzes Böhnhardt. Schon am zweiten Observationstag beobachtet es, wie Uwe Böhnhardt und Uwe Mundlos zwei Liter Brennspiritus und Gummiringe kaufen und in die Garage an der Kläranlage bringen, dabei blicken sie sich immer wieder auffällig um. In den darauffolgenden Tagen werden die beiden auch bei Beate Zschäpe gesehen. Der Verfassungsschutz schickt laut Akten am 8. Januar 1998, also mehr als einen Monat später, ein Schreiben mit den Observationsergebnissen an das LKA. Dieses Schreiben ist als »VS-vertraulich« eingestuft, damit ist es für das LKA nicht einfach verwertbar, weil es wegen der Geheimhaltung nicht öffentlich in der Gerichtsakte auftauchen und nicht an Dritte weitergegeben werden darf, ohne dass in diesem Fall der Thüringer Verfassungsschutz zustimmt. Die Ermittler bemühen sich beim zuständigen Staatsanwalt Gerd Michael Schultz um einen Durchsuchungsbeschluss. Der stimmt zu, hält das Schreiben wegen seiner Vertraulichkeit aber für nicht gerichtsverwertbar und legt fest, dass eine Festnahme erst nach dem Auffinden von Beweismitteln und auch dann erst nach einer Rücksprache mit der Staatsanwaltschaft erfolgen soll.

Ein paar Tage vor der Durchsuchung wird Schultz krank und muss ins Krankenhaus. Deshalb kann ihn der Einsatzleiter am 26. Januar 1998 nicht erreichen, worüber wiederum der Staatsanwalt 2013 sehr verwundert ist: Im Thüringer Untersuchungsausschuss sagt Schultz, die Polizei könne bei Gefahr im Verzug natürlich selbstständig handeln und festnehmen. »Das sind keine Dorfpolizisten.« Und dass es Stunden dauert, bis die Polizei seinen Vertreter erreicht, kann er nicht glauben. Ein Staatsanwalt habe immer Bereitschaft, eine »Nichterreichbarkeit« schließt er aus.

Am 26. Januar um die Mittagszeit ordnet Schultz' Vertreter schließlich die vorläufige Festnahme des Trios an.

Die Durchsuchung stützt sich auf einen Bericht des Verfassungsschutzes, von dem offenbar alle der Meinung sind, dass er nicht verwendet werden dürfe. Einen Tag nachdem die Polizisten 1,4 Kilogramm TNT gefunden haben, am 27. Januar, nimmt Schultz' Vertreter die Anordnung zur vorläufigen Festnahme wieder zurück. Er sieht keinen dringenden Tatverdacht. Im Thüringer Untersuchungsausschuss erinnert er sich, warum: Er habe zu den LKA-Beamten gesagt, sie sollten Belege bringen, Spuren, damit er einen Bezug zwischen Böhnhardt, Mundlos und Zschäpe und dem, was in der Garage gefunden wurde, herstellen könne. »Das Hauptproblem war, dass auf dem Bericht vom Verfassungsschutz noch immer ›vertraulich‹ stand und ich ihn so nicht verwenden konnte. Wenn ich ihn nicht in die Akte hängen kann, hilft er mir nicht.« Es sieht aus, als bemühten sich alle Beteiligten aus Furcht oder Unsicherheit um höchste formale Korrektheit.

Erst zwei Tage nachdem das Trio verschwunden ist, wird der Bericht des Verfassungsschutzes herabgestuft – »nur für den Dienstgebrauch«, nun ist er verwendbar. Und der Verfassungsschutz gibt den Ermittlern noch einen zusätzlichen Hinweis: Die drei wollten sich über Belgien in die USA absetzen. Danach werden eilig Haftbefehle erlassen. Nun sind Böhnhardt, Zschäpe und Mundlos fort, viele Fragen bleiben. Ist das eine unglaubliche Aneinanderreihung unglücklicher Umstände, Gerangel verschiedener Behörden – oder wollte man die drei gar nicht fassen? »Diesen Verdacht kann man schon haben«, sagt Matczak. Auch er kommt mit seinen Fragen nicht weiter: Musste die Durchsuchung unbedingt an jenem Tag stattfinden, sollte sie gar diesen Verlauf nehmen? Warum war Jürgen Dressler nicht dabei? »So etwas ist das Salz in der Suppe für einen Ermittlungsführer, da muss er als Ansprechpartner für sein Team da sein.«

Am 26. Januar 1998 geht Matczak, nachdem er ins Präsidium zurückgekehrt ist, zu seinem Chef und berichtet ihm vom Verlauf der Durchsuchung. Matczak sagt, sein Chef habe sich fürchterlich darüber aufgeregt, dass Böhnhardt weg sei, und habe gesagt, das sei an Dilettantismus nicht zu überbieten. Die Polizisten hätten Böhnhardt festnehmen können, auch ohne Rücksprache mit einem Staatsanwalt. »So ein heilloses Durcheinander habe ich nie wieder davor oder danach erlebt«, sagt Matczak. Gegen zwei Uhr nachmittags gibt es in Jena eine zweite Dienstbesprechung. Stunden nach der Durchsuchung fahndet Matczak nach Uwe Böhnhardt, der in der Früh noch greifbar vor ihm gestanden hatte. Warum noch einmal so viel Zeit zwischen dem TNT-Fund und dem Beginn der Suche vergeht, kann Matczak bis heute niemand erklären. »Das ist nicht der Normalfall«, sagt er.

Anfang November 2011 arbeitet Matczak in seinem Garten, als er im Radio die Meldung vom Tod Uwe Böhnhardts und Uwe Mundlos', von der Entdeckung des Trios, hört. Er hatte zuvor von der Mordserie an den Migranten gehört. Ein rechtsextremer Hintergrund kam ihm dabei »nicht ansatzweise« in den Sinn. Seitdem herrscht in Matczaks Leben der Konjunktiv, seitdem fragt er sich, was gewesen wäre, wenn er sich damals anders verhalten, wenn er sich durchgesetzt hätte. Im Nachhinein erscheint es stets leichter, ohne Rückendeckung eigenmächtig zu handeln.

Thomas Matczak klingelt 15 Jahre nach der Durchsuchung nicht an der Tür der Böhnhardts. Durch Zufall treten Uwe Böhnhardts Eltern an diesem Tag im Mai 2013 aus dem Haus. Sie gehen gebeugt, als müssten sie sich ducken, laden ein paar Taschen in den Kofferraum ihres Wagens und fahren fort. Es wirkt wie eine Wiederholung der Szene vom 26. Januar 1998, nur mit anderem Personal. Wieder steht Matczak einige Meter entfernt und schaut zu. Er spricht die Böhnhardts nicht an. Es ist ihm unangenehm.

Matczak bleibt mit seinen Fragen allein: Warum wurden nicht zeitgleich auch die Wohnungen durchsucht, und warum hat man sich sklavisch an die Rücksprache mit dem Staatsanwalt gehalten? Aber Matczak befürchtet, dass am Ende nur ein Kollege die ganze Verantwortung tragen muss: Der Beamte vom LKA, der an jenem Januartag den Einsatz leitete. »Ich will im Kollegenkreis nicht als Nestbeschmutzer dastehen und niemanden an die Wand drängen.« Dieser Beamte kann sich nicht verteidigen, nicht im Untersuchungsausschuss aussagen. Er ist schwerkrank.

Wie reagieren die Kollegen darauf, dass Matczak eine andere Version erzählt? Er wiegt den Kopf, es sei komisch, aber darüber werde innerhalb der Polizei nicht gesprochen.

Die Frage bleibt, ob es etwas geändert hätte, wenn er damals gehandelt, wenn er Uwe Böhnhardt festgenommen hätte. Matczak steht auf dem Gehweg, in sich versunken. »Das muss man ausblenden«, sagt er. »Ich hatte an dem Tag keinen Handlungsspielraum. Als Zugeordneter kann ich nicht in die Ermittlungen hineinlangen. Das macht keiner. Das gehört sich nicht.« Letztendlich bestimmt die Hierarchie. Matczak schweigt. Dann: »Ich bin mit mir im Reinen.«

Seit Januar 2013 ist Matczak zurück in seiner alten Abteilung, dem Staatsschutz. Er beschäftigt sich unter anderem wieder mit Rechtsextremen. Hat sich etwas verändert? »Die Tatsache, dass es rechtsextremen Terror gibt, war eine Zäsur«, sagt er. Nun beobachtet Matczak, dass eine jüngere Generation die Führung der rechten Szene in Jena übernimmt. Er fragt sich, ob sie in der Lage ist, sich zu radikalisieren, wie das Trio damals? Thomas Matczak beantwortet sich die Frage mit Nein. Genauso hätte er damals, 1998, bei Böhnhardt, Mundlos und Zschäpe geantwortet.

Das NSU-Trio hatte sich in den Wirren der neunziger Jahre nach dem Mauerfall gebildet, auch als eine Reaktion auf den Systemwechsel. Dass auf seinem Marktplatz schon bald Menschen wieder den Hitlergruß zeigen werden, kann sich Thomas Matczak in diesem Frühling 2013 noch nicht vorstellen.

BOŻENA BLOCK

Für Bożena Block liegt der Systemwechsel so weit zurück, dass es ihr manchmal vorkommt, als habe sie ihn gar nicht erlebt. Unwirklich irgendwie. Bis zu ihrem vierzigsten Geburtstag hatte sie Angst vor dem Sterben. Da pflegte sie ihren Stiefvater und fühlte in sich eine Kraft, dem Todgeweihten etwas geben zu können. Seit Block sechs Jahre alt war, wollte sie Krankenschwester werden. Damals in den siebziger und achtziger Jahren ist das ein angesehener Beruf in Ruda, einer Stadt im südwestlichen Polen, ehemals Schlesien – mit weißem Häubchen und weißem Kittel, von den Patienten bewundert, von den Ärzten respektiert und von der Familie angepriesen. So war es auch in Deutschland, als Block Ende der achtziger Jahren herkam.

Wenn Block erzählt, wie sich ihr Körper früher straffte, wenn sie nach ihrem Beruf gefragt wurde, klingt ihre Stimme noch tiefer als sonst, wie ein Brummen aus der Mitte ihres Körpers. Viele Jahre später wird Block in München eine Wohnung suchen, und die Vermieter werden sie ablehnen. Alle wissen, dass sie als Krankenschwester wenig verdient. »Jetzt hat der Beruf einen anderen Stellenwert«, sagt Block. Nun hat er die Kraft, sie gemeinsam mit ihren beiden Söhnen fast obdachlos zu machen.

Im Jahr 2013 arbeitet Block in einem Münchner Pflegeheim auf der Palliativstation. »Das ist das, was ich immer machen wollte.« Der Umgang mit dem Tod ist ein Thema, das Block seit ihrer Kindheit umtreibt. Ihre Großmutter wohnte auf dem Land in Polen, in einem Haus, das zwischen der Kirche und dem Friedhof stand, die Toten wurden damals aufgebahrt. Die junge Bożena sah die Leichname, während sie im Garten Unkraut jätete. Das hat sich ihr für immer eingeprägt. Es hieß: »Die Seelen kommen.« Block kann die Palliativstation, die sie leitet, aufbauen, sich ihr Personal aussuchen und auch ausbilden. Ihr Leitmotiv: »Langsamer kommt man manchmal schneller voran.« Es soll schon bald an Kraft verlieren.

Bożena Block wurde am 14. Januar 1969 in Ruda geboren. Bei ihrer Geburt war ihre Mutter 25, ihr Vater ein Jahr älter. Anderthalb Jahre später kletterte ihr Vater, ein Dachdecker, ohne Schutz während eines Gewitters auf den Giebel eines Hauses. Er fiel herunter und starb. Bożenas Mutter war jetzt 26, eine Witwe mit zwei Kindern. »Mama ist ohne gar nichts dageblieben und in Trauer versunken«, sagt Block. Bożena war ein stilles Kind, traute sich kaum zu sprechen, schlief schlecht, fürchtete sich vor vielem, besonders vor der Schule, in der die Lehrer ab und an auch zuschlugen. Ein unsicheres Mädchen, das oft ins Krankenhaus musste. Sie bekam viele Spritzen und Infusionen, die sie anschließend an ihren Puppen ausprobierte. Der Traum, Krankenschwester zu werden, war für Bożena ein Weg, die Macht über ihren Körper zurückzugewinnen. Eines Tages würde sie auf der anderen Seite stehen, die Krankheiten beherrschen.

Als Bożena Block in die Schule kam, heiratete ihre Mutter den Bruder ihres verunglückten Mannes. Der frühere Onkel und neue Vater arbeitete auch als Dachdecker und schaffte es ohne Alkohol nicht mehr auf die Giebel. Ein Grund ständigen Streits mit Blocks

Mutter. Bożena blieb die Aufgabe, sich um alle zu sorgen und Harmonie zu stiften. In dieser Zeit lernte sie, Schicksalsschläge anzunehmen, Unangenehmes ins Positive zu kehren, entwickelte eine Art unerschütterlichen Glaube an das Gute. Dass sich stets eine neue Tür öffnen wird, auch wenn alles ausweglos erscheint.

Ruda liegt mitten in einem Kohlerevier an der Rawa, einem Fluss, der knapp zwanzig Kilometer nordwestlich von Kattowitz entspringt. Bożena wohnte in einem Plattenbau, von ihrem Zimmer konnte sie in die Fenster des gegenüberliegenden Blocks schauen. Im Viertel lebten sehr viele Kinder in Bożenas Alter, im Winter gossen sie Wasser auf den Schnee vor ihren Häusern und liefen auf der gefrorenen Fläche Schlittschuh, im Sommer spielten sie gemeinsam Völkerball. Block sagt: »Das sehe ich heute in München nie.«

In den Wäldern waren russische Soldaten stationiert, erinnert sich Block. Und alle redeten über die regimekritische Gewerkschaft Solidarność, die sich nach mehreren Streiks 1980 in Polen gegründet hatte. Aber alle redeten auch *nicht* darüber. Block lernte, im Privaten zu sprechen und in der Öffentlichkeit zu schweigen.

Die achtziger Jahre in Polen waren von Kriegsrecht und Ausnahmezustand geprägt, womit die Regierung von Wojciech Jaruzelski versuchte, die Demokratiebewegung um die Gewerkschaft Solidarność zu bekämpfen. Die Wirtschaft brach ein, die Lebensmittel wurden rationiert. »Es gab überall nur Essig in den Läden«, erinnert sich Block. Bożenas Mutter musste sich bereits in der Nacht vor den Geschäften anstellen, um am Morgen Fleisch, Milch oder Butter zu bekommen. Bożena sah das als Kind und Jugendliche eher als Abenteuer, wenn sie nachts zwischen drei und vier in der Schlange wartete: »Wir haben uns abgewechselt, viel gelacht und miteinander geredet«, sagt sie. Dann kamen die

Hilfspakete von Bożenas Tante aus der DDR mit Würfelzucker, Kakao und Gummibärchen, die, nach Farben getrennt, abgezählt an alle Familienmitglieder verteilt wurden. Auch die Amerikaner schickten Pakete über die katholische Kirche. Bożena fand darin eine Dose mit einer geleeartigen Substanz, die verführerisch nach grünem Apfel roch. Sie kostete einen Löffel davon und stellte fest: Es war Seife.

In der siebten Klasse betrieb Bożena einen Schwarzhandel mit Bikinis, Aufklebern aus der DDR und Plastikohrringen. Es gab von allem zu wenig. Und Bożena träumte sich in ein anderes Leben. »Ich wollte den Arsch höher kriegen«, nennt sie es jetzt.

Kurz darauf verliebte sie sich das erste Mal in einen Jungen, über Sexualität wusste sie so gut wie nichts. Also lieh Bożena sich ein Buch über Liebe und Fortpflanzung bei der Nachbarin aus, einmal schlief sie am Abend darüber ein und ihre Mutter fand sie mit dem Werk in ihren Armen im Bett. »Das ist Sünde«, sagte sie zu ihrer Tochter und verbot ihr jeden weiteren Kontakt zur Nachbarin. Der Junge betrog Bożena mit ihrer besten Freundin.

Wenn Block sich nun an ihre Kindheit erinnert, erscheint sie ihr fremd, völlig anders, als sie ihre eigenen Söhne erzieht. »Ich berede alles mit ihnen, wenn sie das wollen – Tod, Liebe, Sex.« Ihre Mutter versorgte und bekochte sie, widmete sich sonst aber ganz dem katholischen Glauben. »Wir haben uns kaum je richtig unterhalten«, sagt Block.

Mit 16 wollte Bożena endgültig fort von ihren Eltern, sie begann eine Krankenschwesterausbildung in der nahen Großstadt Beuthen auf der Neurostation.

Dort starben täglich Menschen. Bożena fühlte sich zu den Todgeweihten hingezogen. Sie fand die richtigen Worte, um sie zu trösten, hatte das Gefühl, sie könne spüren, wenn das Ende nahte. Auf dieser Station lernte Block ihren späteren Mann kennen. Sie pflegte dessen Großmutter. Er war fünf Jahre älter als sie, Heizungsinstallateur, trug Kleidung aus dem Westen. Bożena zog in seine Wohnung – 136 Quadratmeter, Stuck, Parkett. »Und ich kam aus der Platte«, sagt sie.

Schon bald war Block schwanger, aber erst knapp 18 Jahre alt. Bożenas Mutter bestand auf einer Hochzeit. Also heiratete Bożena. »In Polen war das normal«, sagt sie. Block dachte, sie habe es geschafft – die große Wohnung, ihr Mann war deutscher Abstammung, hatte Familie in Westdeutschland, die D-Mark schickte. Damit konnte Bożena in den Pewex-Läden einkaufen, dem polnischen Intershop. Wegen der Schwangerschaft brach sie die Ausbildung erst einmal ab und arbeitete in einem Pflegeheim.

Bis sie am Morgen des 18. Dezember 1987, kurz vor ihrem 19. Geburtstag, aufwachte, und rundherum war ihr Laken voller Blut. Bożena kam ins Krankenhaus, ihr Mann durfte damals noch nicht mit auf die Station. Block ging es sehr schlecht, sie sagt, sie habe sich selbst von oben gesehen und laut geschrien: »Ich will nicht sterben.« Sie überlebte. Ihre Tochter, sie nannte sie Agnes, musste in ein anderes Krankenhaus. Agnes wog 1400 Gramm und hatte einen Herzfehler. Sie schaffte es nicht. Als Bożena die Todesnachricht empfing, brüllte sie so laut, dass ihre frische OP-Naht aufbrach. Ein älterer Arzt tröstete sie: »Du bist so jung, du wirst noch Kinder haben können.« An Silvester beerdigten Bożena und ihr Mann die Tochter.

Nach sechs Wochen fing Block wieder an, im Pflegeheim zu arbeiten. »Da war so eine komische Leere«, sagt sie.

Kurz darauf offenbarte ihr Mann, dass er vorhabe, nach Westdeutschland zu reisen, um seine Mutter zu besuchen und dass er nicht zurückkehren werde. Er fragte Bożena, ob sie nachkommen würde. Bożena hatte zuvor noch nie an eine Ausreise gedacht, sie hatte gerade ihre Tochter zu Grabe getragen, und nun plante auch ihr Mann fortzugehen. »Mein Mann hat das Tor nach Westen aufgestoßen.«

Er verließ Polen. Und Block verkaufte innerhalb weniger Monate alle Habseligkeiten. Auch sie wollte nun weg. »Ich wollte raus aus dem grauen Beton.« Nach zehn Monaten bekam sie ihr Visum. Ein Bekannter von ihr, dreißig Jahre älter, suchte eine Frau, die für ihn einen Nerzmantel über die Grenze bringen konnte. Dafür bot er ihr an, sie im Auto mitzunehmen. »Ich mache es, wenn du mich nicht anrührst«, sagte Bożena zu ihm.

Am 30. November 1988, ein Jahr vor dem Mauerfall in Berlin, stieg Block in den Mercedes ihres Bekannten. Sie weiß noch genau, was sie anhatte – einen Minirock, eine grüne Strumpfhose, einen beigefarbenen Pulli und den Nerzmantel. Sie war zuvor noch nie im Ausland gewesen und je näher die Grenze in Hof rückte, desto seltsamer fühlte sie sich. Sie war 19 Jahre alt, hatte ein Kind verloren, eine Hochzeit hinter sich, und nun stand ein Systemwechsel bevor.

JÖRN UND KATRIN REICHENBACH

In gewisser Weise sind auch Jörn und Katrin Reichenbach geflohen. Sie nennen sich selbst »Wirtschaftsflüchtlinge«, die wegen der Arbeit aus Niedersachsen nach Schwaben gezogen sind. Im Frühjahr 2013 bieten sie auf ein Grundstück in einem Vorort von Stuttgart, das sie noch nie gesehen haben. Erst Monate später werden sie das erste Mal Bilder von dem Acker sehen, den sie bereits für fünfhundert Euro den Quadratmeter gekauft haben und auf dem sie ein Haus bauen wollen. »Das ist in dieser Gegend so üblich«, sagt Jörn Reichenbach. Die Grundstücke sind dort sehr begehrt.

Erst in diesem Jahr wird das Ackerland in dem Vorort gleich neben Stuttgart erschlossen. Die Stadt wuchert ins Umland und frisst Bauernboden. Stuttgart und Umgebung sind Autoland. Mitten in Daimler-, Porsche-, Bosch-Country. Mitten im ökonomischen Herz der Bundesrepublik.

Reichenbach arbeitet seit sechs Jahren bei Bosch als Ingenieur, ist beschäftigt mit einem der brisantesten Themen Deutschlands der vergangenen Jahre – Technologie-Entwicklung für Abgastests von Motoren, auch Dieselmotoren. Der Diesel wird in Deutschland bald massiv unter Druck stehen, VW-Abgasskandal, Fahrverbote. Deshalb heißen die Reichenbachs in diesem

Buch auch anders als in Wirklichkeit, ihr Wohnort bleibt unerwähnt und einige Details ihres Lebens sind verändert. Zu viele Verfahren werden bald gegen die deutsche Autoindustrie laufen, und auch Bosch als größter Autoteilzulieferer der Welt wird darin verwickelt sein.

Im Frühjahr 2013 versucht Jörn Reichenbach aus der Ferne mit den weiteren Bebauungsplänen, den GPS-Daten des Grundstücks und einer App den Einstrahlungswinkel der Sonne auf ihr zukünftiges Grundstück zu berechnen. Sein Albtraum ist, dass es Dreiviertel des Jahres im Schatten liegen könnte. Erst im darauffolgenden April werden Jörn und Katrin Reichenbach das erste Mal leibhaftig dort stehen. Die beiden sind zu diesem Zeitpunkt Ende beziehungsweise Mitte dreißig. Es wird ihr erstes Eigenheim.

Die Reichenbachs sind das, was man in Deutschland eine Durchschnittsfamilie nennt: zwei Kinder, beide Elternteile arbeiten, gut ausgebildet, gutverdienend. Aber sie haben den Eindruck, dass die Versprechen der alten Bundesrepublik für sie nicht mehr gelten. Das Versprechen vom stetigen Aufstieg des Mittelstandes, und dass es jeder Generation immer bessergeht als der vorherigen. »Es stimmt nicht, dass man, je höher man gebildet ist und je mehr man sich anstrengt, desto besser lebt«, sagt Jörn. Die Reichenbachs strengen sich an, aber sie müssen um ihren Traum kämpfen.

Jörn Reichenbach fährt einen Mercedes, Diesel, er ist fasziniert von Autos, Mopeds, Motoren. Eine lebenslange Leidenschaft.

Mit 13 hat er in seinem Heimatdorf in Niedersachsen für 50 Mark sein erstes Mofa gekauft. Wenn es kaputtging, forschte er nach warum und reparierte es wieder. Er abonnierte die Zeitschrift *Motorrad, Reisen, Sport*. Im Anzeigenteil las er von einem Buch, das erklärte, wie man Zweitakter schneller machen könne, und bestellte es. Gemeinsam mit seinem Vater richtete er sich eine Werkstatt ein.

Bereits zwei Jahre später hatte Jörn Reichenbach einen großen Kundenkreis, verkaufte Autoteile, frisierte Auto- und Mopedmotoren. Bald musste er die vier Kilometer zu seinem Gymnasium nicht mehr laufen. Jörn träumte davon, Zweiradmechaniker zu werden. »Das geht nicht«, sagte sein Vater. »Da hast du keine Zukunft!« Jörn solle erst etwas studieren, danach könne er machen, was er möge. Reichenbach entschied sich für Maschinenbau, davon hatte niemand in seiner Familie Ahnung.

Reichenbachs Mutter arbeitete als Heilpraktikerin, sein Vater als Psychotherapeut, gemeinsam bauten sie einen alten Bauernhof aus, auf dem Jörn und seine Schwester aufwuchsen. Der Vater setzte sich stark mit dem Euthanasieprogramm des Nationalsozialismus auseinander. Reichenbachs Eltern trieb die Frage um, was Auschwitz möglich gemacht hatte. Der Vater hatte eine Praxis für Drogenabhängige aufgebaut, versenkte sich in die Thesen des Philosophen Theodor W. Adorno und die Theorien der antiautoritären Erziehung des englischen Internats Summerhill. Reichenbachs Eltern demonstrierten gegen den Vietnamkrieg und engagierten sich später in der Friedensbewegung. Sie waren ziemlich intensiv damit beschäftigt, die Bundesrepublik zu verändern.

»Meine Eltern waren 68er, die Generation, die die Welt verbessern wollte. Wir mussten sie mit dieser Aufgabe teilen«, sagt Reichenbach. Manchmal wohnten auch Suizidgefährdete, Patienten des Vaters, eine Weile bei ihnen auf dem Bauernhof. Es gab Tage, an denen Jörn dachte: »Jetzt werft die alle raus. Jetzt bin ich mal dran.« Dafür reisten die Reichenbachs jedes Jahr sechs Wochen in die Ferien nach Frankreich und feierten Partys mit hundertfünfzig Gästen. Jörn Reichenbach verbrachte ein Schuljahr in Kanada und studierte schließlich Maschinenbau in Hamburg-Harburg. Er kämpfte sich durch Mathe und Physik. Schon als studentische Hilfskraft beschäftigte er sich damit, Motoren zu entwickeln, die weniger Abgase produzierten.

Nach dem Studium Anfang der nuller Jahre begann Reichenbach, bei einem deutschen Automobilkonzern zu arbeiten. Wie es aussah, war sein Traum in Erfüllung gegangen. Zu Beginn. Er testete Autos. Abends betrieb er Kundenpflege und führte koreanische Kollegen aus. Eine Nacht in einer Bar ist ihm besonders in Erinnerung geblieben. Die koreanischen Gäste wünschten Bier und Schnaps dazu. Welche Sorte wussten sie aber nicht. Der Barkeeper wurde unruhig. »Ich habe ihm gesagt, einfach links im Regal anfangen und nach rechts durcharbeiten.« Der Barkeeper servierte die Drinks auf kleinen Deckchen. Die Koreaner hoben die Gläser, riefen laut »Submarine«, leerten sie in einem Zug und ließen sie danach aus zwanzig Zentimeter Höhe in ihre vollen Bierkrüge fallen. Die Biere schäumten über und suppten über den edlen Holztresen. So ging das eine Weile, bis der Barkeeper die Geduld verlor und sie hinauswerfen wollte. Reichenbach riet ihm, alle Gläser noch einmal zu füllen und die Kosten für die Theke auf die Kreditkarten der Koreaner zu verteilen. »Wenn sie auf Welttournee sind, ist ihnen das egal. Sie zahlen mit Firmenkreditkarten.«

Jörn Reichenbach hatte damals für sein Unternehmen viel mit koreanischen Kollegen zu tun. Heute kann er ein paar grundlegende Unterschiede zwischen der deutschen und der koreanischen Autoindustrie aufzählen. Die Deutschen machten am Jahresende Inventur, kalkulierten, was angeschafft und was ausgegeben wird. Darüber würden sich die Koreaner nur amüsieren. Das Geld sei sowieso ausgegeben, wozu sich darüber noch Gedanken machen? Die Koreaner fänden es viel wichtiger, die

Kosten für das nächste Jahr zu berechnen, was sie investieren müssten, um weiter zu wachsen. Sie achteten nicht so sehr darauf, was sie ausgegeben, sondern eher darauf, was sie dafür zurückbekommen hätten. »Wenn der Gegenwert stimmt, ist das in Ordnung.«

Einmal erlebte Reichenbach bei Geschäftspartnern den Standortbesuch eines obersten koreanischen Konzernchefs in Deutschland mit. Das ähnelte dem Besuch eines Kaisers in seinem Reich. Auf dem Boden klebten Pfeile, damit der Chef wüsste, wo er langgehen sollte. Denn niemand durfte ihm den Weg weisen oder ihm etwa den Rücken zuwenden. Die Untergebenen liefen stets alle rückwärts vor ihm entlang, trugen Anzug und Krawatte und mussten sich, wenn ihr Boss an ihnen vorüberschritt, um dreißig Grad verneigen, ihm die Hand reichen und sagen: »*We always do our best!*« Dieses Obrigkeitsdenken erschien Reichenbach, dem 68er-Kind, ziemlich fremd. Ganz so weit reicht die Autorität in der deutschen Autoindustrie nicht.

In der Zwischenzeit hatte sich Reichenbachs Leben verändert. Bei einem Weihnachtsbesuch zu Hause in Niedersachsen war er 2005 Katrin begegnet und schon bald wurde ihre erste Tochter geboren. Gemeinsam mit seiner Mutter wohnten sie auf dem Bauernhof von Reichenbachs Eltern, weil Jörns Vater 2003 überraschend früh gestorben war. Und Reichenbach mochte seine Mutter mit dem Hof nicht allein lassen. Der Konzern und die Familie – eine Doppelbelastung, die ihn an den Rand seiner Kräfte bringen sollte.

In der Früh, wenn die anderen noch schliefen, fuhr Jörn Reichenbach zur Arbeit. Abends kehrte er heim, wenn seine Tochter bereits im Bett lag. Von ihrer ersten Geburtstagsfeier sah er nur noch die Lampions. Jörn Reichenbach war fortwährend auf Reisen. Süd- und Osteuropa, Asien. Er sprach bei seinem Chef vor, er habe Familie, so gehe es nicht weiter. Seine Beschwerde wurde nicht gehört.

Katrin Reichenbach war nicht glücklich auf dem Bauernhof. Früher war sie Leistungssportlerin gewesen, hatte Volleyball gespielt und wollte Medizin oder Psychologie studieren, in ihrer Familie hatte aber niemand zuvor studiert. Sie bekam keinerlei Unterstützung.

Ihre Mutter stammt aus einer Bauernfamilie und bekam Katrin schon mit zwanzig Jahren. Die Eltern trennten sich, als sie sechs war: Eines Tages kehrte der Vater heim und die Mutter war fort. Katrins Mutter arbeitete fortan in der Krankenpflege. Katrin blieb bei ihrem Vater, der eröffnete eine kleine Computerfirma und heiratete erneut. Als Katrin zum Studium nach Bonn zog, hatte sie kein Geld, um die Gebühren zu bezahlen. Ihr Vater half ihr nicht und ihre Mutter konnte es nicht. Schließlich machte sie trotzdem einen Bachelor-Abschluss in Ergotherapie. Danach arbeitete sie ein paar Jahre in dem Beruf und verdiente schlecht. Als ihre Tochter geboren wurde, hörte Katrin auf und saß nun allein auf dem Bauernhof fest. »Es war einsam dort. Einen Tag bin ich den Berg links hinaufgelaufen, am nächsten Tag rechts«, sagt sie.

Unterdessen bemühte sich Jörn Reichenbach, alle zufriedenzustellen. Nach dem Tod des Vaters fehlte dessen Gehalt. Nachts saß Jörn im Büro der Mutter und half ihr bei den Abrechnungen. Der Bauernhof, ein großes Anwesen, verschlang das ganze Geld. Reichenbachs Verdienst lag damals bei 1900 Euro netto im Monat. Auf dem Hof fiel ab und zu die Heizung aus, allein das Heizöl für den Winter kostete 8000 Euro. Andauernd war irgendetwas morsch oder kaputt. Reichenbach flickte, reparierte, baute auf. Morgens um halb sechs brach er dann vollkommen erschöpft wieder zur Arbeit auf. Bis ihm die Haare ausfielen und kreisrunde Löcher auf seinem Kopf hinterließen.

Auf der Hochzeit von Katrins bester Freundin erzählte ein Gast, dass er bei Bosch angefangen habe und dass seine Firma noch Ingenieure suche. Jörn bewarb sich und wurde genommen. »Als ich gesehen habe, was man da verdienen kann, bin ich fast ohnmächtig geworden.«

Nach vier Jahren auf dem Bauernhof zogen die Reichenbachs 2007 in den Vorort von Stuttgart, zunächst in eine Mietwohnung. Sie dachten, sie würden bald wieder nach Niedersachsen zurückkehren. Aber sie bemerkten, dass rundherum viele »Wirtschaftsflüchtlinge« wie sie lebten, alle zugezogen, alle ohne Großeltern oder Familien, die sich um die Kinder kümmern könnten. Die Reichenbachs fanden schnell Kontakt. Ihre Wohnung war schon damals teuer, für 92 Quadratmeter zahlten sie 850 Euro kalt. Es gibt kaum Mietwohnungen rund um Stuttgart. »Die Schwaben kaufen lieber«, sagt Katrin und Jörn fügt hinzu: »Das geht aber auch nur, wenn die Oma hunderttausend Euro dazugibt und die andere Oma auch. Das war bei uns nicht möglich.«

2015/2016

ALEXANDER GAULAND

Januar 2016, Wahlkampf Jena, Thüringen, und Karlsruhe,
Baden-Württemberg

Es ist ein Mittwoch Ende Januar, als Alexander Gauland das erste
Mal Polizeischutz braucht. Er ist auf dem Weg nach Thüringen,
irgendwo auf der Autobahn, und es ist unklar, ob er an diesem
Abend überhaupt auftreten kann. Gauland ist jetzt Landeschef
der AfD in Brandenburg und Vizechef seiner Partei. Sein Mitarbeiter telefoniert mit den Beamten. Sie könnten für Gaulands Sicherheit nicht garantieren, heißt es. Vielleicht muss die
AfD-Kundgebung in Jena abgesagt werden, zu viele Gegendemonstranten. Gaulands Fahrer zischt: »Kriminelle!« Und Gauland
lächelt. Es ist ein hintergründiges Lächeln, der Mund geschlossen,
nur die Augen verraten Amüsement.

Einerseits bereitet es ihm Vergnügen, wie viel Aufmerksamkeit er gerade erregt, andererseits kann er nicht fassen, dass er
bedroht wird. Wegen seiner politischen Meinung. Im Augenblick löst Gauland, egal wo er auftritt, Schnappatmung aus – entweder aus Abscheu oder aus Bewunderung. Dazwischen gibt es
nichts.

Die vergangenen zweieinhalb Jahre haben Deutschland verändert. Besonders das Jahr 2015 prägt sich in die deutsche Geschichte ein. Im Juni reisen 53 721 Flüchtlinge ein, im Juli sind es 82 798 und im August schon 104 460. Ende August sagt Angela Merkel: »Wir schaffen das!« 2015 suchen etwa eine Million Menschen in Deutschland Schutz. Für Männer wie Alexander Gauland bedeuten diese Zahl und diese Politik den kompletten Kontrollverlust des Staates, für andere sind sie der Ausdruck einer neuen »Willkommenskultur« des weltoffenen Deutschlands. Das Jahr 2015 endet mit der Silvesternacht von Köln, wo am Hauptbahnhof hunderte Frauen von nordafrikanischen und arabischen Männern sexuell belästigt werden. Danach heißt es, die Medien hätten aus Furcht vor der Wahrheit nicht schnell genug darüber berichtet.

Gauland wird in diesen Tagen im Januar 75, er trägt gern Tweed-Sakkos und Cordhosen. Nie würde er eine Dame unterbrechen oder vor ihr durch eine Tür schreiten. In seiner Partei duzt er nur einen einzigen Menschen, den er seit mehr als vierzig Jahren kennt. Das Internet benutzt er nicht, seine Mitarbeiter drucken ihm die Mails aus. Soziale Netzwerke beunruhigen ihn. Dort verbreiten sich Themen und Sätze in einer Geschwindigkeit und Gedankenlosigkeit, die ihn befremden. »Ich habe kein Bedürfnis, das zu lernen. Ich lese lieber Zeitungen und Bücher.« Gauland ist ein Mann des vergangenen Jahrhunderts und trotzdem die Hoffnung seiner Partei. Vor allem im Westen soll er im Wahlkampf um die bürgerlichen Stimmen werben.

Gauland war jahrzehntelang CDU-Spitzenbeamter, Büroleiter des Frankfurter Oberbürgermeisters Walter Wallmann, Staatssekretär in Hessen, dann vierzehn Jahre lang Herausgeber der *Märkischen Allgemeinen Zeitung (MAZ)* in Potsdam, schrieb Bücher über Helmut Kohl, die Windsors und das Konservativsein.

Er ist einer der wenigen seiner Partei, der die konservative bürgerliche Mitte erreichen kann, weil er sie personifiziert. Er polarisiert nicht so stark wie Björn Höcke oder Frauke Petry. Obwohl auch seine Sätze oft verstören. Wenn er etwa Flüchtlinge mit »Barbaren« vergleicht, die nach der Überquerung des Limes zum Untergang des Römischen Reiches geführt hätten.

Nur aus seinem Mund klingen sie so wohlformuliert, dass sie fast harmlos erscheinen. Vielleicht sind sie deshalb umso gefährlicher.

Es gibt diese Auftritte: Zum Beispiel in Erfurt im Oktober 2015, Gauland zitiert den Grünen-Politiker Jürgen Trittin: »Deutschland verschwindet jeden Tag immer mehr, und das finde ich großartig.« Die Menge skandiert: »Wer Deutschland nicht liebt, soll Deutschland verlassen.« Das Trittin-Zitat ist falsch. Gauland muss sich später dafür entschuldigen. Wenn AfD-Anhänger »Lügenpresse« oder »Volksverräter« brüllen, presst Gauland die Lippen schmal und schweigt. Er steht dann auf der Bühne und ja, was? Genießt er den Jubel der Masse, verabscheut er ihn oder rätselt er, wo er da hineingeraten ist?

Es fällt schwer, diese öffentlichen Auftritte mit dem Mann in Verbindung zu bringen, der im persönlichen Gespräch differenziert, angenehm und selbstironisch sein kann. Einer, der über englische Außenpolitik und deutsche Literatur des vergangenen Jahrhunderts parliert. Einer, der viele Jahre Kolumnen im Berliner *Tagesspiegel* schrieb. Einer, der über die Parteigrenzen hinweg als angesehener Gesprächspartner galt.

Wie geschah die Radikalisierung des Alexander Gauland? Ist er ein bürgerlicher Intellektueller, der seine Mitte verloren hat? Oder verliert gerade das ganze Land seine Mitte?

Auf der Autobahn schneit es. Kurz vor Jena hält Gauland an einer Raststätte, sein Mitarbeiter telefoniert wieder mit der Polizei. Die AfD-Kundgebung wird doch nicht abgesagt. Stattdessen steigt Gauland in Jena in ein Polizeiauto um, die Beamten fahren ihn zur Demonstration. Sie machen Selfies von sich mit dem Star der AfD. Einer von ihnen sagt zu Gauland: »Der Wagen wird durch Sie richtig aufgewertet.« Darüber ist selbst Gaulands Mitarbeiter verwundert, eine derartig offene Sympathiebekundung durch die Polizei hat er bisher noch nicht erlebt.

In einer engen Gasse stoppt das Auto, alle Wege zum Markt sind von Gegendemonstranten blockiert. Mehrere Polizisten nehmen Gauland in ihre Mitte und begleiten ihn zur Bühne. Vor Gauland warten etwa 750 AfD-Anhänger, hinter ihm 2500 Gegendemonstranten, die laut Technomusik abspielen. Gauland steht genau dazwischen.

Die Menge ruft: »Merkel muss weg!« Gauland stützt sich auf den Stiel einer Deutschlandflagge, den Blick auf den vereisten Boden gerichtet. Vierzig Jahre war er in der Partei der Kanzlerin. Wie fühlt sich das für ihn an? Rebelliert er gegen seine eigene Vergangenheit? Und was hat er vor – einzureißen, was ihn einmal bestimmt hat? Seine alte Partei unter Druck zu setzen? Ein Mann, der die Demonstration mitorganisiert hat, flüstert: Gauland habe diese »schöne, seriöse Art«.

Vor Gauland betritt Björn Höcke die Bühne, Lehrer, Thüringer Fraktionsvorsitzender und der wohl umstrittenste AfD-Politiker. Unter anderem stellte er abstruse Thesen über die angeblich unterschiedlichen Reproduktionsstrategien von Afrikanern und Europäern auf. In Jena greift Höcke die Asylpolitik der Regierung an. »Die Flüchtlinge sind jung, muslimisch, männlich und überwiegend ungebildet. Sie sind keine Bereicherung für unser Land.« Worte wie kleine Brandsätze. Die Gegendemonstranten drehen die Musik lauter. Höcke nennt sie »rot lackierte Nazis«. Daraufhin rufen die AfD-Anhänger: »Nazis raus«. Hinter der Bühne bekommen die Gegendemonstranten nicht sogleich mit, von wem die Parole stammt, und stimmen ein. Für ein paar Sekunden rufen beide Seiten vereint in bizarrem Chor: »Nazis raus!« Gauland harrt reglos im Schneeregen aus, die Lider gesenkt. Nun tritt er ans Mikrophon. An diesem Tag hat Österreich gerade eine Obergrenze für Flüchtlinge eingeführt. Das möchte Gauland für Deutschland auch. »Wir wollen unser Deutschland behalten! Gegen den multikulturellen Asylwahnsinn!« Beifall. Es ist das erste Mal, dass man eine Ahnung davon bekommt, was Gauland antreiben könnte. Er genießt den Zuspruch der Menge. Dann sagt er, Deutschland werde nicht am Hindukusch verteidigt. »Alle Kriege des Westens sind politische Bankrotterklärungen.« Jetzt klingt Gauland wie ein Politiker der Linken. Vermutlich teilen viele Gegendemonstranten Gaulands Meinung in diesem Punkt, aber sie haben offenbar nicht zugehört. »Halt die Fresse!«, dringt es von hinten durch.

Die Einordnung in links und rechts funktioniert bei Gauland zu diesem Zeitpunkt schwer. Außenpolitisch links, innenpolitisch rechts? Verwirrend. Vielleicht hat er diese politische Verwirrung mit vielen Deutschen momentan gemein. Eine Verschiebung der Gewissheiten. Oder gar deren völliger Verlust. Vielleicht ist Alexander Gauland deshalb so wichtig für seine Partei. So erreicht er auch Abgeneigte, Unentschlossene, Linke.

Am Ende der Kundgebung stehen Gauland und Höcke auf dem Marktplatz, umringt von Polizei und Sicherheitsdienst. Eigentlich wollen sie zusammen essen gehen, aber sie fürchten, dass die Gegendemonstranten das Lokal stürmen. Schließlich eskortiert die Polizei Gauland und Höcke zur etwas abseits liegenden *Grünen Tanne*, dem Lokal der Burschenschaft Arminia, da gehen Linke nicht hin.

Dort organisiert Höcke einen Schlüssel für den ersten Stock

und führt Gauland in das Traditionszimmer der Burschenschaftler. Höcke sieht aus, als leuchte er von innen, für ihn ist dies ein besonderer Moment. Er präsentiert Gauland eine schwarz-rotgoldene Fahne der Urburschenschaft aus dem 19. Jahrhundert hinter Glas. Ein Heiligtum des Deutschtums.

Zurück im Gastraum beugt Gauland sich zu Höcke. Es geschieht in dieser Zeit nicht oft, dass er einem Gesprächspartner Fragen stellt und nicht umgekehrt. Höcke interessiert ihn. Er fragt, wie viele Ordnungsrufe dessen Fraktion im Thüringer Landtag kassiere, und ob er mehr wisse über eine mögliche Pegida-Partei-Gründung. Höcke hingegen hat keine Fragen. Er erscheint zurückhaltend, kontrolliert und angespannt. Sein Lieblingswort »Altparteienkartell« presst er so heftig hervor, als beschmutze es seine Lippen. Ein Abend neben ihm fühlt sich an wie ein Abend neben einem Sprengsatz. Die unterschwellige Aggression bereitet körperliches Unbehagen. Gauland nennt Höcke einen Freund. »Ich bewundere, dass er es schafft, jede Woche in Erfurt Tausende auf die Straße zu bringen.« Gauland will, dass seine Partei erfolgreich ist, und Höcke ist erfolgreich. Gauland ist mit der Macht.

Deshalb ist er geblieben, als Bernd Lucke und viele andere die Partei verließen, weil ihnen die AfD zu sehr nach rechts rückte. Deshalb verteidigt er sogar Höckes Fortpflanzungsthesen. Gauland sagt, in den USA gebe es darüber tatsächlich eine wissenschaftliche Debatte. Es ist einer von diesen Augenblicken, in denen man sich fragt: Wie weit ist Gauland bereit zu gehen, für die Partei, für die Macht?

Diese Frage treibt auch seine Tochter Dorothea um. Sie ist 33, evangelische Pfarrerin und sitzt in einem Pfarrhaus in Rüsselsheim, nebenan isst ein Flüchtling aus Eritrea Abendbrot. Gaulands Tochter hat ihn bei sich aufgenommen. Ihr Vater hat nicht viel dazu gesagt, nur dass es ihre Entscheidung sei, und dass sie auf sich aufpassen solle.

Dass sie verschiedene politische Meinungen vertreten, ist ihr klar, so kennt sie ihn. Sie sieht sich politisch bei den Linksintellektuellen. Bisher war das nie ein Problem. Vater und Tochter stehen sich nah. Bis sie vor ein paar Monaten über die Flüchtlingspolitik so heftig aneinander gerieten, dass Gauland am Telefon laut wurde. Das gab es noch nie. Später hat er sich dafür entschuldigt. Aber es war ein Hinweis, dass sich etwas Grundlegendes verändert hatte. »Das Differenzierte geht weg«, sagt die Tochter.

Ab und zu googelt sie nun ihren Vater. Dann sieht sie ihn auf YouTube, wie er über »junge Moslemmänner« redet, die in Deutschland bald die Bevölkerungsmehrheit stellen würden. Für die Tochter ist das schwer auszuhalten. »Ich finde schrecklich, was er sagt.«

Konservativ war Gauland schon immer in hohem Maß. Bereits 2010 schrieb er im *Tagesspiegel* über »den angeblichen volkswirtschaftlichen Nutzen multikultureller Zuwanderung« und »den Wunsch, dass unsere Enkel auch in 100 Jahren noch ›Wanderers Nachtlied‹ kennen«. Die komplizierte Flüchtlingssituation hat seine Meinung verhärtet, seine Sätze verschärft. Die Tochter meint: »Er hat gemerkt, er kommt damit an.« In der CDU hatte ihm am Ende kaum noch einer zugehört, nun hat er viel mehr Publikum. Ihr Vater hat die Bühne für sich entdeckt.

Auch innerhalb der Familie muss sie erklären, was sie sich nicht richtig erklären kann: Was mit ihrem Vater los ist. Alexander Gauland war selbst einmal Flüchtling. Mit 18 ging er aus der DDR in den Westen. Er weiß, wie sich die Hoffnung auf ein besseres Leben anfühlt. Für mehrere Wochen wohnte er in »randvollen« Aufnahmelagern. Parallelen zu heute mag er nicht entdecken. »Ich bin Deutscher und nicht völlig fremd.« Gaulands Vater war

Polizeipräsident von Chemnitz, in seinen Reihen gab es einen Beamten, einen Sozialdemokraten, der befördert werden sollte. Also beförderte Gaulands Vater ihn. Daraufhin wurde er 1933 unter den Nationalsozialisten frühpensioniert. Gaulands ehemalige Frau ist mit Walter Eucken verwandt, dem Vordenker der sozialen Marktwirtschaft, der im Widerstand war. Treffen mit der Familie seiner Ex-Frau, die ihm immer noch nahe ist, sind nun nicht sehr angenehm für Gauland.

Er will die Politik wie ein Außenstehender betrachten, sezierend, analytisch. Manchmal wirkt es, als habe er noch nicht realisiert, dass er nicht mehr Strippenzieher im Hintergrund ist, sondern mitspielt. In einer der Hauptrollen. Gauland ist ein Mann, der andere politische Meinungen akzeptiert, sie berühren nicht seine inneren Beziehungen zu Menschen. Von sich aus erwähnt er den Zwist mit seiner Tochter. Weil er keine Entfremdung empfindet, er ist eher stolz auf ihre unabhängigen Gedanken. Gauland will debattieren, provozieren, streiten. Er will das Private vom Politischen trennen. Seinem Umfeld gelingt das immer weniger.

Wenn man ihn fragt, mit wem man über ihn reden könne, fallen Gauland acht Männer ein. Kultivierte Geister der alten Bundesrepublik. Die meisten distanzieren sich mehr oder weniger von Gauland. Einer mag noch nicht mal seinen Namen in diesem Zusammenhang lesen. Offenbar hat Gauland eine andere Wahrnehmung von der Auswirkung seiner politischen Aktivitäten auf Freundschaft als sie. Für ihn sind diese Männer die Gleichen geblieben, aber er hat sich in den Augen der anderen verändert.

Da ist Peter Iden, früherer Theaterkritiker der *Frankfurter Rundschau*, der Gauland seit den siebziger Jahren kennt. Gemeinsam stritten sie für das Museum der Modernen Kunst. Vor wenigen Wochen rief Iden Gauland an, er wollte ihn auffordern, sofort aus der AfD auszutreten. Zuvor hatte Frauke Petry in einem Interview gesagt, notfalls müsse auf Flüchtlinge an der Grenze geschossen werden. Iden hat Gauland nicht erreicht. »Ich bin sehr besorgt um ihn. Ich habe ihn als Humanisten kennen gelernt.« Jetzt sieht er ihre Freundschaft in Gefahr. Am Ende sagt er: »Gehen Sie gnädig mit ihm um! Er ist ein Trauerfall der deutschen Intellektuellenszene.«

Da ist der Publizist Konrad Adam, er lebt in Oberursel. Er hat mit Gauland zusammen die AfD gegründet. Auch er kennt ihn seit mehr als dreißig Jahren. Dass Gauland mit Björn Höcke kokettiert, gefällt ihm nicht. »Ich halte Höckes Tonlage für fatal. Höcke weiß, woran er appelliert.« Adam urteilt hart: »Gauland ist offenkundig bereit, für den Machtgewinn und -erhalt fast jeden Preis zu zahlen.«

Am schwersten fällt es Peter Stoltzenberg, ehemaliger Theaterintendant, über seinen Gefährten Gauland zu sprechen. Er sitzt in seiner Charlottenburger Dachgeschosswohnung. Raucht, zögert, überlegt. Gauland bemühte sich in den achtziger Jahren, ihn zum Intendanten in Frankfurt zu machen, das klappte nicht, aber sie blieben Freunde. Vor drei Jahren, 2013, hockte Gauland einmal bei ihm auf dem Sofa und sagte, er fühle sich in der CDU nicht mehr zu Hause.

Heute sehen sich die beiden Männer nicht mehr oft. Ab und zu telefonieren sie. »Er wurde mir und meiner Frau fremder.« Stoltzenberg sagt, er meide es, sich Gaulands jetzige Reden anzusehen oder anzuhören. Er zitiert Kant, Hegel, Nietzsche, aber sie alle bringen ihn der Antwort auf die eine Frage nicht näher: *Ist Alexander Gauland noch sein Freund?* Da lehnt sich Stoltzenberg in seinem Korbsessel zurück und sagt: »Was macht der da? Das ist meine Frage!«

Ein paar Wochen später wartet Gauland an einem frühen Morgen schon an seiner Potsdamer Wohnungstür. Drinnen: Parkett, Kronleuchter, Bücherregale bis zur Decke. Gauland wirkt aufgebracht.

Sein Parteifreund Marcus Pretzell hat auf Facebook öffentlich den Journalisten Günther Lachmann von der *Welt* angegriffen. Der habe sich der AfD als Medienberater angedient, für 4000 Euro im Monat, wollte aber weiter für die Zeitung schreiben. Die Vorsitzende Frauke Petry habe das Ansinnen abgelehnt, seitdem diskreditiere sie der Mann in seinen Artikeln. Gauland kennt Lachmann. Der Vorwurf ist ein Hammer. Aber Gauland regt sich über Pretzell auf: Das gehe nicht. »Das macht Menschen kaputt.«

Es ist Pretzells Stil, der Gauland stört, nicht der Inhalt seiner Botschaft. Pretzell ist mit Petry liiert. Diese offenkundige Vermischung von Privatem und Politischem ärgert Gauland. Lachmann wird sich später mit der *Welt* über die Auflösung seines Arbeitsvertrages einigen und für die AfD-Landtagsfraktion in Thüringen arbeiten.

Im Prinzip fürchtet Gauland jeden Auftritt seiner Parteispitze: Ob Frauke Petry den Schusswaffen-Einsatz gegen Flüchtlinge befürwortet. Ob Björn Höcke bei Günther Jauch die Deutschlandfahne über die Armlehne hängt. Oder ob Beatrix von Storch bei Anne Will die Bundeskanzlerin schon im chilenischen Exil sieht. »Ich weiß nicht, was sie da geritten hat«, sagt Gauland. Am liebsten wäre ihm, seine Kollegen würden vor jeden Auftritt mit ihm telefonieren. In einer Partei wie dieser ist es für ihn nicht schwer, der seriöse Grandseigneur zu sein. Je schräger seine Genossen wirken, desto souveräner erscheint er.

Gauland verlässt die Wohnung, an der Tür erinnert ihn ein Zettel: »Brille, Handy, Schlüssel.« Auf der Straße parkt sein Jaguar. Am Abend hat er einen Wahlkampfauftritt in Karlsruhe, sieben Stunden sind es bis dorthin. Gauland wird sie allein am Steuer durchfahren. Viel Zeit, um sein Weltbild auszumalen. Gauland weiß, wie Medien funktionieren. 1991 ist er von Frankfurt nach Potsdam gezogen. Die *FAZ* hatte die *MAZ* gekauft. Damals wollte niemand in den Osten. Und Gauland hatte nach einer Wahlniederlage der CDU in Hessen kein Amt. In Potsdam wurde er Herausgeber, verliebte sich in eine jüngere Kollegin, trennte sich von seiner Frau und blieb. Der Klassiker. Heute darf seine Lebensgefährtin in ihrer Zeitung nicht mehr über Politik schreiben. Seinetwegen.

Und Gauland weiß auch, wie er die Medien für sich nutzen kann. Für einen Politiker lässt er ungewöhnlich viel Nähe zu. Im Gegensatz zu vielen anderen verändert er seine wörtlichen Zitate vor der Veröffentlichung kaum, sagt selten, das dürfe man aber nicht schreiben. Er erscheint angstfrei. Die Wahrheit ist, es ist ihm vollkommen egal. Er ist 75 und bezieht die Pension eines Staatssekretärs. Gauland hat nichts zu verlieren. Jede Aufmerksamkeit ist ihm recht. Auch Negatives wirkt positiv. Man redet über ihn.

Die Frage bleibt, ob man Gauland den Raum geben sollte, sich darzustellen. Die Zweifel werden beim Schreiben immer wiederkehren. Macht man ihn und seine Partei dadurch nicht größer? Journalismus soll die Wirklichkeit beschreiben, und Gauland und die AfD gehören dazu. Sie vertreten derzeit einen nicht kleinen Teil der Gesellschaft in diesem Land.

Wie wichtig die Auseinandersetzung mit dieser Partei ist, hat die Ausladung der AfD bei der SWR-Elefantenrunde in Baden-Württemberg gezeigt. Diese Entscheidung wird auf jeder Veranstaltung, die Gauland besucht, gefeiert. So können sich die AfD-Anhänger als Opfer darstellen, mit denen die »Alt-Parteien« nicht reden, denen sie nicht zuhören wollen, vor denen sie vielleicht sogar Angst haben. Es passt in das Bild der Partei von den Medien als »Lügenpresse«. Die SWR-Ausladung wird später zurückgenommen.

Wenn man über die AfD recherchiert, erreichen einen besorgte SMS, als berichte man aus einem Krisengebiet. Auf ihren Demonstrationen werden Journalisten verprügelt. Gauland weiß das alles. Er sagt: »Das Wort Lügenpresse finde ich auch nicht angenehm. Aber es hat sich nun mal durchgesetzt.« So antwortet er bei allen heiklen Themen. Persönlich gibt er sich reflektiert, aber für seine Anhänger weist er jede Verantwortung zurück. »Sie gehen auf einer Demo eine Verbindung zu Menschen ein, die nicht so differenziert denken. Da mag eine Stimmung entstehen, die man als bedrohlich empfinden kann. Das können sie nicht steuern.« Alexander Gauland, der Meister der Relativierung.

Medien berichten manchmal falsch, verkürzt oder tendenziös. Aber Gauland war jahrelang Teil der Medienelite, die er heute beschimpft. Er weiß, viele der Angriffe auf die Presse rühren von Unwissen oder Vorurteilen her. Er könnte erklären, wie es tatsächlich war oder ist. Aber er ahnt auch, das kommt bei seiner Klientel nicht an. »Jetzt habe ich eine andere Rolle als bei der *MAZ*.«

Er spricht von den »drei Leben« des Alexander Gaulands – als Spitzenbeamter, als Herausgeber und nun eben als Parteipolitiker. In den siebziger Jahren holte er als Magistratsdirektor einmal 250 vietnamesische Boatpeople aus Hongkong nach Frankfurt. Er suchte sie persönlich in einem Flüchtlingslager aus. Zu einigen von ihnen hat er bis heute Kontakt. Die Rollen seines Lebens trennt er genau. Wenn sie sich verwirren, wird es kompliziert. Für ihn. Und für andere. »Man hat eine bestimmte Aufgabe in einer bestimmten Zeit«, sagt er im Wagen Richtung Karlsruhe. »Heute sehe ich es als meine Aufgabe, die Partei zusammenzuhalten.«

Eine dieser Rollen hat Martin Walser in seinem 1996 veröffentlichten Buch »Finks Krieg« beschrieben. Die Figur des Tronkenburg ist an Gauland angelehnt, der als Staatssekretär in Hessen einen Beamten für Kirchenfragen versetzt, um den Posten mit einem Mann aus seiner Partei zu besetzen. Im Roman tritt Tronkenburg kaum auf, er wirkt diabolisch im Hintergrund. Sein Opfer Fink kämpft gegen die Entscheidung bis in den Wahn, während Tronkenburg den Krieg fast unbeschadet übersteht und »in die Kolonien«, in den Osten, geschickt wird. Tronkenburg ist ein Mann, der niemals fällt.

Gauland sagt, Walser habe nie mit ihm gesprochen. Seine Sicht der Dinge werde also nicht wiedergegeben. Tatsächlich hat Gauland in Hessen damals einen Beamten versetzt, der daraufhin klagte, und tatsächlich ist Gauland später in den Osten gegangen.

Vor dem Wagenfenster verschwimmen Himmel und Landschaft zu einem trüben Brei. Auf der Autobahn ist auch Zeit, über das Thema zu sprechen, ohne das die AfD vermutlich gar nicht mehr existieren würde: Die Flüchtlingspolitik. Gaulands Stimme klingt sogleich härter: »Wir müssen die Grenzen dichtmachen und dann die grausamen Bilder aushalten. Wir können uns nicht von Kinderaugen erpressen lassen.« Stille. Dann bricht es aus ihm heraus: »Man kann sich nicht einfach überrollen lassen. Einen Wasserrohrbruch dichten Sie auch ab.« In diesem Augenblick weiß man nicht, ob seine Worte gezielt wirken sollen oder ob sie ihm passieren – oder beides. Sicher ist, die Provokation bereitet ihm Vergnügen. Er freut sich darüber, dass man ihm solche Sätze eigentlich nicht zutraut. Je populistischer er wird, desto größer ist die öffentliche Resonanz.

Aber wie sollen die Grenzen geschlossen werden und wo sollen die Menschen hin? »Das kann ich nicht lösen«, sagt Gauland. Er weiß, dass man keine Grenze zu hundert Prozent schützen kann. Was dann? Schießen? Die Polizei habe noch andere Möglichkeiten: Gummigeschosse, Wasserwerfer.

Sind Sie ein Brandstifter, Herr Gauland? Dagegen wehrt er sich vehement. Er hat Flüchtlingsheime auch schon einmal »Brutstätten der Kriminalität« genannt. »Das wäre, als ob man sagt: Das Denken Adornos und Horkheimers hat den Terrorismus der RAF hervorgebracht oder Karl Marx hat Stalins Verbrechen zu verantworten.« Da ist wieder dieser distanzierte Blick auf die Politik, als betrachte er sie als Philosoph und gestalte sie nicht aktiv mit. »Man muss politische Auseinandersetzungen führen dürfen, ohne für kriminelle Handlungen verantwortlich gemacht zu werden.«

Nach vielen Stunden mit ihm stellt sich ein Gefühl tiefer Ratlosigkeit ein. Er redet viel, aber die Konsequenzen des Gesagten bleiben stets verschwommen. Als ginge es immer noch nur um eine intellektuelle Debatte. Gibt es für ihn eine Grenze? »Ja, es gibt Grenzen«, sagt er. »Wenn einer verbotene Symbole zeigt, muss man eine Veranstaltung abbrechen.«

Da würde die Polizei einschreiten. Er nennt eine Grenze, die ohnehin eine ist. Eine juristische.

Als Gauland Karlsruhe erreicht, ist es später Nachmittag. Er hat nichts gegessen, wenig getrunken, nur geredet. Einmal hatte er schon einen Herzinfarkt, im Jahr als der Euro eingeführt wurde. Er hat ihn nicht bemerkt, behandeln ließ er ihn erst später. Seitdem ist einer seiner Reisekoffer mit Medikamenten gefüllt.

Der Mann an der Hotelrezeption begrüßt Gauland mit den Worten: »Meine Stimme haben Sie!« Er fragt, ob Gauland T-Shirts oder andere AfD-Merchandising-Artikel dabeihabe. »Merchandising?«, fragt Gauland. »Ich weiß nicht, was das sein soll.« Nach einer ARD-Umfrage sind achtzig Prozent der Deutschen zu diesem Zeitpunkt gegen Merkels Flüchtlingspolitik. Und die AfD wäre derzeit die drittstärkste Kraft im Bund. »Jetzt können wir uns nur noch selbst umbringen«, sagt Gauland. Durch unbedachte Worte.

Am Abend warten in einer alten Brauerei etwa zweihundert Menschen an langen Tischen und trinken Bier. Vor der Tür stehen noch einmal fünfzig. Deutsche Mittelschicht, meist Männer ab vierzig. Auf dem Podium sitzen vier Herren, drei davon tragen Doktortitel. Gauland heißt hier nur »Dr. Gauland«. Er ist eine Marke.

Vor ihm reden die beiden AfD-Landtagskandidaten, ein Physiker und der kaufmännische Leiter einer IT-Firma. Es geht gegen die Energiewende, gegen den »Bildungsplan sexuelle Vielfalt« und gegen Angela Merkels Flüchtlingspolitik. Gauland sitzt ganz rechts, die Brille ist ihm auf die Nasenspitze gerutscht, er sieht müde aus.

Als er schließlich ans Rednerpult tritt, strafft sich sein Körper, er zieht Kraft aus der Aufmerksamkeit. »Eine Völkerinvasion ist über uns hereingebrochen, und wir sind nicht gefragt worden«, beginnt er. Beifall. Und dann redet er über Russland, fast zwanzig Minuten lang. Russland ist in diesen Monaten sein Lieblingsthema. Der Westen habe das mündliche Versprechen, die Nato nicht weiter als bis zur Oder auszudehnen, nicht eingehalten. Beim Abzug 1991 seien die Russen gedemütigt worden. Gauland wirbt für eine Versöhnung. Im Saal herrscht Stille. Das Publikum wirkt überrascht und überfordert. Gauland doziert wie ein Universitätsprofessor. Danach erheben sich die Menschen. Standing Ovations.

Woher rührt die Begeisterung? Gauland ist kein Ideologe. Er ist sein eigenes Programm. Das kommt an in einer Zeit, in der CDU, SPD und Grüne sich in vielem sehr einig zu sein scheinen. Wenn einer wagt, einmal eine andere, kontroverse Meinung zu äußern, wird er sogleich bestraft von Parteigenossen, den Medien, oder es gibt einen Shitstorm. Nicht jeder, der versucht, sich in die russische Sichtweise hineinzuversetzen, ist ein Putin-Versteher. Nicht jeder, der sich um die Integration der Flüchtlinge sorgt, ist ein Nazi und nicht jeder, der gegen TTIP eintritt, ist ein Antiamerikaner. Diese Art der politisch korrekten Debatte, die komplexe Themen verkürzt und moralisch auflädt, lässt einen wie Gauland schillern. Sie lässt ihn erscheinen wie einen Mann, der sich was traut.

Danach darf das Publikum Gauland befragen. Ein Mann tritt ans Mikrophon, der sagt, er habe gehört, in Berlin gebe es Stadtteile, die man nur mit Schusswaffen betreten könne. Wie könne man sich da schützen? Gauland gibt sich hilflos. Der absurden Behauptung widerspricht er nicht. Ein anderer will wissen, warum die Kriminalitätsstatistik nicht nach Religionszugehörigkeit aufgeschlüsselt werde?

Aus den Fragen spricht Furcht. Furcht vor Veränderung, vor Verlust. Die Wochen im Wahlkampf mit Alexander Gauland geben Einblick in ein zutiefst verunsichertes, ratloses und gespaltenes Land. Und Gauland und seine Partei verstehen es im Moment am besten, diese Verunsicherung für sich zu nutzen.

Am Ende fragt jemand, wie die AfD zur Mineralöl-Steuer stehe? »Damit haben wir uns noch nicht befasst«, antwortet Gauland. Seine Partei funktioniert nur in der Empörung. Konzepte für scheinbar öde Themen wie Steuer, Rente oder Gesundheit hat sie nicht.

Nach seinem Auftritt bleibt Gauland noch auf dem Podium sitzen. Gaulands ehemaliger Chef Walter Wallmann sagte früher zu ihm, dass er ein guter Beamter, aber kein Politiker sei. Er könne nicht auf Menschen zugehen. Nun unterhält sich Gauland mit seinen Anhängern, hört Menschen zu, die ihn nerven oder bedrängen. Noch vor kurzem hätte er sich das nicht angetan. Er war zwar stets oben, aber immer in der zweiten Reihe. »Ich bin kein Netzwerker. Ich habe nie kämpfen müssen.« Jetzt ist er unter Druck. Jetzt kämpft er. Zum ersten Mal. Für sich. Es ist Alexanders Gaulands letzte Chance auf die erste Reihe.

Im März 2016 zieht die AfD erstmalig in die Landtage von Baden-Württemberg (15, 1 Prozent), von Rheinland-Pfalz (12,6 Prozent) und von Sachsen-Anhalt (24,3 Prozent) ein.

THOMAS MATCZAK

An dem Mittwoch Ende Januar 2016 steht Thomas Matczak nur
wenige Meter von Alexander Gauland auf dem Marktplatz in Jena
im Schneeregen. Die beiden Männer begegnen sich nicht. Auch
Matczak ist im Einsatz. Die Gegendemonstranten haben die Auf-
zugsstrecke der AfD blockiert. Und Matczak muss beide Seiten
voreinander schützen.

Vor allem aber hört Matczak sich als Staatsschützer die Reden
von Gauland und Höcke sehr genau an, passt auf, ob sie irgendetwas Strafbares oder Verfassungsfeindliches sagen. Bei dem
Lärm nicht ganz einfach. Für Matczak ist diese Demonstration der
Auftakt zu einem Jahr, das er später mit den Worten »der helle
Wahnsinn« zusammenfassen wird. Ein Aufzug, eine Demonstration, eine Kundgebung folgt auf die nächste – AfD, Thügida,
die Rechte. Und die jeweiligen Proteste dagegen. Matczak begleitet sie als Polizist, er kann die Termine noch immer auswendig
aufzählen. Die Menschen, seine Mitbürger, erscheinen ihm aufgebracht, die Gesichter vom Zorn verzerrt.

Die zunehmende Polarisierung der Gesellschaft beobachtet Matczak schon seit 2015, dem Jahr, als die Flüchtlinge nach
Deutschland kamen. Matczak sah die furchtbaren Bilder aus
dem syrischen Bürgerkrieg im Fernsehen. Kurz darauf sah er die

Aufnahmen von Deutschen, die Flüchtlinge mit Teddybären bei ihrer Ankunft an der Grenze oder auf Bahnhöfen empfingen. Matczak sah, wie sein Ministerpräsident Bodo Ramelow (Die Linke) im thüringischen Saalfeld Flüchtlinge mit »Happy welcome« begrüßte. Aber Matczak hatte kein gutes Gefühl. »Ich bin ehrlich, ich war skeptisch«, sagt er Anfang 2016 in einem Jenaer Café.

Zweimal hatte Matczak Dienst, als Züge aus dem Süden Deutschlands mit Flüchtlingen im thüringischen Apolda ankamen. Er sah zum größten Teil junge Männer aus den Waggons steigen. Seine Kollegen und er begleiteten sie zu den Bussen, die sie in die Aufnahmeeinrichtungen bringen sollten. Matczak hatte wieder kein gutes Gefühl.

Besonders im Gedächtnis geblieben ist ihm ein Mann um die achtzig, der im Rollstuhl saß, sechs Frauen kümmerten sich um ihn. »Ich fand es besorgniserregend, dass so viele völlig unkontrolliert einreisten«, sagt Matczak. Auf seiner Dienstelle herrschte damals »Kopfschütteln« über diese Politik. Das Thema sei innerhalb der Polizei offen diskutiert und nicht tabuisiert worden, sagt Matczak. Und niemand habe sich ausländerfeindlich geäußert, das ist Matczak wichtig zu betonen. Man habe sich nur über die »Struktur der Geflüchteten«, die vielen jungen Männer, Gedanken gemacht. »Ich habe das kritisch gesehen.« Nun findet er seine Sorgen bestätigt. Naturgemäß hat er in seinem Beruf nur mit Migranten zu tun, die mit dem Gesetz in Konflikt geraten oder Ärger haben. Und er kann dabei zusehen, wie die Gewalt zwischen Rechten und Linken in seiner Stadt Jena eskaliert. »Die Ausmaße machen sprachlos«, sagt er.

Im Jahr 2016 erscheint auch Matczak verändert. Er ist schlanker geworden. Seit 2013 hat er zehn Kilo abgenommen. Seine Frau und er haben sich getrennt. Matczaks neunjährige Tochter wohnt nun bei ihr in der hunderte Kilometer entfernten Uckermark. Der 17-jährige Sohn ist bei Matczak geblieben. 2016 denkt Thomas Matczak auch, das Thema NSU sei für ihn abgeschlossen. Den Prozess in München gegen Beate Zschäpe und vier weitere Angeklagte, der bereits seit drei Jahren andauert, verfolgt er nur noch selten. Er will ihn nicht zu nah an sich herankommen lassen. Noch weiß er nicht, dass eine Meldung im Herbst 2016 den NSU bei ihm und in ganz Deutschland noch einmal dramatisch in den Vordergrund rücken wird. In einem Thüringer Waldstück werden dann am Knochenfundort des 2001 verschwundenen neunjährigen Mädchens Peggy Knobloch an einem Stoffrest DNA-Spuren von Uwe Böhnhardt auftauchen. Ein Fund, der die Vergangenheit für Matczak auf einmal wieder sehr gegenwärtig erscheinen lassen wird.

Erneut werden in Thüringen Ermittlungen aufgenommen werden, eine Sonderkommission wird gegründet, die klären soll, ob eine Verbindung zwischen dem NSU, Uwe Böhnhardt und unaufgeklärten Kindermorden, Kinderprostitution und Kinderpornographie existiert. Matczak wird um Fassung ringen. Als erschienen Uwe Böhnhardt und der NSU nicht schon diabolisch genug, wie ein Kommando direkt aus der Hölle. Aber Matczak wird daran zweifeln, dass nach 15 Jahren an Stoffresten, die im Wald gefunden werden und im Dreck gelegen haben, noch Spuren nachweisbar sein sollen. Er kennt die unaufgeklärten Thüringer Altfälle, die anschließend neu aufgerollt werden, hat die Namen der ermordeten Kinder im Kopf: 1991 Stephanie Drews, 1993 Bernd Beckmann, 1996 Ramona Kraus. 1993 war Thomas Matczak beim Jenaer Kriminaldauerdienst (KDD) der Polizei, er kann sich gut daran erinnern, dass die gesamte Dienststelle damals nach dem neunjährigen Bernd Beckmann suchte, der schließlich tot am Ufer der Saale gefunden wurde.

Diese Fälle werden die chaotische Zeit um den Mauerfall und seine Anfänge bei der Polizei zurück in Matczaks Gedächtnis bringen.

Noch bevor die DDR unterging, begann Thomas Matczak im Mai 1988 bei der Kriminalpolizei in Jena. Er stammt aus einem Dorf: Stöben, 21 Kilometer von Jena entfernt, vielleicht zwanzig Häuser, mehr Tiere als Menschen, keine Bushaltestelle. »Als Kinder waren wir immer draußen, schwammen in der Saale, haben Feuer gemacht, Stöcke geschnitzt. Unsere Eltern mussten uns abends suchen.« In seiner Kindheit in den siebziger Jahren gab es keine Handys oder Spielkonsolen. Matczak schaute manchmal vor dem Einschlafen den »Sandmann«.

Seine Mutter arbeitete im Stall, der Vater war Traktorist bei der LPG. Der Hof, auf dem sie lebten, gehörte der Familie seit zweihundert Jahren. Der Vater war Einzelbauer gewesen und nach dem Zweiten Weltkrieg in der DDR zwangsenteignet worden. Er trat in den siebziger Jahren aus der SED aus, warum, weiß der Sohn nicht genau. Bei den Matczaks wurde nie viel geredet. »Mein Vater war nicht gut auf die Roten zu sprechen, ließ kein gutes Haar an denen.« Das wird bei seinem Sohn später anders sein. Die Geschichte von Thomas Matczak ist auch eine Geschichte der Anpassung, erst an das DDR- und später an das westliche System.

Als Kind sah er seine Eltern wenig, sie schufteten den ganzen Tag, und wenn sie nach 18 Uhr heimkamen, kümmerten sie sich noch um die eigenen Tiere. Thomas Matczak entsinnt sich, dass seine Mutter die Wäsche in der Nacht wusch, weil sonst keine Zeit dafür blieb. Meist betreuten die Großeltern Matczak, seinen Bruder und seine Schwester. Die Matczaks schlachteten selbst, machten Wurst, und samstags nach der Schule wurde Holz gehackt. Nur Sonntagnachmittag war frei. Matczaks Eltern wollten nicht, dass ihre Kinder in die Landwirtschaft gingen, sie wollten sie vor dieser »Knochenmühle« bewahren. Das haben sie geschafft: Matczaks Bruder wurde Chemieingenieur, seine Schwester Krankenschwester.

Und Thomas Matczak lernte nach der Schule zunächst Elektriker, dann ging er für drei Jahre zur »Volksmarine« nach Warnemünde. Er diente in einer Aufklärungseinheit, sie durfte auch weiter als die 12-Seemeilen-Zone hinausfahren, begleitete und beobachtete Nato-Schiffe bei Manövern in der Nord- und Ostsee. Matczak wachte direkt an der Systemgrenze.

Er schlief in einer Zweierkoje, vier Stunden Schlaf, vier Stunden Wache. Dafür wurden die Matrosen besser versorgt als die DDR-Durchschnittsbevölkerung, sie brauchten fünf bis sechstausend Kalorien am Tag, bekamen Erdbeeren in Dosen, Bananen, Orangen. Mit 18 Jahren trat Matczak an Bord in die Partei ein, aus der sein Vater zuvor ausgetreten war. Er sagt, das sei erwartet worden, neunzig Prozent der Matrosen seien Parteimitglieder gewesen. Matczak war kein überzeugter Systemanhänger, aber auch nicht dagegen. Er hatte sich eingerichtet in der DDR.

Und wenn die Staatssicherheit ihn gefragt hätte, hätte er nicht viele Gründe gehabt, eine Zusammenarbeit abzulehnen. Sie hat ihn nur nie gefragt. Zum Glück, wie er heute sagt. Nur einmal, es muss 1986/87 gewesen sein, erkundigte sich ein Oberstleutnant mit dem Dienstausweis des Ministeriums der Staatssicherheit bei Matczak, ob er wüsste, wo sein Vater sich gerade aufhalte. Matczak verneinte, er hatte seinen Vater das letzte Mal vor etwa vier Monaten an Land gesehen. Später stellte sich heraus, Matczaks Vater war in Westberlin gewesen. Zu Besuch auf der Grünen Woche, der Landwirtschaftsmesse.

Auch die Marine war ein »Knochenjob«, 130 Tage hintereinander fuhr Matczak zur See, dann durfte er für ein paar Tage nach

Hause. In drei Jahren neunmal. Nach seiner Dienstzeit hätte sich Thomas Matczak für die Handelsschifffahrt bewerben können. »Aber ich hatte die Schnauze voll.« Denn daheim wartete seine Jugendliebe auf ihn. Matczak hatte sie mit 15 in der Schule kennengelernt. 1988, kurz bevor er Polizist wurde, heiratete er sie. Als Junge träumte er davon, Verbrecher zu jagen, zur Kriminalpolizei zu gehen. Er las viele Krimis. Der Abschnittsbevollmächtigte (ABV) seines Dorfes wusste von seinem Interesse und fragte Matczak, als er von der Armee zurückkehrte, ob er nicht Polizist werden möge. Allerdings, sagte der ABV, müsste Matczak zunächst zur Schutzpolizei und sich dann allmählich hinaufarbeiten, aber das wollte Matczak nicht. Die galt als besonders systemnah, war »behaftet«, wie Matczak es ausdrückt. Er bekam trotzdem einen Termin beim Bewerbungsoffizier und konnte danach direkt bei der Kriminalpolizei anfangen.

Frisch vermählt zog er gemeinsam mit seiner Frau die 21 Kilometer nach Jena. Es sollte der weiteste Umzug seines weiteren Lebens werden. Matczak startete im Bereich K3 – Straftaten mit unbekanntem Täter. Das hieß: Diebstahl, Raub, Einbrüche. Es passierte nicht sehr viel in der DDR. »Wenn mal ein Auto geklaut oder von einem Westwagen ein Mercedesstern abgebrochen wurde, war das spektakulär«, sagt Matczak. Wenn junge Männer Schaufenster einwarfen oder Blumenrabatten zerstörten, seien die sofort in Untersuchungshaft gelandet. Damals nannte die DDR-Polizei das »Rowdytum«, heute wäre es Sachbeschädigung oder Landfriedensbruch. Thomas Matczak gefiel es bei der Polizei, ihre Aufklärungsquote war bei der geringen Kriminalitätsrate hoch. »Früher war der Zusammenhalt unter den Kollegen stärker. Heute geht es um Geld, Beförderung, Karriere. Man gönnt dem anderen nichts«, sagt Matczak und es klingt ein wenig nach dem Klassiker-Klischee: Die kuschelige, heimelige DDR.

Vielleicht ist es aber auch einfach so, dass Matczak ein Mann ist, der nie Fernweh verspürte, sich nie politisch engagierte oder anderweitig ambitionierte Pläne hegte. Er hatte sich wie viele andere mit den Verhältnissen arrangiert. »Ich habe in der DDR nichts vermisst. Ich hatte Essen, Trinken und eine intakte Familie«, sagt er. In Matczaks Flur stand sogar ein Telefon, was in der damaligen Zeit selten war. Für seine Wohnung zahlte er zwanzig Mark Miete, da blieb bei einem Gehalt von eintausend Ostmark einiges übrig.

Aber auch Matczak bemerkte, dass viele seiner Mitbürger die DDR anders und kritischer sahen als er. Jena war damals schon eine Studentenstadt, es gab Punks, und die oppositionelle Friedensbewegung war stark. Matczak konnte ihre Losung »Schwerter zu Pflugscharen« an vielen Hauswänden lesen. Und er wusste natürlich von den Ausreisen, er sah, dass ab Frühjahr 1989 immer mehr Menschen über Nacht einfach verschwanden, Richtung Tschechoslowakei und Ungarn aufbrachen, um von dort in den Westen zu gelangen. Sie als »Republikflüchtige« zu stigmatisieren war das eine, aber was, wenn plötzlich Hunderttausende das Land verlassen wollten? Auch Matczak ahnte, dass nicht alle »Kriminelle« sein konnten. Er suchte nach Antworten, nach Ursachen. Das Thema beschäftigte ihn persönlich, aber die staatlichen Behörden schwiegen dazu, versuchten es zu ignorieren. Seine Dienststelle appellierte etwas hilflos an die Mitarbeiter, nicht nach Ungarn zu reisen. »Ich wäre nie über Ungarn abgehauen«, sagt Matczak, aber er machte sich Gedanken. Auch über die neue Reformbewegung, die sich in der DDR bildete.

Im September 1989, vier Tage bevor die ersten Montagsdemonstrationen in Leipzig begannen und elf Tage bevor die Ungarn die Grenze Richtung Westen öffneten, fing Matczak eine zweijährige Weiterbildung für den gehobenen Dienst an der Offiziersschule des Ministeriums des Innern (heute Fachhochschule der Polizei) in Aschersleben, Sachsen-Anhalt, an. Dort war alles straff militärisch organisiert, Frühsport, Schule, Marxismus-Leninismus. Während in seinem Land nichts mehr blieb, wie es einmal war, lebte Matczak abgeschnitten von der Außenwelt in einem DDR-Kokon, als sei die Zeit eingefroren.

So kam es, dass Thomas Matczak sich am 9. Oktober 1989 bei der großen Montagsdemonstration in Leipzig schließlich in Uniform auf der Seite der Staatsmacht wiederfand. Immer mehr Menschen strömten an jenem Tag in die Kirchen und auf die Straßen, sie riefen: »Wir sind das Volk.« Gleichzeitig zog die DDR-Führung immer mehr Polizei, Militär und Betriebskampfgruppen in der Stadt zusammen. Niemand wusste, was geschehen und wie dieser Tag enden würde. Viele befürchteten eine »chinesische Lösung«, dass die DDR-Führung die Demonstration, die Rebellion ihrer Bürger, gewaltsam niederschlagen würde.

Auch Thomas Matczak und seine Kollegen befürchteten das, sie waren von Aschersleben nach Leipzig gefahren worden. Sie harrten in einem LKW am Rande Leipzigs aus und warteten auf Anweisungen. Sie wussten nichts über die Situation in der Stadt. Matczak erinnert sich, dass alle schwiegen und still gehofft hätten, nicht zum Einsatz zu kommen. »Es war befremdlich, ein mulmiges Gefühl«, sagt er. Viele Worte hat er auch heute nicht für seine Erlebnisse und Empfindungen damals. Zuvor hatte seine Mutter ihn bei seinem letzten Besuch weinend verabschiedet, er solle auf sich aufpassen, sie mache sich Sorgen. Matczak war zwar für das System, aber im Zweifel auf seine Landsleute zu schießen, das mochte er auf keinen Fall.

Es gab keinen Befehl zum Ausrücken an diesem Tag. Die DDR-Führung entschied sich gegen die Gewalt. Matczak kam nicht zum Einsatz. Gegen Mitternacht wurden er und seine Kollegen wieder abgezogen und fuhren zurück nach Aschersleben. Die Revolution hatte gesiegt.

Und ließ Matczak für immer mit der Frage zurück, was er getan hätte, wenn ...

Am Tag des Mauerfalls war Matczak noch immer in Aschersleben. Erst einen Monat später fuhr er das erste Mal in den Westen. »Ich hatte mich mit der DDR abgefunden. Auch, dass ich nicht reisen konnte, hat mich nicht gestört. Ich kannte ja Florida oder Los Angeles nicht.«

Seine erste Reise führte ihn nach Lichtenfels in Oberfranken, nahe der thüringischen Grenze. »Das war schon spektakulär, obwohl das eine Kleinstadt ist.« Matczak bewunderte vor allem die intakten Fenster und frisch gestrichenen Fassaden. Das zweite Mal fuhr er nach Westberlin zum Kurfürstendamm und besuchte das Kaufhaus des Westens. »Das war der Hammer! Das Licht, die Farben, der Geruch!«

Die Wendezeit erlebte er als einziges Chaos, Polizeiberater aus Rheinland-Pfalz, Hessen und Bayern schauten in Thüringen vorbei. Matczaks Ausbildung zum gehobenen Dienst in Aschersleben ging zwar weiter, aber wenn er nachfragte, ob das so noch Sinn machte, hatten seine Chefs keine Antwort darauf. Matczak meint, er und die anderen Polizeischüler wurden einfach vergessen. Also blieb er dort. An einem Tag lernte er die Paragraphen noch nach dem Strafgesetzbuch der DDR, am nächsten schon nach dem der BRD. Als absehbar war, dass es eine Wiedervereinigung geben würde, machten die Lehrer »einen Schwenk«, sagt Matczak.

Nach zwei Jahren wurde Matczaks Ausbildung im neuen vereinten Deutschland nicht anerkannt. Ähnlich ist es damals vielen DDR-Bürgern ergangen. Sie hatten etwas gelernt oder studiert, das manchmal innerhalb von 24 Stunden nichts mehr wert war oder nicht mehr gebraucht wurde. Matczak besuchte Jahre später noch einmal die Fachhochschule.

Er kehrte nach Jena zurück und arbeitete Anfang der neunziger Jahre erst im Raubdezernat, bevor er zum KDD wechselte, eine Art »Feuerwehr« der Polizei, die rund um die Uhr Bereitschaft hat. Bei der Währungsunion wachte er mit seiner Dienstwaffe in der Sparkasse Camburg bei Jena darüber, dass keine Unruhen ausbrachen. Matczak erinnert sich, wie er dort das erste und letzte Mal in seinem Leben eine Million D-Mark in seinen Händen hielt. Er hatte erwartet, dass es bei einem Systemwechsel »einen Schlag gibt«, sich die Erde auftut wie bei einem Meteoriteneinschlag vielleicht. Doch der äußere Schlag blieb aus, aber im Inneren zerbarsten alle Gewissheiten. Lebensentwürfe, Autoritäten, ganze Biographien implodierten. Ein Kollege von Matczak setzte sich in die Badewanne und erschoss sich. Matczak selbst trat 1990 einfach aus der SED aus. Die Feier zur Wiedervereinigung am 3. Oktober 1990 begleitete er dann schon gemeinsam mit den alten Feinden, der Westberliner Polizei, in Berlin. Danach begannen die Stasi-Überprüfungen bei der Polizei, fünf oder sechs von Matczaks Kollegen wurden entlassen, weil sie ihre Mitarbeit verschwiegen hatten. Matczak hingegen hatte nie den Eindruck, nicht gebraucht zu werden oder eine »Altlast« zu sein. Im Gegenteil. »Nach dem Mauerfall ist die Kriminalität explodiert, Überfälle, Auto-Diebstähle. Über Nacht klauten die Leute wie die Raben.«

Auch Matczaks Stadt befand sich im brutalen Umbruch. Von den ursprünglich dreißigtausend Mitarbeitern des VEB Carl Zeiss Jena blieben in den Nachfolgebetrieben noch etwa zehntausend übrig, in den anderen Betrieben war es ähnlich, viele wurden auch ganz geschlossen. Lag die Arbeitslosenquote im Bezirk Jena 1990 noch unter fünf Prozent, stieg sie zwei Jahre darauf auf mehr als

13 Prozent. Eine Elterngeneration verlor praktisch über Nacht ihre Jobs, ihre Existenz. Und ihre Kinder sahen ihnen dabei zu. Matczak sagt: »Diese Zeit war für das gesellschaftliche Leben sehr schwierig.« Es war auch die Zeit, in der sich das spätere NSU-Trio Zschäpe, Böhnhardt und Mundlos fand.

Mit dem Rechtsextremismus sei es nach dem Mauerfall losgegangen, meint Matczak. Neonazis gab es auch in der DDR, aber Matczak kann sich nicht an sie erinnern. Als er 1990 mit seiner Frau nach Jena-Winzerla in eine Dreizimmerwohnung zog, hatte er einen guten Blick auf den Jugendclub, in dem sich Beate Zschäpe und Uwe Böhnhardt 1991 kennenlernten. Thomas Matczak hatte damals genug von Politik, von der DDR-Führung fühlte er sich »verarscht«. Nun wählte er die CDU, war weder links noch rechts. Politisch wollte er sich nie mehr vereinnahmen lassen.

In diese Zeit fällt sein einziger Versuch auszubrechen, sein Leben zu verändern, fortzugehen. 1991 bewarb sich Matczak beim Bundeskriminalamt (BKA), das Vorstellungsgespräch war in einem Erfurter Hotel. Das BKA lehnte aber aktive Beamte ab, und Matczak war in jenem Jahr bereits verbeamtet worden. Also blieb er in Jena.

Schließlich kam er 1995 zum Staatsschutz. Seinerzeit lieferten sich Rechte und Linke jede Nacht Schlachten, besonders an den Wochenenden. Matczak sah, wie sich die radikalen gesellschaftlichen Umwälzungen auf den Straßen widerspiegelten.

In den Jahren von 1996 bis zur Durchsuchung der Garagen des NSU 1998 kam es in Jena zu mehreren Vorfällen, bei denen das NSU-Trio seine Gefährlichkeit bereits erkennen ließ. Im Nachhinein erscheinen Matczak diese Vorfälle wie eine Probe für das, was danach geschehen sollte. Das Vorspiel des Grauens. Nur damals hat er dieses Bild noch nicht erkennen können.

Am 13. April 1996 hing eine Puppe mit einem Davidstern an einer Autobahnbrücke in der Nähe Jenas. Daneben standen ein Karton und ein Verkehrsschild mit der Aufschrift »Bombe«. Auf dem Karton waren Uwe Böhnhardts Fingerabdrücke. Zum Jahreswechsel 1996/97 gingen Briefbombenattrappen bei der *Thüringischen Landeszeitung,* der Jenaer Polizei und dem Ordnungsamt ein. Beigelegt war ein rechtsextremes Schreiben. Die Staatsanwaltschaft Gera ermittelte unter anderen gegen Böhnhardt, Mundlos und Zschäpe. Am 2. September 1997 schließlich stießen spielende Kinder vor dem Jenaer Theater auf einen Koffer mit einem Hakenkreuz darauf. Erst einen Tag später stellte sich heraus, dass in dem Koffer eine selbstgebaute Bombe lag, gefüllt mit zehn Gramm TNT. Die Indizien deuteten auf die Kameradschaft Jena hin. Auch hier ermittelte die Staatsanwaltschaft Gera unter anderen gegen Böhnhardt, Mundlos und Zschäpe.

2016 sagt Thomas Matczak dazu: »Wir Polizisten sind diesen Entwicklungen damals nicht nachgekommen. Wir sind von diesem Kriminalitätsphänomen überrannt und überrascht worden. Wir standen den Rechtsextremen hilflos gegenüber. Das ging wie eine Spirale immer schneller, immer höher.« Matczak kannte Ralf Wohlleben, Tino Brandt, André Kapke, die Kameradschaft Jena. Die Wahrheit ist auch, dass er sie nicht richtig ernst genommen hat.

Draußen war es ungemütlich, also bemühte sich Matczak in diesen Jahren um häusliche Behaglichkeit. 1996 kaufte er zusammen mit seiner Frau ein Reihenhaus in Jena-Lobeda für vierhunderttausend D-Mark, hundertsechzig Quadratmeter auf vier Etagen, terrakottafarbene Fassade, blaue Türen. Ein Steuerberater aus dem Westen hatte ihnen dazu geraten. Die Matczaks hatten wie die meisten Ostdeutschen keine Ersparnisse, aber beide waren Polizeibeamte auf Lebenszeit. Also finanzierten sie das Haus mit einem Kredit von der Bank und bekamen eine Eigenheimzulage von viertausend DM im Jahr. Thomas Matczak zahlt diesen Kredit bis heute ab.

Nachdem Matczak nach der missglückten Garagendurchsuchung 1998 zwei Jahre im Bereich Interne Ermittlungen gewirkt hatte, wurde er um die Jahrtausendwende Drogenfahnder. »Das hat Spaß gemacht«, sagt Matczak. Ein Bereich, in dem »ordentlich durchgeurteilt wird«, wie er sagt. Matczak sah die Konsequenzen seiner Arbeit: Der Staat zog Vermögen ein, die Täter landeten im Gefängnis. Zwölf Jahre blieb Matczak bei der Drogenfahndung. Eine Zeit, in der seine Kinder groß wurden, die er nur selten sah. Nachtschichten, Wochenendeinsätze, wieder Nachtschichten – »Drogendealer arbeiten nun mal nicht von 7 bis 16 Uhr«, sagt Matczak.

Diese Zeit hat Matczaks Weltbild geprägt, bei der Drogenfahndung waren die Tatverdächtigen und Täter zum größten Teil Ausländer und Migranten. »In Jena gab es eine starke Heroinszene, die war mehrheitlich von Afrikanern und Türken geprägt. Das wollte die politische Führung aber nicht gern hören.« 2016 existiert in der Stadt keine offene Heroinszene mehr. Crystal Meth und Cannabis haben sie verdrängt. Dieser Handel wird vor allem von Deutschen beherrscht.

Schließlich hörte Thomas Matczak 2012 bei der Drogenfahndung auf, weil er keine Aufstiegsmöglichkeiten mehr für sich sah. Er war im »Endamt« angekommen, wie das in Behördensprache heißt. Beim Staatsschutz konnte er noch aufsteigen, Erster Hauptkommissar werden.

Anfang 2016 beobachtet Matczak, wie sich die rechtsextreme Szene mit dem Aufstieg der AfD, von Pegida/Thügida und der Ankunft der Flüchtlinge in Deutschland wieder neu formiert und radikalisiert. Durch die Siege und das Erstarken des »Islamischen

Staates« in Syrien und dem Irak muss sich Matczak jetzt außerdem mit dem islamistischen Terror in Deutschland auseinandersetzen. Eine weitere Gefahr. Matczak kämpft mit immer höheren Fallzahlen und sorgt sich darum, dass zugleich immer mehr Stellen bei der Polizei unbesetzt bleiben. Thomas Matczak sieht sich nun als Streiter an der Frontlinie der neuen gesellschaftlichen Konflikte.

ALEXANDER GAULAND

März 2016, Feier zu Gaulands 75. Geburtstag, Potsdam

Eine Straße mit Kopfsteinpflaster. Ein paar Männer in dunklen Anzügen kämpfen sich durch den Wind zum Restaurant *Krongut Bornstedt* in Potsdam. Drinnen im Saal steht ein Piano, das Buffet wird aufgebaut. Alexander Gauland feiert seinen 75. Geburtstag, der AfD-Vizechef wollte ihn eigentlich im Potsdamer Landtag begehen, doch das wurde in letzter Minute verboten. Begründung: Das Fest habe keinen Bezug zur Fraktion. Selbst Gaulands Geburtstag wird zum Skandal.

Gauland erscheint ein wenig später, er trägt wie immer ein Tweed-Sakko, er lächelt. Dass seine Partei gerade in drei deutsche Landtage eingezogen ist, muss ihm wie ein Geburtstagsgeschenk vorkommen. Vor ihm sitzen zweihundert Gäste an langen Holztafeln, viele junge Männer mit kurzen Haaren, die so aussehen, als würden sie sonst selten Anzüge anziehen: Die neuen Kreisvorsitzenden der AfD, die meisten von ihnen waren vor einem Jahr noch gar nicht in der Politik.

Gauland setzt sich an einen Tisch neben den Vorsitzenden der Partei, Jörg Meuthen, ein Wirtschaftsprofessor aus Stuttgart, graue kurze Haare, Brille. Gauland kennt ihn erst seit drei Jahren aus der AfD. Nun sitzt Meuthen bereits neben Gaulands Lebensgefährtin und alten Freunden aus der Studienzeit, bis er seinen Stuhl zurückrückt und sich in die Mitte des Saales stellt. Meuthen ist zwanzig Jahre jünger als Gauland. Ein Mann, der Gauland kaum kennt, hält die Geburtstagsrede auf ein 75-jähriges Leben. Die Rednerwahl ist ein deutlicher Hinweis, worauf Gauland jetzt Wert legt: Das ist keine private Geburtstagsfeier, das ist eine politische Ansage.

Meuthen nennt Gauland den »Pontifex Maximus der AfD«, erzählt, dass Gauland ihn einmal als »seinen Chef« vorgestellt habe, was ihm nicht einmal im Traum eingefallen wäre. Links von ihm an der Wand flüstert Björn Höcke mit Beatrix von Storch, der radikale Flügel der Partei. An der Tafel rechts lauschen die Mitarbeiter des Brandenburgischen Literaturbüros ein wenig verunsichert den Worten Meuthens. Sie organisieren Lesungen und fördern Literatur aus der Region. Alexander Gauland war viele Jahre lang ihr Vorsitzender. Nun klatschen sie nicht mit, wenn Meuthen die Erfolge der AfD feiert und Angela Merkels Abtritt fordert. Sie sehen aus, als wüssten sie nicht genau, wie sie sich verhalten sollen, zerrissen zwischen alter Loyalität und Sympathie zu Gauland und Abneigung gegenüber seinen aktuellen politischen Ansichten. Gauland ist kurz zuvor von seinem Posten zurückgetreten, um dem Ruf des Literaturbüros nicht zu schaden. Es scheint, als hätten sich all die Widersprüche und Gegensätze seines Lebens in diesem Saal versammelt.

Als Meuthen abtritt, stellt Gauland zwei junge Frauen vor, beide haben sehr lange Haare und tragen sehr enge Kleider: eine Opernsängerin aus Luhansk in der Ostukraine und eine Pianistin aus Russland. Gauland lächelt wieder, die beiden sind sein Kulturprogramm. Er habe sie bei einer Fraktionsreise nach Russland kennengelernt, sagt er. Sie sind eine weitere politische Ansage.

Die Künstlerinnen geben Puccini, Rachmaninow, Rimski-Korsakow. Ein Mitarbeiter des Literaturbüros flüstert: »Das ist ja wie auf einer Oligarchen-Party.«

Nach dem Auftritt der jungen Frauen meldet sich ein alter Freund Gaulands zu Wort, der Politikprofessor Arnulf Baring. Er war nicht als Redner vorgesehen, aber er mag nicht länger schweigen. Gauland sei für ihn ein Garant, dass die AfD nicht ins Extreme abrutsche, ruft er in den Saal. Auch er hält eine politische Rede, keine persönliche. »Gauland hat schon immer viele politische Irrtümer begangen, Russland ist einer davon«, sagt er. Die beiden Künstlerinnen ziehen sich gerade um, im Saal ist es kurz bedrohlich ruhig. Die jungen Männer an den Tischen starren auf ihr Bier, aber sie halten still. Es wirkt, als seien sie irritiert, dass in diesem Kreis andere Meinungen geäußert werden dürfen. Gauland hingegen ist guter Stimmung. Er mag Kontroversen, intellektuelle Debatten. Er will weiterhin diskutieren, provozieren, streiten. Es bleibt dabei, er akzeptiert andere Ansichten, noch immer berühren sie nicht seine privaten Beziehungen zu Menschen. Eine Haltung, die zunehmend unter Druck gerät. Auch für ihn.

Vor der Saaltür stehen Wachmänner. Alexander Gauland bekommt neuerdings Morddrohungen. Zwischen politischen Gegnern gibt es keine Übereinkunft mehr, keinen gemeinsamen Nenner, auf den man sich noch einigen könnte. Kein Feind gelangt in den Saal hinein, aber auch kein Freund hinaus. Die Türen des *Krongut*-Geländes sind abgeschlossen. Aus Sicherheitsgründen. Ein Geburtstag in einer Festung. Es wirkt wie ein Sinnbild für die Zukunft, verhärtete Fronten.

Fast zeitgleich wird die Westbalkanroute für Flüchtlinge durch Beschlüsse von Ungarn, Mazedonien, Kroatien, Serbien und Slowenien geschlossen.

BOŻENA BLOCK

Bożena Blocks Flucht glückt 1988. Sie ist nun das, was Alexander Gauland einen Wirtschaftsflüchtling nennen würde. Viele Jahre nach ihrer Ausreise wird Block einmal Sympathie für seine Partei hegen. Der erste Tag im Westen: Bożena Block sah nach zehn Monaten ihren Mann wieder. Er lebte bei seiner Mutter im bayerischen Haar, Landkreis München. Am nächsten Morgen folgte der unausweichliche Besuch im Supermarkt. »Es war ein Schock«, sagt Block. »So viele Lebensmittel. So viele Farben.« Das Grau Polens im Ausnahmezustand erschien ihr nun noch grauer als jemals zuvor. Block belegte schnell einen Sprachkurs, lernte deutsch und wurde wieder schwanger. Aber ihr Mann war gegen das Kind, er wollte sich auf seine berufliche Zukunft konzentrieren. Im katholischen Polen wäre eine Abtreibung nicht möglich gewesen, in Deutschland redete Blocks Mann mit den Ärzten. »Ich konnte mich noch nicht genügend auf deutsch ausdrücken, mich nicht verteidigen«, sagt Block. Nach der Abtreibung ging es ihr nicht gut, sie trauerte, und sie hatte große Sehnsucht nach Polen. Als die Schwiegermutter das Paar irgendwann hinauswarf, zogen Block und ihr Mann in ein zwölf Quadratmeter großes Zimmer, das sie von der Gemeinde bekamen.

In Haar befand sich die schon damals größte Nervenklinik der Bundesrepublik. Blocks Realschulabschluss wurde anerkannt und sie konnte in dem Klinikum eine Ausbildung zur Krankenpflegehelferin machen wie ihr Mann – ihr Eintritt in die Psychiatrie, in das Gesundheitsuniversum Westdeutschlands. Haar – das waren in Blocks Erinnerung 72 Stationen, Säle mit zwanzig bis dreißig Menschen, viele davon lagen fixiert auf ihren Betten. Block haben sich besonders die »Badetage« eingeprägt: In der Mitte des Raumes stand eine Wanne, und 28 Patienten, einer nach dem anderen, wurden durch das Wasser gezogen. Die Pfleger machten sich lustig, sagt sie. »Die Kranken wurden nicht als Menschen betrachtet.« Auch Block presste den Patienten das Essen in die Münder. »Ich war Teil des Systems, aber es gefiel mir nicht.« Ein paar Jahrzehnte zuvor waren aus ebendieser Klinik im Nationalsozialismus Patienten deportiert und später ermordet worden, auch in Haar selbst hatte man sie in »Hungerhäusern« sterben lassen.

Bożena Block war ein Flüchtling, musste Geld verdienen. Sie bemühte sich, nicht aufzufallen, im neuen Land anzukommen. Ihr Dienst ging von 6 bis 10 Uhr morgens und von 16 bis 20 Uhr abends. Zusammen mit ihrem Mann lebte sie auf dem Klinikgelände. Block verdiente 1480 D-Mark im Monat, damals konnte sie im Supermarkt für hundert D-Mark einen ganzen Einkaufswagen füllen und fünfzig Kilo schwere Pakete nach Polen schicken. »Ich war die Ernährerin der Familie dort.« Nach dem Mauerfall kauften sie und ihr Mann ein Auto und reisten nach Polen, um zu zeigen, wie gut es ihnen ging. Wenn Block heute nach Polen fährt, bringt sie nichts mehr mit.

Bis 1994 machte Block in Haar noch eine zusätzliche dreijährige Ausbildung zur Krankenschwester. Aber ihre Ehe zerbrach nach und nach, und sie begann eine Beziehung mit einem Mitschüler. Blocks neuer Freund brachte sie in Kreise, in denen regelmäßig Drogen konsumiert wurden. »In Polen hatte ich keine Ahnung von Rauschgift«, sagt sie. In der Psychiatrie gab es alles: Gras, Kokain, Speed, Tabletten. Auch Block stellte fest, dass sie die Nachtwachen mit Kokain besser durchhielt. Sie arbeitete weiter, funktionierte, ohne dass es jemand herausfand. Sie verdiente 2800 DM brutto plus Nachtwachen, und ihre Bank bot ihr einen Kredit von 30 000 DM an. Sehr viel Geld für eine Drogenabhängige. Zu Hause verteilte sie die Scheine auf dem Sofa, nach einem Monat waren sie alle weg. Als sie ihr Gesicht im Spiegel nicht mehr ertragen konnte, entschied sie sich für eine Entzugstherapie in Herrsching am Ammersee.

Während der Therapie lernte sie einen neuen Mann kennen und wurde wieder schwanger. Zugleich begann sie 1997 als Anästhesieschwester am Deutschen Herzzentrum in München. Ihr Sohn Kilian kam zur Welt, der Vater kümmerte sich kaum, und Block musste noch Kredite aus ihrer Drogenzeit abbezahlen. Trotzdem überwies sie jeden Monat dreihundert DM nach Polen. Sie arbeitete voll, kümmerte sich allein um ihr Kind, denn auch die Beziehung mit Kilians Vater zerbrach. Block wurde krank, Hepatitis B, nahm schwere Medikamente. An manchen Tagen fühlte sie sich so überfordert, dass sie allem ein Ende setzen wollte.

Beim Spielen mit ihrem Sohn im Sandkasten verliebte sie sich in einen anderen Vater. Mit ihm blieb sie zwölf Jahre zusammen, er brachte einen Sohn mit in die Ehe. Der neue Mann war Maschinenbauer, reiste um die Welt, und Block kam nur selten zum Dienstschluss um 16 Uhr aus dem OP. An den Wochenenden hatte sie Bereitschaft. Aber nach außen hin funktionierte ihre Familie vorbildlich.

Schließlich kündigte Block und fing in einem ambulanten Pflegedienst als stellvertretende Pflegedienstleiterin an. 2003 kam ihr zweiter Sohn Paul zur Welt. Blocks Mann war beruflich sehr viel unterwegs. Sie fing um fünf Uhr morgens an, kam um acht Uhr abends nach Hause und saß dann bis nachts über den Dienstplänen. Fünf Jahre lang. »Ich weiß nicht mehr, wie ich das geschafft habe.« Sie bekam keinen Krippenplatz für Paul, also wurde sie selbst Tagesmutter und nahm noch vier weitere Kinder auf. Finanziell ging es ihr nicht schlecht. »Damals konnte ich es mir leisten, in den Urlaub zu fahren. Das kann ich jetzt nicht.«

Bożena Block hat in fast jedem Bereich des deutschen Gesundheitswesens in den vergangenen Jahrzehnten gearbeitet. Es gibt wohl wenige, die so einen Überblick über dessen Zustand haben wie sie.

Nach den zwei Jahren Zeit als Tagesmutter wurde sie medizintechnische Beraterin, beriet Pflegeheime und Krankenhäuser darin, welche Astronautennahrung, welches Verbandsmaterial und welche Matratzen sie einkaufen sollten. Je mehr sie verkaufte, desto mehr stieg ihr Umsatz. Und sie bekam einen Bonus. Dann wurde der Umsatz, den sie erreichen musste, auf vierzigtausend Euro im Quartal erhöht. »Ich musste so beraten, dass die Firma möglichst viel verdient.« Also riet sie nicht unbedingt zum besten Produkt, sondern eher zum teuersten. Tagsüber, wenn die Kinder in der Schule oder in der Kita waren, fuhr sie die Kunden ab. Nachts, wenn die Kinder schliefen, stellte sie die Touren zusammen. So erlebte es Block bei allen Arbeitgebern, die sie im Laufe der Jahrzehnte kennenlernte: Stets wurde der Druck erhöht.

Als Beraterin verdiente sie 2600 Euro brutto im Monat. Block kümmerte sich um ihre beiden Söhne und den Ziehsohn, um die Schule, den Haushalt, ihren Job. »Ich bemerkte, dass ich alles allein machte.« Sie wurde krank, zweimal riss die Sehne in ihrer Schulter, einmal konnte sie sich nicht mehr bewegen, mehrmals wurde sie operiert. »Ich habe es nicht mehr geschafft – die Kinder, die Arbeitszeiten, der Umsatz. Und mit der Beziehung zu meinem Mann ging es bergab.«

In den Jahren 2011 und 2012 schien alles gleichzeitig zu geschehen. Ihre Eltern in Polen wurden krank, ihr Arbeitgeber ging Pleite, und sie begann eine Onlineausbildung zur Pflegeberaterin. 2012 zog ihr Mann schließlich aus. Block konnte keine Miete mehr bezahlen und verkaufte ihren Schmuck. Block ist eine Frau, die immer weiter funktioniert, die auch den härtesten Erfahrungen etwas Gutes abgewinnt. Selbst diese Erlebnisse deutet sie im Nachhinein positiv, dadurch hätten sich andere Türen geöffnet, eine Nachbarin habe ihr Geld zugesteckt, manchmal habe eine Kanne Kaffee vor ihrer Wohnung gestanden. »Ich habe versucht, alles in Wissen umzuwandeln, um nicht einzusacken.«

Nach einer kurzen Zeit der Arbeitslosigkeit fing Block dann eben 2013 in dem Pflegeheim als Leiterin der Palliativstation in München an. Schon bald setzte auch in diesem Pflegeheim das Kürzungsprogramm ein. Die Sparmaßnahmen reichten bis ins Detail, beispielsweise wie viele Handtücher in die Wäscherei gegeben werden durften. Block weigerte sich, den Patienten mit ein und demselben Tuch Hintern und Gesicht abzutrocknen. Die Antwort ihrer Chefin: »Du kannst es doch umdrehen!« Bożena fand das unanständig. »Die Menschen haben ihr ganzes Leben lang gearbeitet, und die Heime sind auch nicht günstig.« Die Preise liegen im Durchschnitt und je nach Pflegegrad und Wohnort bei zwei- bis dreitausend Euro im Monat, so viel müssen die Patienten oder deren Familien aufbringen.

Auf der Demenz-Station wurden 22 Menschen von nur zwei Pflegern versorgt, Blocks Arbeitstag war oft zwölf und 13 Stunden lang. »Das war heftig«, sagt Block. Zu zweit war es unmöglich, sich um alle adäquat zu kümmern. Also wurde bei der

Körperpflege oder den Toilettengängen gespart. Die Patienten trugen ja Windeln.

Block sah, wie manche Kollegen mit einem Löffel gegen die Stirn der Patienten klopften und sagten: »Da ist eh nichts drin!« Einige fütterten die alten Menschen so schnell, dass sie es nicht schafften, das Essen herunterzuschlucken. Andere zerrten die Patienten aus ihren Betten. Für die Körperpflege, das Waschen und Ankleiden waren zwischen 25 und 45 Minuten vorgesehen. Gesprochen wurde mit den alten Menschen sowieso kaum noch. »Das Personal wollte fertig werden«, sagt Block. »Fertig!«, wiederholt sie noch einmal mit Nachdruck. Gegen dieses deutsche Wort hat sie über die Jahre eine Abneigung entwickelt.

Zudem wechselten ihre Kollegen ständig. Block musste viel mit Zeitarbeitsfirmen zusammenarbeiten, deren Teams waren nicht ausgebildet. Und jeden Morgen war ungewiss, ob die Mitarbeiter überhaupt erscheinen würden.

Obwohl Bożena Block Fachkrankenschwester ist, wurde sie nun auch dazu verpflichtet, Brote zu schmieren und die Böden zu wischen. In den neunziger Jahren in der Psychiatrie in Haar gab es noch festangestellte Hygieneschwestern, erinnert sich Block, und Helfer, die das Frühstück vorbereiteten.

Schon bald meldeten die fünf Inhaber des Heims Insolvenz an, die Arbeitsbedingungen verschlechterten sich dadurch weiter. Block sollte auf die Vergütung ihrer Überstunden nun ganz verzichten, zusätzlich brach sie sich einen Fuß und musste operiert werden. Als sie nach sieben Monaten ins Heim zurückkehrte, war »das gesamte Personal zerschossen«, wie Block es nennt. Alles war umstrukturiert worden, ihre Palliativstation gab es nicht mehr. Block verlor auch ihren Leitungsposten. Fortan sollte sie mal hier und mal dort einspringen.

Die Kollegen reagierten verängstigt auf die Veränderungen

und arbeiteten 14 Tage hintereinander durch.»Da kann man sich nicht mehr konzentrieren. Da passieren Fehler«, sagt Block. Als sie noch die Hoheit über die Dienstpläne hatte, waren sieben Tage das absolute Limit. Sie meint, man könne es sich auch leicht machen in ihrem Beruf, könne sagen, das gehe einen nichts an.»Das mag ich nicht. Wenn ich mich um jemanden kümmere, ist mir derjenige in dem Moment wichtig.«

Block hat erlebt, dass alte Menschen in Krankenhäusern noch nicht einmal etwas zu trinken bekommen, dass sie acht Stunden lang auf dem Gang liegen, ohne dass jemand nach ihnen schaut. Auf der anderen Seite weiß sie auch, dass das Pflegepersonal immer mehr Patienten in immer kürzerer Zeit versorgen muss. Da ist es für den empathischsten Kollegen kaum noch zu schaffen, auf Gefühle oder persönliche Bedürfnisse einzugehen.»Alles dreht sich nur noch um Abrechnungen, um das Finanzielle«, sagt Block. Das wollte sie nicht, mit Hilfe eines Anwalts beendete sie ihren Vertrag im Pflegeheim.

Im April 2015 wurde ihr großer Sohn Kilian im englischen Garten überfallen. Block war in jener Nacht unterwegs zur Beerdigung ihrer Mutter in Polen. Er saß mit Freunden auf einer Wiese im Englischen Garten, als ein junger türkischstämmiger Mann ihn nach einer Zigarette fragte. Killian hatte keine. Da holte der junge Mann aus und trat ihn zweimal in die Seite. Als Kilian keine Luft mehr bekam, riefen seine Freunde den Krankenwagen. Seine Milz war geplatzt, er verlor anderthalb Liter Blut. Der Täter wurde später gefasst und zu zweieinhalb Jahren Gefängnisstrafe verurteilt.

Außerdem drohten Block und ihre Söhne die Wohnung zu verlieren und obdachlos zu werden.

Für Alleinerziehende wie Bożena Block bedeutet jede Veränderung, jeder Schicksalsschlag zugleich auch eine existentielle Bedrohung. In Deutschland gibt es immer mehr Alleinerziehende, im Jahr 2015 sind es etwa 1,5 Millionen Familien, in denen minderjährige Kinder leben mit einem alleinerziehenden Elternteil. Das sind zweihunderttausend mehr als zwanzig Jahre zuvor. Die Armutsgefährdungsquote für Alleinerziehende liegt bei 33 Prozent. Im Bevölkerungsdurchschnitt beträgt sie 16 Prozent. Und knapp zwei Drittel der Alleinerziehenden haben nicht die finanziellen Mittel, um unerwartete Ausgaben von tausend Euro zu bestreiten.

Als die Flüchtlinge in Deutschland und am Münchner Hauptbahnhof ankommen und viele Münchner sie mit Brezeln und Kuscheltieren willkommen heißen, bleibt Bożena Block zu Hause. Sie hat keine Gedanken frei. »Mich hat gar nichts dahingezogen«, sagt sie. Block, die sonst stets für andere sorgt, sorgt sich diesmal um sich selbst: Was mag das für sie, ihre Familie und ihre Sicherheit bedeuten?

JÖRG ASMUSSEN

Drei Jahre nach der Athen-Reise ist auch Jörg Asmussen eine Art alleinerziehender Vater. Ende September 2016 eilt er über die Flure der Frankfurter School of Finance and Management. Er kommt zu spät. Dies ist sein erster öffentlicher Auftritt als Managing Director für Lazard. Seit fast vier Wochen arbeitet er nun bei der privaten US-Investmentbank. Er trägt einen schwarzen Anzug, einen rosafarbenen Schlips und gleich soll er zum Thema: »Grenzüberschreitende Übernahmen: Welche Rolle spielt die Politik?« sprechen. Schon der Titel des Vortrags beschreibt seine Zwitterrolle – zwischen Finanzwelt und Politik.

Viel ist passiert in den vergangenen Jahren. Asmussen ist nicht Finanzminister geworden. Stattdessen hat er Ende 2013 den Direktorenposten bei der EZB aufgegeben und wurde Staatssekretär im Arbeits- und Sozialministerium unter Ministerin Andrea Nahles in Berlin, kümmerte sich um Renten, Pflege, Gewerkschaften. In gewisser Weise arbeitete er an den gleichen Themen und Problemen wie Bożena Block. Er von oben, sie von unten. Aber auch Asmussen gelang dabei kein nennenswerter Durchbruch. Die Rente mit 63, das Werben um das Gewerkschaftsklientel – auf Dauer erschien ihm diese Welt doch sehr fern. Oft werde zu schwierigen Themen einfach eine Webseite installiert, sagt er, aber die helfe bei der Pflege der Eltern auch niemandem. Er klingt sarkastisch und ein wenig desillusioniert.

Ein geplanter Wechsel an die Spitze der KfW-Förderbank – ursprünglich ein Spezialinstitut für den Wiederaufbau der jungen Bundesrepublik – scheiterte. Und auch seine Ehe, trotz der neuen Stelle. Nun teilt sich Asmussen die Erziehung der beiden Töchter mit seiner Ex-Frau.

Im Sommer 2016 hat er bei Lazard unterschrieben. Es ist eine Rückkehr in sein Spezialgebiet Finanzen und Politikberatung. Asmussen wirkt froh darüber, dass er die Politik verlässt. Er hat nun die Seiten gewechselt. Lazard ist eine Investmentbank, die nicht mit Wertpapieren oder Derivaten handelt, wie Asmussen betont. Das ist ihm wichtig. Sie berät Regierungen und Firmen bei Fusionen, Übernahmen, Börsengängen. »Die großen Fragen werden nicht mehr von der Politik beantwortet«, sagt Asmussen. Ein Mann, der zuvor führend die Geldpolitik mitbestimmt hat, sieht kaum noch Handlungsspielraum in der Politik.

Jetzt, Ende September 2016, tritt Asmussen ans Rednerpult in Frankfurt, vor ihm warten viele Männer in dunklen Anzügen und einige wenige Frauen in Kostümen. Er spricht darüber, welche Instrumente die Politik hat, um bei Übernahmen einzugreifen. Er endet mit der Bemerkung, dass potentielle Kaufinteressenten jemanden bräuchten, der sich im jeweiligen Land und in der Politik auskennt. Jemanden wie ihn. Asmussen Körpersprache hat sich verändert. Er hält sich zurück, gestikuliert weniger, steckt seltener seine Hand in die Hosentasche als noch vor Jahren in Athen. Er macht keine Scherze mehr und zielt auch nicht auf Pointen. Stattdessen liest er viel ab. Sein Körper scheint noch mit der neuen Rolle zu fremdeln. Es gibt einige im Raum, die denken, Lazard habe Asmussen nur wegen seines Adressbuchs, wegen seiner politischen Kontakte, eingestellt. Die Zuhörer sind gespannt auf ihn als Banker, aber Asmussen ist angespannt. In der Privatwirtschaft gelten andere Codes und Regeln als in einem Bundesministerium oder bei der EZB, die der Öffentlichkeit gegenüber zumindest zu einem gewissen Grad an Transparenz verpflichtet sind. Nach seinem Vortrag muss Asmussen sofort weiter. Er kann keine Fragen mehr beantworten, mit niemanden mehr reden, er muss zum nächsten Kunden. Asmussen muss jetzt Geld bringen.

Ab diesem Zeitpunkt kann sich Asmussen so gut wie nicht mehr von einer Autorin bei seiner Arbeit begleiten lassen. Sein neuer Arbeitgeber Lazard will nicht, dass er sich auf diese Weise beobachten lässt, geschweige denn die Firmenkunden diesem Blick aussetzt. In Zukunft werden deshalb fast alle weiteren Treffen in Cafés stattfinden. Und sie werden immer genau eine Stunde dauern. Der so reduzierte Begegnungsraum verändert auch die Möglichkeit des Schreibens über ihn, das nun zur Niederschrift von Gesprächen wird. Ein paar Wochen nach seinem ersten Auftritt für Lazard, im Oktober 2016, kommt Asmussen mit dem Fahrrad in ein Café in Berlin-Prenzlauer Berg.

Herr Asmussen, warum sind Sie aus der Politik ausgestiegen?
Einen richtigen Auslöser, die Politik zu verlassen, gab es nicht. Das war eher ein schleichender Prozess. Nach 15 Jahren vom Finanzministerium zur EZB zu wechseln, war schon ein Anfang. Das Finanzministerium vertritt eine sehr deutsche Haltung in europäischen Fragen. Diese habe ich immer weniger geteilt. Die Überbetonung des Sparens und die Haltung, die Menschen in Südeuropa lägen in der Hängematte herum.

Ende 2013 wechselten Sie von der EZB ins Arbeits- und Sozialministerium, um mehr Zeit für Ihre Familie zu haben.

Das stimmt. Die Entscheidung, von der EZB wegzugehen, habe ich getroffen, um mehr bei meiner Familie, vor allem meinen Töchtern, sein zu können. Sonst wäre ich dort geblieben. Nicht immer funktioniert es aber so, wie man es sich vorstellt. Diese Art von Beruf und eine Familie sind nicht leicht miteinander zu vereinbaren. Vor vielen Jahren war ich einmal zusammen mit dem damaligen Finanzminister Hans Eichel beim dänischen Arbeitsminister. Wir hatten einen Mittagstermin mit ihm. Um 14 Uhr sagte er:»Es war schön, aber jetzt muss ich gehen. Um 14 Uhr hole ich freitags immer meinen Enkel ab.« Er stand auf und ging. Das war vor zirka 15 Jahren. In Deutschland ist das selbst heute kaum denkbar.

Warum haben Sie sich nun für die US-amerikanische Investmentbank Lazard entschieden?

Lazard ist eine etwas andere Bank, keine normale Geschäftsbank. Lazard hat mich geholt, weil ich Brücken zwischen der Finanz-Fachwelt und der politischen Welt bauen soll. Das ist eine andere Rolle, aber doch mit meinen früheren Jobs vergleichbar.

Viele sagen auch, Lazard habe Sie wegen Ihrer Kontakte in die Politik, wegen Ihres Netzwerkes, geholt. Was genau machen Sie bei Lazard?

Lazard berät weltweit Regierungen. Sie brauchen zum Beispiel Rat, wie sie mit Investoren oder Ratingagenturen umgehen sollen. Wenn man Regierungen berät, sollte man eigene Regierungserfahrung haben, sonst ist man wenig glaubwürdig. Lazard berät außerdem Finanzinstitutionen in Europa, Banken, Versicherungen, Börsen, große Unternehmen wie die Dax 30 in Deutschland,

Fintech-Start-ups. Oder wir werden engagiert, wenn zum Beispiel ein Start-up nach fünf Jahren an die Börse gehen will.

Investmentbanker genießen nicht gerade den besten Ruf.
Das Etikett passt auch nur bedingt. Bei Lazard machen wir für ein Land X oder Y eine Umschuldung, das habe ich auch schon vorher gemacht. Das ist kein Bruch. Das baut auf meinen Erfahrungen bei der EZB und im Finanzministerium auf. Wir handeln und verkaufen nichts und beraten keine Einzelpersonen. Und wir vergeben keine Kredite. Wir haben keine Banklizenz. Lazard hat ein sauberes Geschäftsmodell: Ich kann meinen Kindern erklären, ich bekomme Geld dafür, dass ich Leute in Finanzangelegenheiten unterstütze.

In Deutschland stößt der Wechsel aus der Politik in die Privatwirtschaft auf große Skepsis und wird oft als anrüchig angesehen.
Ja, in Deutschland werden diese Wechsel vom öffentlichen in den privaten Sektor oft sehr kritisch gesehen. Deswegen war ich auch vorsichtig mit meiner Entscheidung, wohin ich gehe. Ich kann belegen, dass ich mit Lazard nie zuvor Geschäfte gemacht habe.

Im Privatsektor verdient man auch viel mehr als in der Politik.
Ja, das ist so. Aber das war nie das, was mich getrieben hat. Ich konnte von meinem Gehalt als Staatsdiener auch ganz gut leben.

In der Zwischenphase Ihres Wechsels vom Arbeitsministerium zu Lazard haben Sie die irakische Regierung beraten. Wie kam es dazu?
Ja, in meiner arbeitsfreien Zeit habe ich 2016 auch die irakische Regierung beraten – pro bono – im Auftrag der Bundesregierung. Das ist in Deutschland unterentwickelt. Die Amerikaner, Briten

und Franzosen beraten ständig in anderen Ländern. Die Franzosen finden es völlig normal, dass Menschen, die nicht für die Regierung arbeiten, trotzdem von der Regierung irgendwo hingeschickt werden, und wenn es geht, bringen die vielleicht auch zwei, drei Aufträge für französische Unternehmen mit nach Hause.

Der ehemalige Bundespräsident Horst Köhler macht dies ja auch oder hat es gemacht. Er war einst auch Finanzstaatssekretär. Kennen Sie ihn von früher?
Ja. Der damalige Kanzler Helmut Kohl hat von den analytischen Fähigkeiten Horst Köhlers enorm profitiert. Horst Köhler konnte eine Lage analysieren, sie seinem Chef in fünf Sätzen beschreiben und dann in fünf Sätzen auch eine Lösung anbieten. Das war ein Mann, von dem viele von uns viel lernen konnten. Als junger Beamter war ich mit Horst Köhler in Indonesien. Kanzler Kohl hatte ihn zur Wirtschaftsberatung zum indonesischen Präsidenten geschickt. Ich war der Kofferträger und Protokollant. Diese eine Woche war sehr lehrreich für mich. Köhler war nicht feige und knickte nicht ein. Er meinte, wenn er den anderen nach dem Mund rede, hilft denen das nicht. Herausfinden, um was es geht, das Rauschen drum herum weglassen, ein ordentliches Prozessmanagement einführen, auf Timing und klare Kommunikation mit Medien und Märkten achten. Da gibt es zwischen Staaten und großen Unternehmen wenig Unterschiede.

Sie haben als Finanzexperte zwei Jahre im Arbeits- und Sozialministerium gearbeitet. Wurden Sie dort als Außenseiter beäugt?
Die knapp zwei Jahre im Arbeitsministerium waren tatsächlich ein Ausflug in eine andere Welt. Aber wie in jedem anderen Job habe ich auch dort viel gelernt. Etwa, wie man im Detail eine

Rentenversicherung macht, das kann in einer alternden Gesellschaft wie unserer nie schaden. Oder wie schaffst du es, Behinderten Arbeitsplätze zu besorgen. Das waren völlig neue Fragen für mich. Es war aber von vorneherein klar, dass meine Zeit im Arbeitsministerium begrenzt ist.

In Finanzfragen geht es selten um Gewissensfragen, es geht nicht um Entscheidungen über Krieg und Frieden oder die Abtreibung. Deswegen können viele Finanzexperten auch über die Parteigrenzen hinweg gut miteinander. Die Diskussion darüber, ob die Erbschafts- oder die Vermögenssteuer besser ist, oder ob man darüber streitet, ob man in einen Krieg ziehen sollte oder nicht – das ist etwas vollkommen anderes.

ALEXANDER GAULAND

8. Dezember 2016, AfD-Bürgerdialog, Elsterwerda, Brandenburg

Nicht mehr ganz ein Jahr bis zur Bundestagswahl. Es ist schon dunkel, als Alexander Gauland das Stadthaus von Elsterwerda betritt. Auf dem Markplatz davor ist ein Weihnachtsmarkt aufgebaut. Hinter der Bühne warten Sven Schröder, AfD-Landtagsabgeordneter aus der Region, und Andreas Kalbitz, Gaulands Stellvertreter, der aus Potsdam mitangereist ist. Die AfD veranstaltet viele dieser Bürgerdialoge in ganz Deutschland, so hält die Partei Verbindung zur Bevölkerung und zu potentiellen Sympathisanten.

Schröder war einst bei der Bürgerbewegung pro Deutschland, Kalbitz bei den Republikanern, zudem führte er den rechtsextremen Verein Kultur und Zeitschichte, Archiv der Zeit. Auf dem Weg nach Elsterwerda hatte Gauland im Wagen gesagt, wer zuvor Mitglied der NPD oder der DVU gewesen sei, könne nicht der AfD beitreten, die Republikaner hingegen seien nicht vom Verfassungsschutz beobachtet worden. Was nicht stimmt, auch sie wurden beobachtet. »Bei Kalbitz und mir wissen die Leute, was sie erwartet.« Was Gauland genau damit meint, sagt er nicht.

Im Saal sind etwa zweihundert Menschen, zwei Sicherheitsmänner wachen vor den Türen. Andreas Kalbitz stellt sich vor: »Ich bin seit 25 Jahren verheiratet, habe drei Kinder, alle mit derselben Frau. Ich war zwölf Jahre Fallschirmjäger.« Nach der Vorstellungsrunde stellt das Publikum Fragen: »Sie sind die Alternative, was ist an Ihrem Kurs anders?« Gauland antwortet sogleich: »Die Außen- und Europapolitik. Wir wollen eine andere EU und wenn es keine andere gibt, müssen wir austreten. Wir wollen den Euro nicht.« Die Grenzen, fordert er, müssten kontrolliert und geschlossen werden. Die Menschen klatschen. Politisch Verfolgte hätten einen Anspruch auf Aufnahme, sagt Gauland, aber, dass das deutsche Volk durch die Hintertür verändert werde, lehne die AfD ab.

Gauland, Kalbitz und Schröder sprechen von der »Kanzlerdiktatorin« und dem »Altparteien-Kartell«. Wortungetüme, die noch vor wenigen Jahren, vor der AfD-Gründung, kaum gebraucht wurden. Auch, weil das Wort »Altparteien« schon Joseph Goebbels als Propagandamittel für die Nationalsozialisten diente. Die AfD hat es geschafft, die Sprache, den öffentlichen politischen Diskurs, zu verändern.

Genderthemen sind ebenso immer wieder sehr beliebt: »Wir sind nicht gegen Gleichberechtigung, aber wir werden keine Toiletten einrichten für Leute, die nicht wissen, ob sie Männer oder Frauen sind.« Die Menschen im Saal lachen laut.

Sven Schröder berichtet von zwei »linken Attacken« auf das AfD-Bürgerbüro in Finsterwalde. Die Scheiben seien zu Bruch gegangen. »Das rote Finsterwalde«, ruft er aufgebracht. Ein unglaublicher Hass schlage ihm entgegen. Im Bekennerschreiben erklärten die Täter der AfD den Krieg. Schröder sagt, er gebe den Standort Finsterwalde nicht auf. »Wir müssen uns wehren.«

In diesem Ton verläuft die ganze Veranstaltung. Es geht darum, wie Deutschland die nächsten vier Jahre nach der Bundestagswahl mit »dieser Merkel« noch durchhalte. Falls der türkische Präsident Erdogan »durchdrehe« und die Zuwanderungsintensität so weitergehe. Es klingt alarmierend, als stehe Deutschland kurz vor dem Ausnahmezustand. Drei Männer, eine Partei, ein Saal in Hysterie.

Schließlich steht ein Mann auf und fragt: »Wenn unser Land zerstört wird, ist Widerstand angesagt. Kann man nicht vom Widerstandsrecht Gebrauch machen, wenn Deutschland in Gefahr ist?« Der Mann spielt auf den Artikel 20 im Grundgesetz an, der jedem Deutschen das Recht auf Widerstand einräumt, gegen diejenigen, die die Verfassungsordnung beseitigen wollen. In diesem Fall meint der Redner nicht Terroristen, Links- oder Rechtsextreme, sondern die Bundesregierung und Kanzlerin Angela Merkel. Es ist nur eine Frage, doch es klingt wie ein Aufruf zum offenen Widerstand, zur Rebellion gegen die gewählte deutsche Regierung. Selbst für die AfD geht diese Forderung weit. Zu weit? Die Redner auf dem Podium schweigen dazu erst einmal. Sie wollen die Fragen sammeln und später darauf antworten.

Stattdessen ruft Kalbitz so laut ins Mikrophon, dass es übersteuert: »Die AfD ist die einzige Garantie, dass wir weiter Weihnachten feiern in diesem Land!« Kalbitz spricht vom »Einheitskartell der Presse«, vom »DDR-ähnlichen A-Sozialdemokraten-Kartell«, das es aufzubrechen gelte, von den sexuellen Übergriffen zu Silvester in Köln, vom Mord an einer Freiburger Studentin durch einen afghanischen Flüchtling. Wenn man ihm eine Weile zuhört, gewinnt man den Eindruck eines völlig dysfunktionalen Staates, der kurz vor dem Ausbruch eines Bürgerkrieges steht.

Ein weiterer Mann erhebt sich: »Ich arbeite 12 bis 14 Stunden jeden Tag und bekomme 1200 Euro. Ich habe drei Kinder. Wenn ich zu Hause bleiben würde, würde ich das Gleiche kriegen. Man

muss die Gehälter anheben, damit ich vernünftig leben kann!«
Eine durchaus legitime und ernstzunehmende Forderung. Doch
auf Fragen wie diese nach Gehältern, Altersarmut, Kluft zwischen Arm und Reich hat die AfD auch drei Jahre nach ihrer
Gründung weder Antworten noch Konzepte.

Wieder erhebt sich ein Mann: »Eine Frage an Doktor Gauland.
Ist der Islam eine Religion oder eine Ideologie?« Der Mann erklärt,
dass sich die Muslime in den nächsten Jahren um fünf bis zehn
Millionen vermehren, während die Deutschen sich bis zum Jahr
2030 auf siebzig Millionen reduzieren würden.

Gauland antwortet: »Der Islam ist leider beides, er enthält die
Scharia, die nicht mit dem Grundgesetz vereinbar ist.« Dann
zitiert er Ajatollah Chomeini, den iranischen Religionsführer:
»Wenn der Islam nicht politisch ist, ist er nichts« und den tür-
kischen Präsidenten Erdogan: »Die Demokratie ist nur ein Zug,
auf den wir aufspringen, bis wir am Ziel sind.« Es sind Zeilen aus
einem Gedicht, das Erdogan in einer Rede 1997 zitierte, damals
war er noch Bürgermeister von Istanbul. Weiter heißt es in dem
Gedicht: »Die Moscheen sind unsere Kasernen, die Minarette
unsere Bajonette, die Kuppeln unsere Helme und die Gläubigen
unsere Soldaten.« Diese beiden Zitate führt Gauland in fast allen
seiner öffentlichen Auftritte an, sie klingen in der Tat furchtein-
flößend und sollen unterstreichen, wie gefährlich der Islam ist.
Zugleich betont Gauland auch immer, Muslime sollen ihrem
Glauben nachgehen können, aber nicht durch eine Masseneinwanderung politisch oder kulturell prägend werden. Gaulands
Bibel heißt nun »Die Unterwerfung« von Michel Houellebecq, die
Lektüre dieses Buches empfiehlt er allen Zuhörern im Saal. Es sei
auch nicht sehr dick.

In dem Roman beschreibt Houellebecq Frankreich im Jahr
2022: Ein islamischer Präsident hat die Macht übernommen, die

Scharia, Polygamie und das Patriarchat eingeführt. Und die Franzosen passen sich an. Gauland mag das Buch nicht als überspitzte satirisch-scharfe Kritik an der westlichen Gesellschaft lesen, sondern als reale abschreckende Zukunftsvision für Deutschland. Wo er in den nächsten Monaten auch auftreten wird, stets wird er dieses Werk preisen. »Je stärker die AfD wird, desto mehr islamkritische Dinge werden wir umsetzen«, sagt Gauland.

Eine Religion wird zur Kampfzone. Es geht um Schwimmunterricht, Schweinefleisch und Weihnachtsmärkte. »Deutsche Leitkultur«, wie Andreas Kalbitz sagt. Und natürlich geht es eigentlich um viel mehr. Kalbitz sagt, es gebe viele Muslime, die sich integriert hätten, aber der Islam gehöre nicht zu Deutschland.

Gauland vermutet hinter Formulierungen wie: »Menschen, die schon länger hier leben« von Angela Merkel eine geheime Agenda. Weil sie nicht von »den Deutschen« spreche. Die Kanzlerin wolle das deutsche Volk Stück für Stück abschaffen und die deutsche Identität durch ein diffuses Multikulti ersetzen. »Das werden wir nicht zulassen!«, ruft er nun in den Saal. Niemand wiederspricht, keiner hinterfragt. Der Saal skandiert: »Merkel muss weg!« Die Stimmung ist sehr aufgeheizt. Es bleibt der Eindruck, dass vor wenigen Jahren eine solche Veranstaltung, die sich sehr eindeutig gegen eine Religionsgemeinschaft und deren Gläubige richtet, noch nicht möglich gewesen wäre.

Was geschähe, wenn man anstelle des Wortes »Muslim« das Wort »Jude« setzen würde? Was geschähe, wenn ein Muslim in diesem Augenblick zur Tür hereinträte? Würde er gegrüßt, gemieden oder gelyncht werden? Wie schmal ist der Grat der Zivilisation, bevor eine Menge zum Mob wird?

Am Ende geht Gauland doch noch auf die Frage des Widerstandsrechts ein. Er könne die Sorge um Deutschland verstehen, sagt er, man könne eine Demokratie aber nicht von heute auf morgen verändern. »Ich sehe nicht die Verfassung in Gefahr, die Grundrechte funktionieren noch. Ich bin da vorsichtig, durch das Grundgesetz wird auch die AfD geschützt. Der Rechtsstaat schützt uns. Von Widerstandsrecht sollten man nicht reden und es nicht anwenden.« Man merkt Gauland an, dass ihm diese Frage unangenehm ist. Der Umsturz fällt vorerst aus. Es wird nicht das einzige Mal bleiben, das in den nächsten Jahren auf AfD-Veranstaltungen davon die Rede sein wird. Offenbar gibt es inzwischen nicht wenige Menschen in Deutschland, die in ihrer gewählten Regierung eine Gefahr, gar einen Feind sehen, gegen den sie, wenn nötig, mit Gewalt aufbegehren müssen. Gauland sagt: »Sobald die AfD im Bundestag ist, brauchen Sie diese Sorge nicht mehr zu haben. Wir werden die anderen vor uns hertreiben.«

Nach dem Bürgerdialog kommen einige Gäste auf Gauland zu und posieren für Selfies mit ihm. Während der Veranstaltung hat nicht eine einzige Frau gesprochen oder etwas gefragt, stumm saßen sie neben ihren Männern, haben ihnen höchstens ab und an etwas zugeraunt oder sie leise angestachelt.

Später steigt Alexander Gauland die Treppen in den Keller hinab, dort im Restaurant trifft sich der AfD-Kreisverband noch zum Essen. Einer der Männer erzählt von seinem Sohn und der Schwiegertochter, die beide nach Berlin gezogen seien. Nun könne man mit ihnen nicht mehr über Politik reden, die Familie lasse dieses Thema jetzt aus. »In dreißig Jahren werden sie sagen, wir hatten recht«, glaubt der Mann. Gauland fällt ihm ins Wort: »Das kann ich nicht verstehen! Dass Sie nicht mehr miteinander sprechen.« Seine Tochter denke politisch auch ganz anders als er, trotzdem sehe sie in ihm ihren lieben Vater. Daraufhin verstummt der Mann sofort.

Nachher im Auto auf der Rückfahrt nach Potsdam dreht sich Gaulands Fahrer und Landtagsfraktionsmitarbeiter, Lars Hünich, zur Autorin um. Er ist ein großer Mann mit einem mächtigen Bauch, war früher einmal bei den Linken und hat als Marktschreier gearbeitet, in diesen Monaten begleitet er Gauland oft zu Terminen. Hünich fragt: »Halten Sie uns für Rassisten?« Ein kurzer Augenblick der Wahrhaftigkeit. Die Autorin ringt wenig erfolgreich um Souveränität, sagt weder ja noch nein. Hünich will wissen, wie viele Flüchtlingskinder in die Klasse der Tochter der Autorin gehen? Zwei. Von »Willkommensklassen« haben weder er noch Alexander Gauland je gehört. Da ist der Augenblick schon wieder vorüber.

Die AfD ist im Moment sehr erfolgreich. Hünich meint, es gebe jetzt einige, die in die Partei einträten, weil sie Posten haben wollten. Es geht auch um Geld, Karriere, Rente. Wie überall. Gauland murmelt leise: »Das ist nicht gut!«

Erst gegen zwei Uhr wird Gauland zu Hause sein. Gaulands Lebensgefährtin hat inzwischen bei der *Märkischen Allgemeinen* aufgehört. Sie hat den Journalismus verlassen und arbeitet jetzt in einer Augenarztpraxis. Gauland könnte seine Pension genießen, sich mit seinen intellektuellen Freunden geistreich über Literatur austauschen, durch Schottland oder Italien reisen. Er war Staatssekretär in Hessen, Leiter des Kabinetts, ist Vizechef seiner Partei und führt die Fraktion in Brandenburg. Doch es reicht noch nicht ganz. Gauland interessiert die Außenpolitik, die wird im Landtag nicht verhandelt. Außerdem unterstützten Die Linke und die Sozialdemokraten keinen einzigen Antrag der AfD. Gauland kann kaum etwas bewegen. Das rhetorische Niveau sei mäßig. »Der Bundestag ist die Rostra der Nation. Da will ich schon noch einmal reden«, sagt er in dieser Nacht. Und er hat nicht mehr viel Zeit. »Wir wissen nicht, ob die Flüchtlingsfrage im nächsten Jahr noch aktuell ist oder ob es Anschläge gibt.«

2017

ALEXANDER GAULAND

27. Januar 2017, Bäckerei Steinecke beim Landtag, Potsdam

Diesmal bringt Alexander Gauland einen Aktenordner mit ins Café. Er hat sich auf das Treffen vorbereitet. Nach dem letzten Gespräch sind erst wenige Wochen vergangen. In diesen Wochen ist viel geschehen. Fast macht es den Eindruck, als treffe man sich in einem anderen Land.

Am 19. Dezember fuhr der Islamist Anis Amri mit einem gekaperten Sattelschlepper über den Berliner Weihnachtsmarkt am Breitscheidplatz, tötete zwölf Menschen und verletzte weitere 55. Dieser Anschlag erscheint wie aus einem wahr gewordenen Schreckensszenario der AfD. Gauland erfuhr davon aus den Nachrichten, kurz darauf demonstrierte er mit seiner Partei vor dem Kanzleramt. Er hielt keine Rede, das musste er auch nicht. Es war auch so eindeutig, wem er und die anderen Parteianhänger die Mitschuld an diesem Verbrechen gaben.

Für die AfD ist das Attentat eine real gewordene Horrorvision und ein Erfolgsversprechen zugleich. »Das hat uns Auftrieb gegeben«, sagt Gauland. »Nach so einem Anschlag finden unsere Themen mehr Gehör. Das ist halt so in der Politik.« Wenn ein solches Verbrechen kurz vor einer Wahl geschehe, brauche seine

Partei keinen Wahlkampf mehr zu machen. Es ist bitter, wie er aus einem Mordanschlag politischen Vorteil zieht. Rechtspopulismus und Islamismus sind eine bedrohliche Allianz eingegangen und befeuern sich nun gegenseitig.

Es folgte Björn Höckes Rede am 17. Januar in Dresden. Dort steht Höcke in violettem Neonlicht vor einem vollen Saal der Jungen Alternative, der Jugendorganisation der AfD. Die Zuhörer klatschen schon begeistert, bevor er überhaupt anfängt zu sprechen, so dass Höcke sie ermahnt: »Treibt mir nicht die Schamesröte ins Gesicht.« Immer wieder nennt er das Publikum »aufrechte Patrioten«. In Minute 41 folgt dann der Satz: »Wir Deutschen sind das einzige Volk, das sich ein Denkmal der Schande in das Herz seiner Hauptstadt gepflanzt hat.« Wieder Beifall. Die »dämliche Bewältigungspolitik« lähme die Deutschen. »Wir brauchen eine erinnerungspolitische Wende um 180 Grad.« Am Ende erhebt sich das Publikum, die Gäste im *Brauhaus Watzke* sind im Rausch. Diese Rede ist schwer zu ertragen. Was bedeutet denn eine erinnerungspolitische Wende um 180 Grad konkret? Sollen wir Deutschen die Verbrechen der Nationalsozialisten feiern?

Ein Teil von Höckes eigener Partei will ihn danach hinauswerfen, vor allem die beiden Führungsfrauen Frauke Petry und Alice Weidel, der andere Teil feiert und schützt ihn noch immer. Auch Gauland. Obwohl er im Potsdamer Café findet, Höckes Rede sei nicht der Weisheit letzter Schluss. Gauland empfindet sie als unglücklich, trotzdem enthalte sie nichts, was diesen Aufstand rechtfertige. Er ist bemüht, den Schaden zu begrenzen.

Nun ist der Zeitpunkt gekommen, wo Gauland seinen Aktenordner aufschlägt und verschiedene Blätter mit Zitaten herausnimmt: Aussagen von Martin Walser und Rudolf Augstein. Im Oktober 1998 hielt Martin Walser bei der Verleihung des

Friedenspreises des deutschen Buchhandels in der Frankfurter Paulskirche eine Rede, in der er die »Dauerpräsentation unserer Schande« ebenso beklagte wie deren »Instrumentalisierung« zu »gegenwärtigen Zwecken«. Er sprach vom Vernichtungslager Auschwitz als einer »Drohroutine« und »Moralkeule«. Damals war der Bau des Holocaust-Mahnmals in Berlin gerade in Planung und höchst umstritten. Walser nannte das geplante Mahnmal einen »fußballfeldgroßen Albtraum im Herzen der Hauptstadt«. Diesem Urteil schloss sich der damalige *Spiegel*-Herausgeber Rudolf Augstein an: Walser habe eine »fällige Debatte angestoßen«. In der »wiedergewonnenen Hauptstadt Berlin« solle nun »ein Mahnmal an unsere fortwährende Schande erinnern«, dieses »Schandmal« sei »gegen die Hauptstadt und das in Berlin sich neu formierende Deutschland« gerichtet.

In Gaulands Blick liegt jetzt Triumph, diesen beiden Männern, hochangesehene Geister der Bundesrepublik, wird man doch wohl keinen Antisemitismus vorwerfen? Es ist eine Taktik von Gauland und der AfD: Zuerst sagen sie etwas Provokantes oder Abseitiges, danach schauen sie, welch ehrbarer Bürger schon etwas Ähnliches gesagt hat und dann nehmen sie das Gesagte wieder ein wenig zurück. Da sind die Worte aber bereits ausgesprochen, in der Welt. Menschen hören, lesen und teilen sie. Und sie beherrschen von nun an weiter die öffentliche Debatte.

Gauland sagt, manche meinten, Höckes Rede hätte der Partei geschadet, die bürgerliche Mitte abgeschreckt. Die Umfragen zeigten jedoch das Gegenteil. Wenn Höcke ausgeschlossen werden sollte, würde einer der »kreativsten Mitglieder« die Partei verlassen, mit ihm würde man auch die leidenschaftlichen Anhänger Höckes verlieren. Gauland schätzt sie auf etwa dreißig Prozent in der AfD. Und Gauland ist gegen alles, was seine Partei schwächen oder spalten könnte. Er will den Erfolg, er will die Radikalen rund um Höcke in der AfD halten. Für ihn hat Höcke eine klare Rolle, den nationalen Rand ruhig- und zufriedenzustellen.

Und noch etwas liegt in dem Aktenordner, den Gauland mitgebracht hat. Der Abschiedsbrief seines Freundes Peter Stoltzenberg, dem Theaterintendanten. Stoltzenberg ist der Freund, der sich noch vor einem Jahr am meisten um Gauland gesorgt hatte, dem es am schwersten gefallen war, etwas Kritisches über ihn zu sagen. Stoltzenberg schreibt Gauland, er könne nach der Höcke-Rede nicht mehr so weitermachen wie bisher. Er fordert Alexander Gauland auf, sich öffentlich von Höcke zu distanzieren. Sonst müsse er die Freundschaft beenden.

Gauland hat Stoltzenberg geantwortet und auch ihm das Augstein-Zitat geschickt. Persönlich distanziert hat sich Gauland von Höcke nicht. Es ist das erste Mal, dass ein enger Freund ihn verlässt – wegen seiner politischen Ansichten. »Ja, klar trifft mich das«, sagt Gauland. Aber er hat auch nichts dagegen unternommen, die Entfremdung aufzuhalten. Für Gauland ist das wieder eine Vermischung von Privatem und Politischem, mit der er nichts anzufangen weiß. Die strikte Trennung beider Sphären wird aber immer schwieriger, je radikaler er selbst und seine Partei sich äußern. Je tiefer sich die Gesellschaft insgesamt spaltet, desto schwieriger wird es, sich im nahen Umfeld noch zu verständigen. Gauland wird Peter Stoltzenberg in jedem weiteren Gespräch wieder und wieder erwähnen. Wie eine Wunde, die fortwährend schmerzt.

Gauland hat auch Björn Höcke einen Brief geschrieben, ihm gesagt, dass er die Rede nicht gut fand. »Höcke ist kein Rechtsextremist, er ist ein Nationalromantiker.« Und in gewisser Weise teilt Gauland dessen Meinung über das Holocaust-Mahnmal. »Höcke hat schon Recht, kein anderes Volk würde sich ein Denkmal seiner Schande mitten in seine Hauptstadt stellen.« Stets wiederholt er, die Erinnerungskultur beschränke sich nur auf die zwölf Jahre des Nationalsozialismus, bestimmte andere Zeitepochen würden nicht vermittelt. Was nicht stimmt, aber gut in eine Schlagzeile passt. Gauland ist davon überzeugt, dass durch diese angeblich betriebene Geschichtspolitik die Deutschen geschwächt seien. Ihr Nationalgefühl sei empfindlich erschüttert. »Die westlichen Gesellschaften sind nicht sehr widerstandsfähig, weil sie innerlich ziemlich leer sind.« Ihr Selbstwertgefühl habe stark gelitten, weil sie zu sehr auf die eigene Schuld konzentriert seien.

Bei vielen AfD-Anhängern offenbart sich eine große Sehnsucht nach einem Ende der Schuld. Im Unterschied zu früher teilen sie diese Sehnsucht aber nicht nur mit ein paar Rechtsextremen, sondern sie reicht bis tief in die Mittelschicht hinein. Die AfD betont nun das Gegenteil: die Liebe zur Heimat, das Patriotische, das Positive zum Eigenen. Sie inszeniert sich als »Backlash« gegen die deutsche Erinnerungskultur.

Gauland verbindet diese vermeintliche Konzentration auf den Nationalsozialismus nun mit der Unfähigkeit, mit dem Flüchtlingszustrom fertig zu werden. »Dieser dauernde Selbstzweifel steht der irrsinnigen Selbstbehauptung des Islam gegenüber.« Er sieht eine reale Gefahr, dass das Szenario, das Michel Houellebecq in seinem Roman entwirft, Wirklichkeit wird. »Die kulturelle Prägekraft Europas hat nachgelassen. Das Christentum ist überall geschwächt. Wenn wir in Gegenden leben, in denen vierzig bis fünfzig Prozent Muslime wohnen, werden wir uns an deren Gewohnheiten anpassen.« Immer wieder empfiehlt er die Lektüre von »Die Unterwerfung«, darin bekenne sich ein Universitätsprofessor nach dem anderen zum Islam. Dann sei es zu spät. Der politische Islam baue eine Parallelgesellschaft auf, dafür nimmt Gauland alle Muslime in Sippenhaft, als würde jeder einzelne von ihnen am Untergang des Abendlandes arbeiten. Er sehe keine andere Möglichkeit, auf Dauer die demographische Übernahme zu verhindern. Es gibt tatsächlich manches, das man kritisch sehen oder auch verurteilen kann an bestimmten politischen Strömungen im Islam. Aber Gauland verliert bei diesem Thema jegliche Fähigkeit zur Differenzierung, die er selbst beim Umgang mit ihm und seiner Partei fordert.

Gauland isst am Tisch des Cafés ein Sandwich, das ihm ein Mann mit Migrationshintergrund, wie es so schön heißt, hinter der Theke verkauft hat. Gauland beachtete ihn nicht weiter, auch der Verkäufer hatte sich bemüht, sich nichts anmerken zu lassen. An diesem Cafétisch beginnt Alexander Gauland nun einzuteilen, wer Deutscher ist und wer nicht. Nicht jeder, der den deutschen Pass in die Hand gedrückt bekomme, sei auch tatsächlich Deutscher, sagt er. Ethnisch sei ein Deutscher, wer eine deutsche Mutter habe, die deutsche Sprache beherrsche, deutsche Werte teile. Was genau »deutsche Werte« sein sollen, bleibt dabei unklar. Diejenigen, die nur einen deutschen Pass besäßen, ohne ein Wort Deutsch sprechen zu können und in einer geschlossenen Parallelgesellschaft lebten, seien keine Deutschen und dürften demzufolge keinen deutschen Pass besitzen.

Es ist eine gespenstische Aufteilung, weil ethnische Herkunft und soziale und kulturelle Anpassung miteinander vermengt werden, und weil völlig offenbleibt, wer darüber bestimmen und entscheiden soll, wer deutsch ist und wer nicht. Eine Jury der Willkür aus AfD-Funktionären?

Mit Dunja Hayali, der bekannten ZDF-Moderatorin, deren Vater Perser ist, habe er natürlich kein Problem, sagt Gauland. »Meine Vorfahren sind Hugenotten.«

Welche Einwanderung er nützlich findet und welche er ablehnt, hatte er auch schon im November auf einem Treffen mit amerikanischen Studenten der University of Colorado im Potsdamer Landtag erklärt. Die Studenten hatten ihn gefragt, was den heutigen »Flüchtlingsstrom« von dem nach dem Zweiten Weltkrieg unterscheide. Gauland hatte geantwortet, 1945 seien Deutsche nach Deutschland gekommen. Jetzt wanderten nicht-christliche, nicht-europäisch geprägte Kulturen ein. »Ich bin selbst ein Flüchtling. Kurz vor dem Mauerbau bin ich aus der DDR in den Westen ausgewandert. Aber ich ging nicht in ein fremdes Land«, hatte Gauland noch hinzugefügt. Vergleiche stimmen selten. Und die Sehnsucht nach einem besseren Leben, nach einer besseren Zukunft müsste gerade er sehr gut nachempfinden können. Es ist genau die Fluchtursache, die er und seine Parteigenossen am meisten missbilligen.

Die jungen Amerikaner, alle Nachfahren von Immigranten, fragten Gauland, was er von der Argumentation halte, Einwanderung sei angesichts der schrumpfenden deutschen Bevölkerung gut und notwendig? »Das versucht man uns beizubringen«, antwortete Gauland. »Aber es kommen nicht diejenigen, die unsere Gesellschaft braucht.«

Bei dem Treffen mit den Studenten ging es auch um Donald Trump, der im November 2016 gerade die US-Wahlen gewonnen hatte. Gaulands Parteigenossen hatten begeistert reagiert, der habe es dem Establishment gezeigt, nun werde die AfD es ihm in Deutschland zeigen. Die Parteivorsitzende Frauke Petry hatte getwittert: Diese Chance sei historisch. Alexander Gauland zeigte sich gegenüber den amerikanischen Studenten zurückhaltender, man wisse noch nicht, was für eine Politik Trump genau vertreten werde, und was das für die deutschen Interessen bedeute.

Im Potsdamer Café zwei Monate später sieht er mit Donald Trump eine neue Epoche angebrochen: Der US-Präsident habe den Mauerbau zu Mexiko angeordnet, die Zölle kehrten zurück.

»Er fühlt sich den Mantras der westlichen Politik wie *Freihandel ist gut* nicht verpflichtet. Er traut sich, etwas anderes zu probieren.« Trump setze Dinge um, die »unsere Eliten« kurz zuvor für unmöglich gehalten hätten. Wenn Gauland »unsere Eliten« sagt, klingt es abfällig, wie Unrat, der seinen Ekel erregt. Erstaunlich für jemanden wie ihn, der doch zeit seines Lebens zu ebendieser Elite gehörte und noch immer gehört. Es ist sein Versuch, sich neu zu erfinden.

Gauland klappt den Aktenordner zu, er muss wieder in den Landtag. Um sich auf den Bundestagswahlkampf zu konzentrieren, hat er seine Spitzenämter in Brandenburg aufgegeben. Eigentlich wollte er im Westen Brandenburgs antreten, die Gegend kennt er gut aus seiner Zeit bei der *MAZ*. Am Scharmützelsee hat er schon Urlaub gemacht. Aber dort gab es bereits einen AfD-Gegenkandidaten. Nun tritt Gauland in Frankfurt/Oder an. Zuvor hatte er noch öffentlich gesagt, er kandidiere nur in einem Wahlkreis, in dem er auch die Straßennamen kenne. »Tja«, sagt er jetzt. »Ich habe mich sehr deutlich gegen Frankfurt geäußert, das war ein politischer Fehler.«

Dann läuft Gauland los gegen den eisigen Wind quer über den Platz hinüber zum Landtag. Draußen wiederholt er noch einmal, er werde sich nicht von Björn Höcke distanzieren. »Ich halte diese Distanziererei für Quatsch.« Es klingt trotzig und ein bisschen wütend.

Am selben Tag, dem 27. Januar 2017, erlässt Donald Trump die *Executive Order 13769*, den *travel ban*. Das Dekret verbietet Bürgern aus sieben mehrheitlich muslimisch geprägten Ländern die Einreise in die USA. Zwei Tage später wird Alexander Gauland ihn dafür loben.

JÖRG ASMUSSEN

Im Frühjahr 2017 betritt Jörg Asmussen ein Café in Prenzlauer Berg. Die Treffen mit ihm sind fast immer frühmorgens gegen neun, nachdem er seine beiden Töchter in die Schule verabschiedet hat. Er wirkt gehetzt, sieht zwischendrin immer wieder auf die Uhr. Auch Asmussen verfolgt den neuen US-Präsidenten nun sehr aufmerksam.

Der US-Präsident Trump vertritt einen nationalistischen, protektionistischen Wirtschaftskurs. Was bedeutet das für Lazard?

Wenn er seinen protektionistischen Kurs tatsächlich umsetzt, wird das für Firmen, die zum Beispiel Auspuffe herstellen und von Mexiko in die Vereinigten Staaten liefern, Konsequenzen haben. Für sie wird das heißen, dass sie das demnächst nicht mehr so handhaben können. Sie brauchen dann eine Niederlassung in den USA. Wenn das ganz schnell gehen muss, schaffen sie es nicht, selbst eine aufzubauen, und sie müssen eine Niederlassung kaufen. In aller Regel kommen die Unternehmen in diesem Fall zu uns. Insofern kann man sagen, das klassische Mergers-&-Acquisitions-Geschäft profitiert zunächst vom Protektionismus.

Was machen Sie neben der Beratung von Regierungen im Augenblick genau?
Im Moment begleiten wir gerade den Börsengang eines deutschen Start-ups. Die werden am Anfang durch Venture-Kapitalgeber finanziert. Man macht mehrere Finanzierungsrunden. Es gibt A-B-C-Runden, das kann bis F gehen. Daran kannst du erkennen, wo die Firma steht. Und man lernt sich kennen. Es ist gut zu wissen, wie das Management mit Unternehmenskrisen umgeht. Wenn zum Beispiel der Kakaopreis steigt, kann man nicht einfach die Schokolade doppelt so teuer verkaufen. Dann geht der Umsatz in den Keller – es ist also interessant, wie die Unternehmensleitung auf einen solchen Einbruch reagiert. Das müssen wir wissen. Danach können wir den Investoren sagen, wir kennen das Management der Firma, die können was, und erst dann bringt man das Management und die Investoren zusammen.

Konkret: Wie gehen Sie dabei vor?
Manche deutschen Unternehmen versuchen zum Beispiel, in den USA Investoren zu finden. Die US-Fondsmanager, sagen wir, sie sitzen in Boston, fragen uns dann bei Lazard: Die Geschäftsidee ist gut, die Zahlen sind gut, aber wie sind denn die Leute? Darauf muss ich antworten können. Manchmal geht man auch mit den Gründern eines Start-ups auf Roadshow durch die USA. Da stößt man durchaus auf kulturelle Unterschiede. Wenn man als Start-up-Gründer an die Börse geht, hat die Firma zuvor jahrelang das ganze Denken bestimmt. Es ist die eigene Firma, sieben Tage die Woche, das Baby, und dann trifft so einer auf einen Investor. Der wiederum trifft zwanzig Start-ups die Woche und will nur wissen, ob er sein Geld irgendwann zurückbekommt und mit welcher Verzinsung. Emotional ist der überhaupt nicht involviert.

Hat es auch etwas Befreiendes, keine politische Verantwortung mehr zu tragen?
Sicher habe ich jetzt auch mehr Freiheiten als in der Politik. Die mediale Beobachtung ist geringer. Aber alles, was man öffentlich sagt, musst man genau überdenken. Denn Kunden lesen das und Investoren, die Lazard-Aktien kaufen, lesen das auch. Auch wenn man sagt, dem Land X oder Y geht es wirtschaftlich schlecht, da muss man ganz vorsichtig sein.

Lazard ist eine der größten Investmentbanken weltweit, hat Büros in 27 Ländern, um die 2800 Mitarbeiter, verwaltet ein Vermögen von zirka 250 Milliarden US-Dollar, beschäftigt sich mit Börsengängen, Firmenübernahmen und Fusionen. Ist Lazard so etwas wie eine Institution des Kapitalismus in seiner Reinform?
Das Ziel bei Lazard ist ganz klar, Geld zu verdienen. Alles was kein Geld bringt, damit beschäftigt man sich nicht. Im Kern ticken alle Unternehmen so. Politik ist komplexer, da gibt es mehrere miteinander konkurrierende Ziele. Will man den deutschen Haushalt schützen, oder will man, dass Griechenlands Wirtschaft wieder wächst? Wie tariert man das aus? Aber auch in der Privatwirtschaft gewinnen politische Risiken immer mehr an Bedeutung – ob es um die Türkei, Russland oder Italien geht. Wirtschaftsführer schauen sich zunehmend nicht mehr nur die harten Wirtschaftsdaten an. Da hat sich was verändert.

Wie sehen Sie aus Ihrer Perspektive den Brexit?
Ich werde keine politischen Prognosen mehr abgeben. Ich lag immer falsch. Der Brexit hätte einem zu denken geben müssen. Jeder Taxifahrer und jede Kellnerin in London sagte: Raus aus der EU! Auf den Konferenzen, die ich besuchte, sagten alle: Drinbleiben! Offenbar haben wir nicht richtig zugehört.

*Aus der deutschen Politik heißt es nun immer wieder, es sei schwie-
rig mit der neuen US-Regierung in Verbindung zu treten, weil fast
niemand Leute aus der neuen Trump-Administration kenne.*
Ja, in der deutschen Politik und Wirtschaft bemühen sich alle,
Kontakte zur neuen US-Regierung aufzubauen. Trump und
seine Leute sind ja keine klassischen Republikaner. Sie stammen nicht aus dem republikanischen Establishment, zu dem es
immer Kontakt gab. Jetzt müssen alle vorsichtig neu sondieren.
Und so ähnlich geht es allen in der Berliner Politik. So wäre es vermutlich auch, wenn die Front National in Frankreich an die Regierung käme. Zu denen hat man ebenso keine Verbindungen, sie
sind Anti-Establishment, nicht Teil des Zirkels. Sie veranstalten
ihre eigenen Konferenzen, man hat keinen Austausch mit ihnen.
Auch mit der AfD in Deutschland ist das so.

*Ihre Aufgabe ist nun die eines Vermittlers zwischen Politik und
Wirtschaft?*
Es ist eine meiner Aufgaben, Wirtschaftsunternehmen staat-
liche und zwischenstaatliche Regeln zu erklären. Nicht-europä-
ische Firmen, die nach Deutschland kommen, verstehen zum
Beispiel die Idee der deutschen Mitbestimmung überhaupt nicht.
Das ist einem chinesischen Unternehmer fremd, dass es einen
Aufsichtsrat gibt und darin zur Hälfte Arbeitnehmervertreter
sitzen. Diese Unternehmensführer fragen sehr erstaunt: »Wieso
das denn? Denen gehört doch gar nichts!« Das trifft auf völli-
ges Unverständnis. Selbst den Franzosen ist das unverständlich,
dort führt der *patron*. Ich erkläre auch, wie ein Betriebsrat funktioniert, und dass der in der Regel seinen Betrieb sehr gut kennt.
Mitbestimmung – das ist ein sehr deutsches Modell.

Sie als Banker erklären das Konzept der Mitbestimmung?
Oft wirke ich wie eine Art Übersetzer zwischen den verschiedenen Sphären. In der Politik habe ich die Wirtschaft erklärt. Umgekehrt agieren Unternehmen auch nicht im luftleeren Raum. Zugleich bin ich auch ein Übersetzer zwischen den verschiedenen Wirtschaftsregionen der Welt, das braucht man zuneh-mend.

Braucht man auch innerhalb der EU noch diese Übersetzer?
Ja, denn es gibt die nationalen und die EU-Richtlinien. Die nationalen Parlamente fällen immer noch zusätzliche Entscheidungen. *Gold plating* nennt man das. Der Sockel, etwa neunzig Prozent der Regeln, sind im EU-Raum gleich, aber zehn Prozent sind nach wie vor verschieden. Meine Arbeit ist nun noch globaler als zuvor bei der EZB. Dort haben wir es geschafft, die Eurozone zusammenzuhalten. Das ist das große Verdienst der EZB.

Viele kritisieren ja genau das. Sie waren Teil der Troika. Wie sehen Sie heute Ihre Arbeit und die der Troika damals?
Nicht ich als Person, die EZB als Institution gehörte zur Troika. Zum damaligen Zeitpunkt der Krise war die Troika eine gute Lösung. In Europa gab es keine Institution, die so etwas machen konnte. Also musste man etwas aus dem Boden stampfen und zwar sehr schnell. In einer idealen Welt wäre die EU-Kommission dazu in der Lage gewesen, aber dazu hätten die EU-Verträge geändert werden müssen, und wir wissen alle, das dauert Jahre. Außerdem traute der EU-Kommission das keiner alleine zu, weil sie mit derlei Problemen auch keinerlei Erfahrung hatte. Deshalb sollte der Internationale Währungsfonds (IWF) dabei sein, der kann so etwas, wird jedoch als US-gesteuert betrachtet – also brauchte man noch eine europäische Institution, und das war die EZB. So entstand die Troika. Vorher hatten wir gar nichts.

Sie waren auch oft in Griechenland. Viele Wirtschaftsexperten sind der Meinung: Griechenland wird es ohne einen Schuldenschnitt nicht schaffen. Wie schätzen Sie aus heutiger Sicht die Spar- und Reformprogramme für Griechenland ein?

Natürlich hat die Troika in Griechenland auch Fehler gemacht. Warum hat das Anpassungsprogramm in Irland und in Zypern funktioniert und in Griechenland nicht? Diese Fragen muss man sich stellen. In Griechenland waren die Probleme am größten, und sie waren die Ersten in der Krise. Aber was wir alle – ich selbst eingeschlossen – unterschätzt haben, ist, dass in Griechenland ein Staat in unserem Sinne nicht existiert. Die Griechen haben zwar ein Gesetz durch das Parlament gebracht, dass die Mehrwertsteuer erhöht. Aber sie haben trotzdem nicht mehr Geld in der Kasse, weil diese Steuer nicht eingezogen wird. Das merkt man aber erst im Laufe der Zeit, dass immer Gesetze verabschiedet werden und dennoch wenig passiert. Das war eine Fehleinschätzung unsererseits.

Was wäre Ihrer Meinung nach eine Lösung?

Sachsen-Anhalt wird auch vom Bund subventioniert. Es gibt starke und schwache Regionen. Wie könnte man das auf europäischer Ebene regeln? In Deutschland stellt keiner den Länderfinanzausgleich infrage, innerhalb der EU ist das viel schwieriger.

Wie könnte man eine neue Krise wie in Griechenland in Zukunft verhindern, und wäre Europa für einen solchen Krisenfall heute besser gerüstet?

Jetzt müsste eine europäische Institution geschaffen werden, die in einem eventuellen neuen Krisenfall in der Lage wäre, zu handeln. Das könnte entweder die EU-Kommission oder der Europäische Stabilitätsmechanismus (ESM) sein, den man ja schon halb neu gegründet hat, und dessen Zweck es ist, Mitgliedsstaaten, die in eine Krise geraten sind, unter strikten Auflagen Finanzmittel zur Verfügung zu stellen. Die Troika fand ich als Übergang in Ordnung, aber das ist keine dauerhafte Lösung. Sobald eine aktuelle Krise vorbei ist, verlässt uns stets der Mut. Und die Menschen bekommen den Eindruck, Europa kann keine Probleme lösen. Aber es gibt immer neue Probleme: Brexit, Italien, Trump.

Wenn wir in fünf Jahren wieder in eine Krise geraten sollten, wieder nichts haben und wieder nicht vorbereitet sind, wäre das fatal.

JÖRN UND KATRIN REICHENBACH

Ein neues Problem betrifft die deutsche Autoindustrie: Der US-Präsident Donald Trump droht nun damit, Strafzölle auf Fahrzeugimporte aus der EU zu erheben, was besonders auf die deutschen Hersteller abzielt und damit auch auf Jörn Reichenbach und seine Familie.

An einem Wintertag im Februar 2017 läuft Jörn Reichenbach über einen Acker, ockerbraune Erde, flaches Land, und blickt auf sein Viertel. Dort, wo vor vier Jahren Feldboden war, den die Reichenbachs nur von Bildern kannten, reihen sich nun graue und weiße Einfamilienhäuser dicht an dicht. Die Gärten sind winzig, die angepflanzten Büsche und Bäume noch im Kleinkindalter.

Jörn Reichenbach ist jetzt 43, ein großer Mann mit hellen, allmählich ergrauenden Haaren. Wenn er spricht, dann erklärt er, ruhig und analytisch. Er geht den Sachen gern auf den Grund. Reichenbach nähert sich seinem Haus, das inzwischen fertig gebaut ist und in dem er seit zwei Jahren mit seiner Familie wohnt. Eine halbe Million hat er dafür und für das dreihundertfünfzig Quadratmeter große Grundstück bezahlt. »Die Bauern in der Gegend sind sehr reich geworden«, sagt er. Reichenbach durchmisst seine Straße mit ausholenden Schritten. Bürgersteige gibt es noch nicht, vor einem weißen zweistöckigen Gebäude an einer Ecke bleibt er stehen, sein Eigenheim. Für einen Garten ist das Grundstück sehr klein. Reichenbach und seine Frau Katrin sind dabei, eine Terrasse rund um das Haus zu betonieren. Gegenüber stehen neue Mehrfamilienhäuser, schräg daneben ist noch Brachland, das aber bald bebaut werden soll.

Im Haus haben die Reichenbachs braune Steinplatten verlegt, eine Bodenheizung wärmt die Füße. Auf die Wohnzimmerfenster hat Katrin Reichenbach schmale Sichtblenden geklebt. Weil jeder, der vorbeiläuft, direkt auf ihren Esstisch schauen kann.

Katrin ist eine schmale Frau, vier Jahre jünger als ihr Mann, die schwarzen Haare reichen ihr bis über die Schultern. Vier Tage in der Woche arbeitet sie bis mittags als pädagogische Fachkraft in einem Kindergarten. Katrin und Jörn Reichenbach haben beide Studienabschlüsse. Sie haben es geschafft, so scheint es. »Aber mit unserer Ausbildung habe ich mir das anders vorgestellt, als dass ich ein Haus mit Minigarten bis zur Rente abbezahlen muss«, sagt Jörn Reichenbach.

Er verlässt um sieben Uhr morgens das Haus und kehrt um 19 Uhr heim. Seine Frau, seine Tochter Sophie und sein Sohn Konrad, elf und sieben Jahre alt, dürfen ihn nur einmal im Jahr zum Sommerfest auf seiner Arbeitsstelle besuchen, sein Büro liegt im Sicherheitsbereich des Bosch-Werkes, dorthin gelangt niemand von außen. Wenn seine Familie ihn abholen möchte, muss sie vor dem Tor auf ihn warten.

Bosch beschäftigt weltweit etwa 400 000 Mitarbeiter, in Deutschland sind es knapp 140 000. Die Betriebsstandorte rund um Stuttgart sind groß wie Kleinstädte. 3000 Menschen arbeiten allein an Jörn Reichenbachs Standort. Kein Zweifel: Bosch ist eine Macht.

Die Reichenbachs machen einmal im Jahr Urlaub, meist zelten sie in Spanien, ab und zu essen sie in einem Restaurant, und sie fahren einen Dieselwagen. Fernreisen können sie sich in den nächsten Jahren nicht leisten, weil sie Sondertilgungen zahlen. Jörn Reichenbach verdient mehr als hunderttausend Euro im Jahr. Sein Gehalt wird vollkommen aufgebraucht. »Der Mittelstand ist sauer, weil das, was wir arbeiten und was wir uns leisten können in keinem Verhältnis mehr zueinander steht«, sagt er.

Das Deutsche Institut für Wirtschaftsforschung (DIW) kommt zu einem ähnlichen Ergebnis. Demnach lag im Alter von dreißig Jahren die Armutsrisikoquote bei den in den sechziger Jahren Geborenen bei etwa 10 Prozent. Bei den in den siebziger Jahren Geborenen stieg sie auf etwa 15 Prozent, und bei den ersten Jahrgängen derer, die zwischen 1980 und 1989 geboren sind, dann auf über 20 Prozent. Jörn Reichenbach sagt: »In den achtziger Jahren konnte sich ein Busfahrer in der Bundesrepublik ein Stadtrandhäuschen kaufen und abbezahlen. Die Frau betreute die Kinder. Die Familie fuhr einmal im Jahr nach Italien in den Urlaub und das alles von nur einem Gehalt. Ein Ingenieur konnte damals mit 35 Jahren ein Mietshaus bauen, weil er gar nicht wusste, wohin mit seinem Geld. Heute hat sich das komplett verändert. Als Busfahrer allein die Familie zu ernähren, ein Haus abzubezahlen und noch Urlaub zu machen – keine Chance. Und wenn du als Ingenieur heute einen guten Job hast und deine Frau auch arbeitet, kannst du dir trotzdem keine Wohnung in den großen Innenstädten leisten.«

Bei Bosch arbeitet Reichenbach mit Mechanikern zusammen, die, wie er etwas überspitzt formuliert, nur aus Freude jeden Morgen in der Firma erscheinen, weil sie Land oder Wohnungen rund um Stuttgart besitzen oder geerbt haben. »Es kommt nicht mehr so stark auf deine Ausbildung an, sondern darauf, was du erbst.« Jörn und Katrin Reichenbach müssen nun lebenslang ihr kleines Glück, das Eigenheim, abbezahlen. »Wir dürfen nicht krank werden, die Arbeitskraft muss bestehen bleiben. Dann ist alles gut«, sagt Jörn und fügt hinzu: »Vor allem ich darf nicht krank werden!« Ein prophetischer Satz, wie sich noch zeigen soll.

Als Jörn Reichenbach vor zehn Jahren bei Bosch anfing, arbeitete er fünfzig Stunden. Er wusste, er musste sich beweisen, sonst könnte er sich ein Leben in dieser Gegend mit seiner Familie nicht leisten. Bosch ist streng hierarchisch organisiert. Ganz oben steht der G1 an der Spitze des Unternehmens. »Der hat sein eigenes Flugzeug, den Bosch-Jet.«

Ein Ingenieur wie Reichenbach hat Aufgaben, die er lösen muss. Wann und wie er sie löst, ist ihm überlassen, aber er muss liefern. Einen Tag frei kann er nur nehmen, wenn er gerade viel liefert. »Sonst würde man sich das gar nicht trauen«, sagt Jörn Reichenbach.

An seinem Standort arbeiten zu neunzig Prozent Ingenieure, die an verschiedenen Projekten mitwirken, die von einem Projektleiter betreut werden. An der Anzahl der Überstunden kann der ablesen, wie gefragt seine Mitarbeiter sind. Sie zeigen die Tüchtigkeit an, sind eine Art Beliebtheitsskala für Ingenieure. Und Jörn Reichenbach ist sehr gefragt.

Als am 18. September 2015 die US-amerikanische Umweltschutzbehörde (EPA) veröffentlicht, dass Volkswagen eine illegale Abschalteinrichtung in der Motorsteuerung ihrer Dieselfahrzeuge einsetzte, um die amerikanischen Abgasnormen zu umgehen, verändert das die deutsche Autoindustrie und auch das Leben von Reichenbach.

Jörn Reichenbach beschäftigt sich damit, Motoren sauberer zu machen. Er testet sie. »Wir untersuchen, was die Motoren unter realen Bedingungen tatsächlich für Abgase produzieren. Bevor sie in die Autos kommen.«

Jetzt heißt es, alles muss schneller gehen, und Reichenbach und seine Kollegen sollen auch zu Hause arbeiten. »Man muss immer ja sagen, und niemals nein.« Die meisten seiner Kollegen haben Familie und lehnen ab. »Am Anfang verbrennt man, weil man nein sagt und daraufhin Riesendruck bekommt. Dann lernt man zu sagen, *wir machen schneller,* und arbeitet ganz normal weiter.« Eine Gratwanderung. Wenn das eigene Projekt niemanden in der Firma interessiert, darin aber Geld investiert wird, geht das nicht. Reichenbach beschreibt die Arbeitsweise in einem Großkonzern als ein ständiges Abwägen und Austarieren der eigenen Position.

»Ich lese keine Mails im Urlaub. Kollegen sagen, wenn sie zwei Wochen lang keine Mails lesen, haben sie am Ende siebenhundert ungelesene Mails. Wenn ich etwas Wertvolles für die Firma schaffe, habe ich die Macht zu sagen: Ich habe siebenhundert ungelesene Mails. Na und! Wenn ich auf einem absteigenden Ast wäre, könnte ich mir das nicht erlauben.«

Vor noch gar nicht langer Zeit hat man die Autos einfach auf einem Rollenprüfstand gefahren und hinten am Auspuff gemessen, welche Mengen Abgase – etwa Stickstoffoxide, Kohlenmonoxid, Kohlenwasserstoffe – der Wagen ausstieß. Dass dabei keine realen Ergebnisse gemessen wurden, wussten offenbar alle, die damit beschäftigt waren, und auch, dass Autos unter realen Bedingungen mehr Abgase produzieren als in den vorgeschriebenen Tests. Ein Gesetzesverstoß war das aber noch nicht, bisher habe die Abgasgesetzgebung auch nichts anderes gefordert, sagt Reichenbach. »Seit zehn Jahren gab es Veröffentlichungen dazu, dass diese Tests zu lasch sind. Jahrelang wurden Fahrzeuge in einem klinischen Setting getestet, das nichts mit der Realität draußen zu tun hatte«, sagt er. Nie wurde geprüft, was passiert, wenn das Fahrzeug schneller oder langsamer, bergauf oder bergab fährt.

Zudem funktioniert der Katalysator auch nur, wenn er warm ist. Wenn man jedoch bergab fährt, geht man vom Gas runter und der Katalysator kühlt ab. Also wurden die Grenzwerte, wenn man einen langen Berg herunterfuhr, ziemlich wahrscheinlich überschritten. Das sei niemals gemessen worden oder überhaupt von Interesse gewesen, sagt Reichenbach. »Das ging die ganzen letzten Jahre so weiter, aber der Gesetzgeber hat keine Vorgaben dazu gemacht. Die Regierung muss Grenzen setzen und Richtlinien formulieren. Wenn man nicht kontrolliert, dann läuft es aus dem Ruder.«

VW hatte nun noch zusätzlich eine Software installiert, die die Abgaskontrollanlage manipulierte: In einer Prüfungssituation optimierte sie die Abgasaufbereitung so, dass möglichst wenig Stickoxide entstanden. Im normalen Fahrbetrieb wurden dagegen Teile der Abgaskontrollanlage außer Betrieb gesetzt, weshalb die Emissionen dann erheblich höher waren. Medienberichten zufolge hat die Firma Bosch die umstrittene Software an VW geliefert und mitgeteilt, dass der Einsatz der Software gesetzeswidrig sei.

Jörn Reichenbach trennt deutlich zwischen den nicht wirklichkeitsgetreuen Tests, bei denen aber keine Gesetze gebrochen wurden, und der praktizierten Manipulation wie bei VW. Seitdem reicht das Misstrauen gegen die deutsche Automobilbranche tief. Jörn Reichenbach kann dieses Misstrauen verstehen, das hätten sich die Konzerne selbst zuzuschreiben, meint er. Aber seitdem herrscht auch innerhalb der Firmen die Angst, weil viele Verfahren noch nicht abgeschlossen sind.

Die gesamte Debatte hat eine moralische Dimension für ihn, das ahnt man, je länger man mit Reichenbach spricht. Er kann sich sehr über die derzeitige Dieseldiskussion empören. Er sieht den Dieselmotor, eine deutsche Erfindung, zu Unrecht bedroht und angegriffen. Es werde fortwährend nur über Stickoxide in den Städten geredet und über Fahrverbote. »In Wirklichkeit geht es doch um das Treibhausgas Kohlendioxid und das ist direkt an den Kraftstoffverbrauch gekoppelt.« Wenn Reichenbach nun eine Zeitung aufschlägt, werden darin Elektroautos gepriesen. Das ärgert ihn. »Wenn es darum geht, wie viel Kohlendioxid bei der Herstellung einer Batterie, ihrer Fütterung mit Strom und später bei ihrer Entsorgung entsteht, schneidet eine Batterie momentan viel schlechter ab als ein Dieselauto.« Und ein Benziner auch. Tatsächlich ist Kohlendioxid das Hauptklimagift, bringt die Pole zum Schmelzen, verändert das Wetter. Im Augenblick wird Energie in Deutschland noch oft aus Kohle gewonnen. Kohlendioxid pur. »Wenn jetzt sofort alle auf Batterieautos umsteigen würden, würde das den Treibhauseffekt anheizen. Denn in Deutschland interessiert kaum jemanden, wo der Strom herkommt.«

Reichenbach meint, bevor man flächendeckend Elektroautos einführen könne, müsse die Stromerzeugung weg von der Kohle und die Batterie-Herstellung und deren Entsorgung umweltfreundlicher gestaltet werden. Die Dieselmotoren der neueren Generation seien schon sehr sauber. Reichenbach vermutet hinter dem Feldzug gegen den Diesel auch einen »Wirtschaftskrieg« gegen seinen Arbeitgeber, im weitesten Sinn die deutsche Automobilindustrie. Zu dominant sei sie, zu selbstherrlich und habe im Fall von VW auch zu dreist agiert. Seine Frau Katrin liest und sortiert nun immer die Zeitungsartikel vor, damit sich Jörn Reichenbach nicht zu sehr aufregen muss.

Und Reichenbach diskutiert bei dem Thema auch nicht ganz unparteiisch mit. Vor seinem Haus parkt der Mercedes, ein Diesel.

Wenn man das Leben von Jörn Reichenbach jetzt betrachtet, erscheint es wie der größtmögliche Gegenentwurf zum Leben seiner Eltern – fest angestellt, wohlgeordnet, durchgeplant. Fast ein wenig brav. »Bei Katrin und mir spielt Politik nicht so eine Rolle wie bei meinen Eltern. Bei uns geht es immer eher darum, wie wir unser Leben in diesem Wildwasser gestalten: Welcher Job ist wo gut? Lohnt es sich, ins Ausland zu gehen? Wo baust du ein Haus oder baust du überhaupt eins?«, sagt er.

Obwohl sich Jörn Reichenbach gut daran erinnern kann, wie er sich auf dem Land Ende der achtziger, Anfang der neunziger Jahre mit Rechtsradikalen prügelte. Ähnlich wie in Ostdeutschland zu dieser Zeit begann und endete jeder Abend mit der Frage, ob Skinheads auftauchen würden oder nicht? »Ich gehörte eher zu den Linken«, sagt Reichenbach. Er kann seine Nächte in Siege und Niederlagen über die »Dorfnazis« einteilen. Auch seine Frau Katrin, die ebenfalls auf einem Dorf in Niedersachsen aufwuchs, bekam einmal eine Glasflasche ab. Noch immer erzählt Reichenbach begeistert von einem »Riesensieg« über die Rechten. Diese scheiterten schließlich am Verband der Jungbauern, die in einem Dorfzelt feierten. Bei ihrem Überfall hatten die Rechtsextremen deren Kampfeskraft offenbar unterschätzt.

Wenn Jörn Reichenbach sich heute in seinem Haus umsieht, erinnern nur der alte Holzstuhl im Kinderzimmer und der Biedermeierschrank noch an die Vergangenheit auf dem Bauernhof.

Heute wärmt die Fußbodenheizung, die Küche und das Bad sind modern gefliest. »An uns kann man gut sehen, was mit Menschen passiert, die es oft kalt und kein richtiges Bad hatten«, sagt er. Katrin Reichenbach nimmt eine Lokalzeitung vom Tisch, im hinteren Teil sind die Wohnungsanzeigen. Zukünftige Mieter bewerben sich darin mit Fotos: Sie haben keine Kinder, keine Tiere, rauchen und trinken nicht. »Eigentlich leben sie gar nicht«, kommentiert Katrin Reichenbach diese Annoncen. Wenn es schon für Gutverdiener wie die Reichenbachs schwer ist, ein Haus zu mieten, zu bauen oder zu kaufen und dann abzubezahlen, wie soll es dann anderen ergehen, die weniger haben?

Die Reichenbachs beruhigen sich immer wieder mit dem Argument, sie könnten es auch wieder verkaufen, wenn der Druck zu hoch wird. Richtig entspannt sie das aber nur selten. Denn sie wollen es behalten.

An dem Abend im Februar vor vier Jahren tranken sie Ramazotti, nachdem sie den Kaufvertrag unterschrieben hatten. Hochprozentiges sollte ihre Zweifel mildern. Sie fragten sich, ob sie zukünftig noch ruhig schlafen könnten. Ihr Bankberater riet ihnen, einen höheren Kredit aufzunehmen. Jörn Reichenbach lehnte ab, sie müssen ihn ja auch abbezahlen. Mit Telefon, Handy, Auto, Reparaturen, Versicherungen, Lebensmitteln, Sportaktivitäten der Kinder und Kreditraten kommen sie im Monat auf fünftausend Euro Festausgaben. Das meiste Geld kosten die Urlaube. Jedes Jahr fragen sich die Reichenbachs deshalb, ob sie in die Ferien fahren oder besser eine Sondertilgung leisten sollen?

Es ist ein Leben, in dem das Eigenheim herrscht. Über Glück, Familie, Zukunft. Wenn es im Wert steigt, ist alles gut. Schlimm wird es, wenn der Wert sinkt, es eine Wirtschafskrise gibt oder die Immobilienblase platzt. Oder wenn man sich trennt. Das wäre der wirtschaftliche K.-o.-Schlag. Vielleicht gibt es deshalb nur sehr wenige Scheidungen im Umfeld der Reichenbachs. Die meisten Paare sind verheiratet, die Frauen tragen den Nachnamen des Mannes und arbeiten verkürzt. In dieser Hinsicht erinnert der Stuttgarter Vorort an Deutschland um 1950.

Schlimm wäre es auch, wenn Jörn Reichenbach seine Arbeit verlieren würde. »Das Wertvollste was man hat, sind Gesundheit und Arbeit.« Und über allem liegt die Furcht, die Kinder könnten einmal abstürzen. Die Reichenbachs werden nicht viel vererben können, vielleicht müssen sie im Alter das Haus einmal für ihre Rente verkaufen. Deswegen geht es nun auch um die bestmögliche Ausbildung der Kinder. Sophie hat gerade ihr Halbjahreszeugnis bekommen, darauf stehen nur Einsen und

Zweien. Manchmal kann sie abends nicht einschlafen aus Stress und Angst vor schlechten Noten. Ihre Eltern hatten erst überlegt, sie auf eine Waldorfschule zu schicken. Es wurde dann doch das Gymnasium.

Jörn Reichenbach reist nun nicht mehr ganz so viel wie früher, aber vor sechs kommt er nur nach Hause, wenn seine Frau ihn darum bittet. »Man arbeitet freiwillig mehr«, sagt er. Wichtige Geschäftspartner trifft er natürlich auch am Abend. Wer Forschungsgelder bekäme, müsse liefern. Die Erwartungen lägen hoch.

Jörn Reichenbach erinnert sich an eine Kundenpräsentation 2014: Er war krank, hatte Fieber, und brachte sich dafür mit Tabletten in Form. »Im Konzern gibt es keine Schwächen. Und Probleme heißen Herausforderungen. Du wirst optimiert wie ein Mastschwein.« Wer nicht genügend leistet, wird zu Fortbildungskursen geschickt, wenn die auch nichts bringen, wird der Mitarbeiter an eine andere Abteilung ausgeliehen. Manche werden fortan im Unternehmen herumgeschickt, so lange, bis sie freiwillig kündigen. Reichenbach ist stets darum bemüht, nicht zu dieser Gruppe zu gehören.

Zugleich werden die Boschmitarbeiter umsorgt. In Zukunft sollen die Büros umgebaut werden. Dann wird es Sofas geben, schallgeschützt, Besprechungslounges, Massagesessel und Cappuccino-Bars. Die Angestellten sollen sich offenbar so wohl fühlen, dass sie gar nicht mehr merken, wie viel Zeit sie am Arbeitsplatz verbringen. So wohl, dass sie am liebsten ins Büro ziehen würden.

Die AfD ist im Winter 2016/2017 in diesem Stuttgarter Vorort kein großes Thema. Die meisten hielten sie für Spinner, sagt Reichenbach. »Hier geht es vielen Leuten noch ganz gut.« Die Reichenbachs überlegen, nun vielleicht Martin Schulz, den Kanzlerkandidaten von der SPD, bei der Bundestagswahl zu unterstützen. Sie hoffen auf mehr soziale Gerechtigkeit.

Etwa dreihundert Meter von Reichenbachs Haus entfernt stehen Container, in denen Flüchtlinge wohnen. Einige von Jörn Reichenbachs Kollegen geben ihnen am Abend Deutschunterricht. Und Katrin besucht manchmal die Treffen der Arbeitsgruppe Asyl. Aber meist sind die Reichenbachs ziemlich mit sich selbst beschäftigt.

Jörn Reichenbach fasst ihre Lebenssituation in wenigen Fragen zusammen: »Wie komme ich in diesem Chaos mit Familie und Arbeit zurecht? Wie kriege ich mein Haus möglichst schnell abbezahlt? Und wie mache ich es meinen Kindern schön?«

BOŻENA BLOCK

All diese Fragen stellt sich auch Bożena Block in München jeden Tag. Und sie besitzt kein Haus wie die Reichenbachs. Dass sich in Deutschland etwas Grundlegendes verändert hat, bemerkt Block im Frühjahr 2017.

Sie solle zurück nach Polen verschwinden, ist eine der Reaktionen, die sie hört, als sie als alleinerziehende Mutter mit zwei Kindern nach einer bezahlbaren Wohnung in München sucht. Ihr Haus, in dem sie eine große Vierzimmerwohnung bewohnt, wird verkauft und saniert. Danach würde ihre Wohnung dort in der Maxvorstadt 1600 bis 1800 Euro im Monat kosten. Das kann sich Block nicht leisten. Deshalb nimmt sie die Abfindung von 40 000 Euro an. Ein Fehler. Was darauf folgt, hat sie nicht geahnt.»Was ich für Angebote gekriegt habe: 38 Quadratmeter, ein Zimmer ohne Fenster, für 1000 Euro.« Bei Immobilienscout hat sie keine Chance. Die meisten Vermieter fragen sie nach ihrem Beruf, und wenn sie antwortet: ausgebildete Krankenschwester und alleinerziehend, ist das Gespräch sehr schnell zu Ende.

Außerdem hat Bożena Block Schulden. Die Abfindung von 40 000 Euro ist schnell aufgebraucht. Sie hat davon eine private Ausbildung zur psychologischen Beraterin bezahlt (8000 Euro), im Pflegeheim hat sie gekündigt und sie unterstützt ihren großen Sohn, der gerade ausgezogen ist und eine Lehre begonnen hat.

Ein Vermieter schlägt ihr vor, wenn sie einmal die Woche in kurzem Röckchen und mit Strapsen bei ihm putze, dann lasse er sie umsonst wohnen.

Beim Wohnungsamt findet Bożena Block keinen Ansprechpartner. »Das war eine Situation der Hilflosigkeit – allein als Frau mit Kindern. Mir wurde mitgeteilt, erst wenn ich obdachlos wäre, würde ich einen Platz in einem Mutter-Kind-Heim kriegen.« Stattdessen bietet das Amt Block ein Zimmer in dem Projekt »Wohnen mit Flüchtlingen« an – mit Gemeinschaftsküche und Balkon. Nach fast dreißig Jahren in Deutschland fühlt sich das an, als sei Block wieder ganz am Anfang angelangt. Als sei sie keinen Schritt vorangekommen.

Block überlegt auch, sich ein Wohnmobil zu kaufen, in der Nähe vom Münchner Zoo gibt es ein paar Stellplätze. Sie hätte das durchgezogen, aber ihr jüngerer Sohn Paul ist dagegen. Er schämt sich.

»Als Alleinstehende, die im Sozialwesen arbeitet, kann ich mir tatsächlich keine Wohnung leisten. Man muss Manager sein und 5000 Euro im Monat verdienen, um in München eine Wohnung zu finden.« Tatsächlich sind die Mietpreise in deutschen Großstädten in den vergangenen zehn Jahren immer weiter gestiegen, und immer mehr Menschen werden obdachlos: 2016 waren es noch etwa 860 000, 2018 werden es 1,2 Millionen sein.

Bożena Block fürchtet, schon bald zu ihnen zu gehören.

Dann erfährt sie über eine Bekannte von dem Projekt »Verändere deine Stadt«, eine soziale Initiative von Immowelt, einem Immobilienportal, um Menschen in Not mit Vermietern zusammenzubringen. Block schildert ihre Geschichte, die Medien berichteten. Und es funktioniert. Kurz darauf bietet eine Wohnungsbaugesellschaft ihr zwei Wohnungen an. Eine liegt ganz in der Nähe ihrer alten, im Zentrum von München. Seit dem 9. April 2017 lebt Block nun in dieser Wohnung – zwei Zimmer, 56 Quadratmeter für 780 Euro. »Das war die Rettung«, sagt sie.

Aber durch die Leserkommentare zu den Presseartikeln betrachtet sich Block nun mit anderem Blick. Von dort stammt die Aufforderung, sie solle nach Polen verschwinden. Offenbar halten nicht alle Bożena Block für so deutsch wie sie sich selbst. Inzwischen spricht sie besser Deutsch als Polnisch, inzwischen hat sie die deutsche Staatsbürgerschaft. Sie hat das Gefühl des Andersseins vollkommen vergessen.

Und Block bemerkt noch andere Veränderungen. Als sie selbst in Not war, beobachtete sie die Flüchtlinge im Wohnungsamt auf einmal argwöhnisch. Es kam ihr vor, als würden sie sich unverschämt aufführen, undankbar. Block konkurrierte nun mit ihnen um bezahlbare Sozialwohnungen. Und auf einmal fragte sie sich, warum sie und vor allem ihr ältester Sohn, der in Deutschland geboren und ausgebildet wurde, nicht besser behandelt würden. »Ich bin selbst Aussiedlerin, aber ich sehe, was alles für die Flüchtlinge getan wird. Und die hier Lebenden und Arbeitenden haben keine Möglichkeit, eine Wohnung zu bekommen.« Es fühlte sich an wie: Neid.

ALEXANDER GAULAND

22. Mai 2017, AfD-Wahlkampfauftakt, Frankfurt/Oder

Von diesen realen Erlebnissen der Benachteiligung und der sozialen Not, wie Bożena Block sie erfährt, nährt sich die AfD. Sie kommen auf fast allen ihren Veranstaltungen zur Sprache. Auch beim ersten Auftritt von Alexander Gauland als neuer Spitzenkandidat im Bundeswahlkampf der AfD in seinem Wahlkreis Frankfurt/Oder.

Die Sonne scheint, es ist ein ungewöhnlich warmer Maitag, Gauland ist guter Laune. Obwohl seine Partei in diesem Frühsommer gerade einen kurzen Einbruch erlebt, sie liegt in den Umfragen nur noch bei sieben Prozent. Aber Gauland ist mit seinen 76 Jahren nach wie vor der Hoffnungsträger seiner Partei. Eine Tatsache, die er selbst als »merkwürdige Geschichte« bezeichnet. So reagiert er oft, wenn es um Posten und umstrittene Aussagen seinerseits geht. Als würden ihm die Dinge einfach so passieren, als habe er selbst keinerlei Anteil daran.

Vielleicht hilft es ihm auch, dass er sich den sozialen Medien verweigert. Er schreibt noch immer mit der Hand, noch immer drucken seine Mitarbeiter ihm die wichtigen Mails aus. »Ich bin froh, dass ich das Internet nicht kann, so kann ich mich auf die wichtigen Dinge konzentrieren.« Die sozialen Medien fasst er als »dieses ununterbrochene Geschwätz« zusammen. Er beobachtet seine Parteigenossen, die ständig irgendetwas hochladen oder *liken*. Gemäß den gängigen Erklärungsmustern dürfte einer wie er in der Politik eigentlich keinen Erfolg mehr haben. Alexander Gauland wirkt antizyklisch, sein technisches und digitales Unvermögen fast schon als Vorteil. Gauland vertritt die Meinung, wenn jemand etwas von ihm wolle, könne der ihn anrufen.

Kurz vor dem entscheidenden Parteitag hat er noch die AfD-Vorsitzende Frauke Petry in Leipzig besucht. Er hatte vor, die »Höcke-Geschichte« redlich beizulegen, aber Petry habe auf dessen Parteiausschluss bestanden. Die beiden konnten sich nicht einigen. Auch ein gemeinsames Spitzenteam mit ihm habe sie abgelehnt, sagt er. Also reiste Gauland wieder ab. »Ich kann sie noch immer nicht verstehen«, sagt er.

Im April auf dem AfD-Parteitag in Köln mochten die Delegierten dann noch nicht einmal über Petrys Zukunftsplan diskutieren. Und Gauland wurde zum Spitzenkandidaten gekürt. »Die Basis wollte, dass ich das mache.« Im kleinen Kreis sei diskutiert worden, dass er nicht allein antreten solle. Deshalb habe er Alice Weidel dazu bewegt, mit ihm zusammen zu kandidieren. Gauland suchte eine Vertreterin des wirtschaftsliberalen Parteiflügels, mit einem »anderen Lebensentwurf« als dem seinen. Die junge lesbische Unternehmensberaterin, die in der Schweiz mit einer aus Sri Lanka stammenden Filmproduzentin zwei Söhne aufzieht, schien die beste Lösung zu sein. Zunächst lernte Gauland aber wie vor einer Eheschließung Weidels Eltern kennen.

Auf dem Weg zu seinem Bundestagswahlkampfauftakt befürchtet Gauland, dass der Wahlkampf brutal werde. In Neumünster sei er bespuckt und angegriffen worden. Der Staatsschutz hat mit ihm und seiner Lebensgefährtin gesprochen. An ihrem Mietshaus in Potsdam sind nun Überwachungskameras installiert worden.

Mit einem soll Alexander Gauland recht behalten. Dieser Bundestagswahlkampf wird hart geführt. Im Gedächtnis werden aber vor allem Bilder davon bleiben, wie wütende AfD-Anhänger Angela Merkel niederbrüllen und beschimpfen.

Im Moment steht das Thema Flüchtlinge für einen Augenblick nicht im Zentrum der Aufmerksamkeit. »Doch in Italien kommen Tausende an, das nützt uns. Die Menschen müssen wieder daran erinnert werden«, sagt Gauland. Vielleicht müssen Politiker, die erfolgreich sein wollen, so agieren. Doch selten wurde in der deutschen Nachkriegszeit so offen mit dem Leid anderer Menschen Wahlkampf gemacht. Und manchmal helfen auch »unvorhergesehene Ereignisse«, wie Alexander Gauland sie nennt. Der Fall Franco A. ist so ein unvorhergesehenes Ereignis.

Anfang Mai wurde Bundeswehroffizier Franco A. festgenommen. Der vermutlich rechtsextreme Soldat soll sich als syrischer Flüchtling ausgegeben und unter falschem Namen Asyl beantragt haben. Offenbar war niemandem aufgefallen, dass er kaum arabisch sprach. Der Terrorverdächtige soll einen Anschlag geplant haben. Er führte eine Todesliste mit den Namen hochrangiger Politiker, die als »flüchtlingsfreundlich« gelten.

Daraufhin kritisierte Verteidigungsministerin Ursula von der Leyen den »falsch verstandenen Korpsgeist« der Bundeswehr, kündigte an, den Traditionserlass der Bundeswehr überarbeiten zu wollen, der Distanz zur Wehrmacht und ihren Kriegsverbrechen wahren soll, und ließ Kasernen nach Andenken an die Wehrmacht durchsuchen. Infolgedessen wurde in der Bundeswehrakademie in Hamburg auch ein Foto des früheren Bundeskanzlers Helmut Schmidt in Wehrmachtsuniform abgehängt.

Darüber regt sich Alexander Gauland auf. Es bleibt unklar,

worüber er sich mehr ärgert, über Ursula von der Leyen, eine Politikerin seiner alten Partei, die er eine »Angsttante« nennt, oder über den Inhalt ihrer Aussagen. »Die Bundeswehr ist ganz klar durch und durch von Wehrmachtsoffizieren aufgebaut worden.« Dass von der Leyen dies leugne, sei töricht, und dass sie nun die Kasernen durchforsten lasse, sei absurd. »Ich habe als Kind noch mit von Russen weggeworfenen Stahlhelmen gespielt.« Gauland zitiert Theodor W. Adornos Satz: »Es gibt kein richtiges Leben im falschen« aus dessen »Minima Moralia«. Adorno hatte das Buch im amerikanischen Exil unter dem Eindruck des faschistischen Terrors geschrieben. Gauland setzt dem entgegen: Es gebe eben doch richtige Entscheidungen in einem falschen Krieg. Als Beispiel führt er Generalfeldmarschall Erwin Rommel an, der sich Hitlers Durchhaltebefehl in Nordafrika widersetzte, im Gegensatz zu Friedrich Paulus, dem Oberbefehlshaber im Kessel von Stalingrad, dessen 6. Armee vernichtet wurde.

Gauland wird für seine Verhältnisse laut: »Das Bild von Helmut Schmidt abzunehmen ist eine Torheit. Eine Beleidigung Millionen Deutscher, die Bilder vom gefallenen Großvater, Vater oder Sohn hängen haben. Jedem Deutschen einen Vorwurf zu machen ist so dämlich.« Das hat Ursula von der Leyen in der Form nicht getan, aber das spielt keine Rolle mehr. Und einige Wochen später wird auch das Foto von Schmidt wieder an der Wand der Bundeswehrakademie hängen.

Man stelle sich Gaulands Reaktion vor, wenn ein Flüchtling tatsächlich, so wie es von Franco A. ja offenbar geplant war, mit einer Todesliste bundesdeutscher Politiker erwischt worden wäre.

Schon im nächsten Satz ist Gauland dann wieder Stratege: Dieses Thema dürfe sich seine Partei nicht entgehen lassen. Es ist der Augenblick, in dem Alexander Gauland die Bundeswehr als

Wähler für sich und die AfD entdeckt. Das Werben um die Gunst und die Stimmen der Soldaten wird ihn von da an beherrschen. Was dieses Thema und Gaulands Ausbruch aber vor allem zeigt: Die Vergangenheit ist keineswegs vergangen. Auch wenn sich die AfD dies fortwährend herbeisehnt. Nichts ist vorbei. Auf dem Weg zum Marktplatz in Frankfurt/Oder hängt ein Wahlplakat mit ihm, Gauland betrachtet sein eigenes Abbild. Jemand hat ihm ein Hitlerbärtchen und einen Seitenscheitel angemalt. »Da hat mich einer verschönert«, kommentiert Gauland ironisch.

Als er schließlich auf dem Marktplatz anlangt, warten dort nur ein paar vereinzelte AfD-Anhänger und ein paar Gegendemonstranten. An der Bühne steht »Unser Land, unsere Heimat«. Es gibt kostenlos Bockwurst und Bier. Im *Eiscafé Diana* sitzen ein paar ältere Menschen und bestellen Eisbecher. Sie sehen aus, als schauten sie mal, wie der Abend sich so entwickle.

Für einen Moment wirkt es in diesem Frühsommer, als habe sich die AfD verkalkuliert, sei doch nur ein flüchtiger Spuk, ein vorübergehendes politisches Phänomen.

Andreas Kalbitz, der auch wieder dabei ist, erklärt die wenigen Zuschauer als Folge von Repressionen: »Die Menschen trauen sich nicht mehr zu uns, aber in der Wahlkabine steht keiner hinter ihnen.«

Als Erster spricht Wilko Möller, Bundespolizist und Leiter des AfD-Stadtverbandes. Gegen ihn läuft ein Disziplinarverfahren. Er hatte ein Bild auf Facebook gepostet, darauf war ein junger Mann in Uniform und mit Maschinenpistole zu sehen. Darunter stand: »Klagt nicht, kämpft.« Auf der Bühne sagt er, er sehe dem Verfahren gelassen entgegen. »Deutschland hat ein Problem, was die innere Sicherheit angeht.« Momentan sieht es eher danach aus, als sei er selbst ein Sicherheitsrisiko.

Als Alexander Gauland ans Mikrophon tritt, empfangen ihn die Gegendemonstranten mit lauten Pfiffen. Die AfD-Anhänger brüllen zurück: »Eure Eltern wählen AfD!« und: »Sucht euch Arbeit!« Gauland nimmt seine Rede aus dem ledernen Aktenkoffer, den er stets bei sich trägt. »Ich freue mich, dass Sie mich so herzlich empfangen«, sagt er in Richtung der Protestierenden. »Wenn Sie uns so ernst nehmen, werde ich Sie nicht enttäuschen.« Und beginnt sogleich mit der Bundeswehr: »Wenn der Sohn vor Stalingrad gefallen ist, soll die Mutter das Bild aus dem Rahmen nehmen, weil es der Bundesregierung nicht passt.« Nun brüllen AfD-Anhänger und Gegendemonstranten wie zuvor schon in Jena gemeinsam »Nazis raus!«.

Das Wort »Nazi« ist in diesem Sommer 2017 seiner ursprünglichen Bedeutung beraubt und zu einem bloßen Schmähwort für den jeweils Andersdenkenden geworden. Jeder kann nun ein Nazi sein.

Gauland zieht sein Programm durch. Wieder einmal sagt er einen seiner Lieblingssätze: »Dass wir unser Deutschland erhalten wollen, wie wir es von unseren Vätern ererbt haben.« Wobei jedes Mal offenbleibt, welches Deutschland welcher Väter er genau damit meint – das Deutschland der Väter im Zweiten Weltkrieg, das Deutschland der Väter in der DDR oder das der Väter in der Bundesrepublik?

Jedes Mal, wenn Alexander Gauland eine Bühne betritt, scheint man einer Wesensveränderung beizuwohnen. Aus dem intellektuellen, durchaus differenzierten älteren Herrn des Bildungsbürgertums wird ein schlichter, aufgebrachter Populist, der die Welt sehr holzschnittartig beschreibt. Je länger man ihn begleitet, desto schwerer wird es in all diesen Monaten und Jahren zu sagen, welcher der beiden Gaulands nun der Echte ist. Irgendwann setzt die Erkenntnis ein, dass das, was er auf der Bühne vertritt, tatsächlich auch seine Meinung sein muss – vermischt mit Machtwillen, dem Wissen, was bei der Anhängerschaft ankommt und Wahlkampfstrategie.

Auf der Bühne in Frankfurt/Oder sagt er gerade, das deutsche Volk solle entscheiden, mit wem es zusammenleben wolle und mit wem nicht. Die AfD sei die Partei, die vieles aus Feigheit Verschwiegene wieder sagbar gemacht habe. Die politische Korrektheit gehöre auf den Müllhaufen der Geschichte. Den eigentlichen Krieg führen die AfD und auch Gauland gegen die 68er und deren Erben. Ihre kulturelle Hegemonie wollen sie brechen. Die hätten Sprachverbote geschaffen und eine idiotische Genderdebatte entfacht. »Ich will keine gegenderte Bibel lesen. Ich kaufe Mohrenköpfe und höre den Zigeunerbaron und nicht den Sintifürsten«, ruft Gauland über den Marktplatz. Eine klare Absage an jegliche Rücksicht, jegliches Feingefühl im Umgang mit Minderheiten, überhaupt im Umgang mit anderen Menschen. Will Gauland tatsächlich in einer Gesellschaft leben, in der jeder jedem ständig schonungslos alles sagt? Egal, ob bestimmte Begriffe diskriminieren oder verletzen?

Wozu das führt, zeigt sein nächster Satz: »Wir achten Merkel und diese Regierung nicht!« Das ist ein bemerkenswerter Satz. Im Zwiegespräch würde Gauland ihn sicher abmildern oder zurücknehmen. Der Spitzenkandidat einer Partei, die in den Bundestag will, achtet die demokratisch gewählte Bundeskanzlerin und ihre Regierung nicht. Am Ende bedeutet alles auf jede erdenkliche Art sagen zu können, eben auch jegliche Achtung, jeglichen Respekt vor den Andersdenkenden zu verlieren. Aber wie soll dann das Zusammenleben aussehen? An diesem Tag im Mai wird offenbar, wie vergiftet das politische Klima in Deutschland, wie tief gespalten die Gesellschaft bereits ist. Kein Gespräch, keine Versöhnung erscheinen mehr möglich.

Gauland schließt seine Rede mit den Worten: »Sagen Sie Freunden und Bekannten, wie wichtig jede Stimme für uns ist. Dieser Wahlkampf wird furchtbar werden!«

Danach stimmen die AfD-Funktionäre auf der Bühne und die Zuhörer auf dem Marktplatz die Nationalhymne an. Doch sie treffen nicht die richtige Tonlage. So klingt die Hymne schief.

JÖRN UND KATRIN REICHENBACH

Jörn und Katrin Reichenbach wissen noch nicht, für wen sie bei dieser Bundestagswahl stimmen sollen. Sie gehen davon aus, dass Angela Merkel gewinnen wird – aus Mangel an Alternativen. Das Vertrauen der Reichenbachs in die SPD, in Martin Schulz, ist inzwischen aufgebraucht, ihre Kraft und ihr Elan erscheinen im Sommer 2017 erloschen. »Ich glaube nicht mehr, dass Schulz und die SPD die Interessen der Bürger vertreten und nicht die der Konzernlobbys«, sagt Jörn Reichenbach. »Es ist nur noch eine Frage der Zeit, bis die alten Parteien mit einem Schlag weggewischt werden«, glaubt er. »Vielleicht kommt dann einer wie Emmanuel Macron.«

Die Ratlosigkeit auf der einen und die Radikalität auf der anderen Seite erstaunen bei einer Familie wie den Reichenbachs. Auch sie klingen radikaler als vor ein paar Monaten. Fast zu radikal für ihre Lebenssituation und ihre Einkommensschicht. Etwas scheint aus dem Gleichgewicht geraten zu sein.

Ein warmer Juliabend. Kurz vor den großen Sommerferien. Am nächsten Tag wollen die Reichenbachs ein Straßenfest mit ihren Nachbarn feiern. Wie jedes Jahr. Jörn Reichenbach ist gerade von einer Geschäftsreise zurückgekehrt. Katrin Reichenbach sitzt in der Küche, sie sieht müde aus, unter ihren Augen liegen graue Täler. Sie hat Migräne. Die vergangenen zwei Wochen hat sie gearbeitet und war mit den Kindern allein. Zusätzlich besuchte sie noch eine Fortbildung, dafür musste extra Jörns Mutter aus Hannover zur Kinderbetreuung anreisen. Nun schauen Sophie und Konrad »Verstehen Sie Spaß« im Fernsehen.

Die Terrasse vor dem Haus ist jetzt fertig betoniert und umschließt das Gebäude wie eine Halskrause, drum herum wächst Rasen.

Gegenüber, auf dem einzigen Eckgrundstück, das noch nicht bebaut war, hebt ein Kran Betonplatten in die Luft, dort entstehen fünf neue Reihenhäuser. Jörn Reichenbach bedauert das sehr, sie werden ihm die Morgensonne nehmen. »37 Fenster sind jetzt schon auf uns gerichtet«, hat er gezählt. Im Garten können sie den Gesprächen der Nachbarn zuhören und die den ihren. Es gibt wenig, was die anderen nicht mitbekommen.

Katrin Reichenbach ist manchmal so erschöpft, dass sie nicht einmal mit ihrer Freundin im Nebenhaus sprechen mag. Sie hat ihre Stunden im Kindergarten reduziert auf drei Tage in der Woche. »Ich bin so durchgetaktet. Jörn ist einfach zu viel weg, da stoße ich an meine Grenzen.« Sie schmiert die Schulbrote, kocht, kauft ein, holt die Kinder ab, betreut sie am Nachmittag, macht den Haushalt und kümmert sich, wenn nötig, um Handwerker. »Ich hatte nie so das Bedürfnis, Karriere zu machen. Das ist in meinem Beruf auch nicht so möglich«, sagt sie.

Ganztagsschulen gibt es in der Nähe der Reichenbachs nicht, den Hort kann man buchen, für einen Tag in der Woche macht das 160 Euro im Monat.

Als die Kinder noch klein waren, kostete die Kita ganztags 528 Euro im Monat, das rechnete sich für Katrin Reichenbach nicht. Sie verdient 750 Euro. Und es ist sehr schwer, überhaupt einen Platz zu finden. In Stuttgart fehlen 3400 Kitaplätze für unter Dreijährige. Ein paar Dörfer weiter schließen die Kitas noch um 14 Uhr.

Seit 2016 arbeitet Katrin Reichenbach nun im Kindergarten. Dabei ist ihr aufgefallen, dass die Kinder mit ihren Wünschen und Bedürfnissen heute viel mehr im Mittelpunkt stehen. Das sieht sie auch an ihren eigenen Kindern. Wenn sie zum Geburtstag eingeladen werden oder selbst feiern, steigen die Ansprüche an die Feste immer höher – Paintball, Hallenbad mit Animateur, Bewegungsland, Trampolin- oder Bowlingcenter. »Ich finde das etwas krass«, sagt Katrin.

Zugleich beobachtet sie im Kindergarten, dass die Kleinen weniger Regeln lernen und es ihnen schwerfällt, Autoritäten wahrzunehmen und anzuerkennen. »Es gibt Kindern auch Sicherheit, wenn Eltern sich wie Eltern benehmen.« Katrin Reichenbach betreut acht Kinder. Viele können noch kein Deutsch, wenn sie zu ihr in die Gruppe kommen. Diese Herausforderung dürfe man nicht unterschätzen, sagt Reichenbach. »Wir haben auch Kinder, die gucken zu Hause den ganzen Tag Fernsehen.« Und ein Junge spielt bereits Kampfspiele auf dem Computer, die erst ab 18 Jahren zugelassen sind. Er imitiert diese Spiele dann in der Kita, und die anderen Kinder bekommen Angst. Als Erzieherin muss Katrin Reichenbach sehr diplomatisch mit den Eltern umgehen. Selbst wenn sie der Mutter dieses Jungen sagt, dass diese Spiele verboten sind und ihrem Sohn schaden und die Mutter ihr sogar zustimmt, hat Reichenbach nicht das Gefühl, dass sich danach etwas ändert. Eher bekommt sie den Eindruck, dass sie die Familien nicht richtig erreicht und die Konflikte nicht ausgetragen werden.

Katrin Reichenbach verstummt, sie schaut aus dem Fenster und sieht, wie ihr Nachbar in der Dämmerung mit einem Spaten Betonbrocken von seiner Grundstücksgrenze abträgt, die Gemeinde hat für die Gehwege zu viel Beton ins Erdreich gegossen, so dass man keinen Zaun mehr daraufsetzen kann.

Großen Unmut gab es im Viertel auch, als auf dem alten Spielplatz der Kinder ganz in der Nähe ein neuer Kindergarten gebaut werden sollte. Die Anwohner hätten diesen Spielplatz gern erhalten, weil es zu wenige in der Umgebung gibt. Katrin Reichenbach besuchte sogar eine Bürgerversammlung zum Thema. Aber am nächsten Tag stand nichts von der Kritik der Anwohner in der Lokalzeitung. »Die Journalisten haben nicht das wiedergegeben, was an dem Abend dort passiert ist«, sagt Katrin Reichenbach. Diese Erfahrung hat sie verunsichert.

Jörn Reichenbach liest jeden Tag *Spiegel online, FAZ, Süddeutsche Zeitung.* Ab und zu schaut er im Netz in den *Freitag* oder die *Nachdenkseiten* und hat festgestellt, dass er dort andere Informationen bekommt. Die Reichenbachs hegen keine Vorurteile gegenüber Journalisten und sind weit entfernt davon, Zeitungen und Nachrichtensendungen als »Lügenpresse« zu beschimpfen. Sie machen sich Gedanken über Widersprüche, die ihnen auffallen. Jörn Reichenbach ist in seinen schwarzen Ledersessel am Fenster versunken und sagt: »Der Westen erscheint oft doppelzüngig. Es heißt: Wir sind die Guten und bringen Frieden und Demokratie, aber gleichzeitig verkaufen wir Waffen an Saudi-Arabien. Wir Deutschen machen es ganz geschickt, nach außen hin geben wir die grünen Weltretter. Gleichzeitig sind wir einer der größten Waffenexporteure und der größte Braunkohleförderer der Welt. Wenn wir ganz ehrlich sind, müssten wir sagen, bei uns zählt der Profit, wir verkaufen unsere Waffen überallhin und verschmutzen die Umwelt mit billigem Braunkohlestrom.«

Auf Kongressen und Messen der Automobilbranche beobachtet Jörn Reichenbach oft, wie sich Politiker, auch die der Grünen, der Industrie andienen. Er beobachtet, wie der grüne Ministerpräsident, Winfried Kretschmann, erst gegen den Bahnhofsumbau »Stuttgart 21« kämpfte und schließlich im Amt das Milliardenprojekt doch nicht stoppen konnte. Er beobachtet, wie überlastet das Straßennetz in und um Stuttgart ist, so dass er schon mittags für wenige Kilometer bis ins Zentrum eine Stunde braucht; aber eine Fahrt mit der S-Bahn kostet in die Stadt 5 Euro 20. Er beobachtet, dass man mit Aktien auf Lebensmittel spekulieren kann, die gerade erst gepflanzt werden. Er beobachtet eine Welt, die sich zunehmend seinem Verständnis und seinem Einfluss zu entziehen scheint.

»In Stuttgart sind die Grundkosten, selbst wenn beide arbeiten, und wenn du nicht geerbt hast oder bei einem der großen Konzerne angestellt bist, kaum zu stemmen«, sagt Jörn Reichenbach. Zugleich stehen diejenigen, die in den Konzernen arbeiten, immer mehr unter Druck. Ein Mitarbeiter übernimmt immer mehr Aufgaben. »Die Arbeitsdichte ist höher geworden.« Unternehmen wie Bosch bieten zwar flexible Arbeitszeiten und *»inspiring working conditions«* mit schicken Liegesesseln zum Ausruhen und eben Cappuccino-Bars. Reichenbach kann das durchaus schätzen, er weiß, dass die meisten unter viel schlechteren Bedingungen arbeiten müssen.

»Die Leute sind trotzdem kaputter als früher«, sagt er. Weil die Konstanz fehlt. Wenn Investoren Geld verlieren, kündigen sie manchmal ihre Projekte. Dann ist plötzlich wieder Geld da und Jörn Reichenbach wird mit Arbeit überflutet. Es gibt Tage, an denen hat Reichenbach wenig zu tun und andere, an denen er bis in die Nachtstunden rotiert. Alles kann sich ändern. Ständig. An einem Tag werden die Mitarbeiter für ihre Erfolge gefeiert, und schon am nächsten werden sie wieder kritisiert. »Das Wasser ist unruhig, das spüren alle, und das stresst.«

Mit dem Umbau der Büros werden auch die eigenen Schreibtische abgeschafft. Jeder Mitarbeiter bekommt dann einen Spind, darin werden die persönlichen Dinge wie Bücher, Fotos, Trophäen, weggeschlossen. In Zukunft haben alle nur noch einen Laptop und Handys, auf denen Skype installiert ist, und sie setzen sich dorthin, wo gerade ein Platz frei ist und Kollegen arbeiten. Für Teambesprechungen mietet man Räume. Überall sollen Glaskästen entstehen, in denen man sich zu Konferenzen zurückziehen kann. Totale Flexibilität und Mobilität auch am Arbeitsplatz. Das heißt: Nichts erinnert mehr an den Menschen, der dort einmal saß. »Wenn gar nichts Privates da ist, hinterlässt man wenig Spuren«, sagt Reichenbach. Dann fühle es sich an, als sei man gekündigt worden. Die Botschaft, die das Unternehmen mit seinen *inspiring working conditions* auch sendet ist: Jeder ist austauschbar!

Aber je größer der Konzern ist, desto mehr Geld spart er damit. Manche Abteilungen werden in Zukunft brutal schrumpfen, andere brutal wachsen. Wenn es feste Schreibtische gibt, müssen ständig alle umziehen, Telefone müssen abgeklemmt, Tische umgebaut werden. Das fällt nun weg.

Auch der Dieselskandal wirkt sich direkt auf die Boschmitarbeiter aus. Wenn das Management Angst habe und der kleine Techniker in der Zeitung lese, der Diesel gehöre abgeschafft, werden weniger Menschen eingestellt. Manche Kollegen könnten nachts nicht mehr schlafen, sagt Reichenbach. Er selbst sorgt sich nicht allzu sehr, zumindest bemüht er sich, es so darzustellen. Er meint, er könne auch das Abgasverhalten von Hybridmotoren untersuchen. »Dass die ganze Welt innerhalb von zwanzig Jahren nur noch Elektroautos fährt, kann nicht klappen. Also habe ich bis zur Rente zu tun.«

Jörn Reichenbach drückt sich aus dem schwarzen Ledersessel hoch. Er sieht müde aus. Es ist kurz vor elf Uhr am Abend, die Kinder sind längst schlafen gegangen. Zuvor war Reichenbach in Spanien und Japan. »Wenn in Japan irgendwo ein Auto liegenbleibt, was bei Testautos öfter der Fall ist, verlieren die Entwickler das Gesicht«, sagt Reichenbach. Japaner, die ein liegengebliebenes japanisches Fahrzeug sähen, kauften es nie wieder. Das ist der Augenblick, in dem sich Katrin Reichenbach ins Bett verabschiedet. Sie hat schon eine ganze Weile nichts mehr gesagt und den Kindern versprochen am nächsten Vormittag, noch vor dem Straßenfest, mit ihnen Minigolf zu spielen.

Als Katrin Reichenbach ins Bett verschwunden ist, ertönt um 23 Uhr ein lautes Surren, dann gleiten automatisch die Außenjalousien hinunter. Es ist, als bestimme das Haus, wann die Reichenbachs schlafen gehen sollen. Die Doodle-Liste, wer was zum Fest mitbringt, ist abgearbeitet. Der Kuchen ist gebacken, und Jörn Reichenbach hat eine Stunde beim Metzger im Nachbarort angestanden, um vier verschiedene Sorten Würstchen zu besorgen.

Am nächsten Nachmittag stehen Bänke und Tische mit Torten, Keksen, Salaten und Würsten auf der Straße. Der Prosecco ist noch gefroren. Etwa vierzig Nachbarn sind mit ihren Kindern gekommen. Im Viertel existiert eine feine soziale Hierarchie. Zum Straßenfest sind nur die Familien aus den Einfamilienhäusern eingeladen, die aus den Mehrfamilienhäusern nicht. Als verlaufe da eine unsichtbare Trennlinie.

Die Männer und Frauen ähneln sich ein wenig. Sie tragen alle Jeans, T-Shirts und Sonnenbrillen, als habe die Kraft dafür, sich schick oder zurechtzumachen, nicht mehr gereicht. Nur ein junger Mann fällt auf, der Sohn von Reichenbachs Nachbarn. Er trägt einen Tunnel im Ohrläppchen und ein Oberteil, auf dem steht:

»*Fuck you bastard*«. In der Einfamilienhausidylle wirkt er wie eine Handgranate.

Fast alle anderen Nachbarn sind bei Bosch angestellt wie Jörn Reichenbach. Von außen betrachtet, geht es ihnen gut – Kinder, Job, Eigenheim. Trotzdem wirken die meisten erschöpft, graugesichtig, wenig neugierig. Als hätten sie keine Fragen mehr. So kommen die Gespräche nur mühsam voran. Und wenn doch eine Unterhaltung entsteht, geht es um die Häuser, die alle gebaut haben, und um die, die noch gebaut werden. »Was, zweihundertzwanzig Quadratmeter? Kommt da noch ein Kind?«, heißt es. Eine Frau erzählt, sie habe gerade zehntausend Euro für den Gartenbauer und ein Edelrost-Hochbeet gezahlt. Im nächsten Moment wendet sie sich an Katrin Reichenbach: »Was macht ihr eigentlich mit eurem Garten?«

Katrin Reichenbach hat darauf keine Antwort. Es ist die Frage, die die Reichenbachs inzwischen ein wenig fürchten. Sie haben keinen Zaun, keine Blumen oder andere Pflanzen, nur Rasen und die Halskrause aus Beton. Sie fahren dieses Jahr lieber in den Urlaub und für beides, Ferien und Garten, reicht ihr Geld nicht. Das mögen sie aber vor den Nachbarn nicht offenbaren. Es ist ein Leben wie auf einer Bühne, die soziale Kontrolle ist hoch, wer baut weiter, wer nicht, wessen Terrasse ist gelungen und wessen nicht, und wer konnte sich sogar einen Whirlpool leisten? Alles wird kommentiert und ausgewertet. Nach Festen wie diesem haben die Reichenbachs auch das Gefühl, sie müssten endlich beginnen, ihren Garten zu gestalten.

Jörn Reichenbach hat sich hinter den Grill zurückgezogen. Es sieht aus, als wolle er mit niemandem reden. Im Moment meidet er sogar den Smalltalk mit dem Gemüsehändler und geht stattdessen lieber schnell in den Supermarkt einkaufen. Dort spricht ihn keiner an, und er muss auch nichts erzählen. »Ist das jetzt der

Vorbote von einem Burnout?«, fragt er. Die Sonne brennt, er hält ein Bier in der Hand, die Würstchen bruzzeln vor ihm auf dem Rost, aber Jörn Reichenbach ist völlig geschafft.

THOMAS MATCZAK

In diesem Spätsommer 2017 erscheint auch Thomas Matczak am Ende seiner Kräfte. Er hat wieder ein paar Kilo zugenommen, er schafft es im Augenblick nicht zum Sport. In seinem Bereich, dem Staatsschutz, häufen sich die Fälle, sechs bis siebenhundert sind es nun im Jahr. »Es geht nur noch um Masse, Masse, Masse. Gute handwerkliche Arbeit ist kaum noch möglich«, sagt er. Der Anschlag des IS-Islamisten Anis Amri in Berlin hat die Sicherheitsbehörden in ganz Deutschland in Furcht versetzt. Und auf den Straßen Thüringens bekämpfen sich Linke und Rechte immer heftiger. »Es ist ein Gewaltexzess«, sagt Matczak. »Die würden sich totschlagen, wenn die Polizei nicht dazwischen stünde.« Wenn einer wie Thomas Matczak nicht dazwischen stünde. Er fühlt sich zunehmend zwischen den verschiedenen politischen Strömungen des Landes aufgerieben.

Zugleich beschreibt er den Zustand in seiner Dienstelle als »unhaltbar«. Wenn er darüber spricht, hebt sich seine Stimme. Matczak hat zu wenig Mitarbeiter. Eigentlich wären sie zu sechst, momentan sind aber nur zwei tatsächlich im Einsatz, Krankheitsausfälle können nicht aufgefangen werden.

Hinzu kommt, dass sich auf Matczaks Dienstelle zwei Kommissariate, also etwa 15 Kollegen, einen einzigen Rechner teilen, der

Internetzugang hat. Der ist fast immer besetzt. Matczak und seine Kollegen benutzen noch alte Nokia-Tastenmodelle als Diensthandys, die ebenfalls nicht internetfähig sind. Auf Demonstrationen oder Kundgebungen lässt Matczak sein Diensthandy gleich im Büro und recherchiert mit seinem privaten Smartphone kritische Symbole oder Liedtexte nach, bei denen er unsicher ist. »Ich kann ja schlecht einen Hefter auspacken. Steinzeit ist das«, schimpft er. Unter den Jenaer Polizisten kursiert der Witz, dass der finnische Handyhersteller nur ihretwegen überlebt.

Viel Zeit verbringt Matczak damit, parlamentarische Anfragen zu bearbeiten. Die Linke und die AfD überzögen die Landesregierung geradezu mit Fragen, sagt er. »Das ist eigentlich nicht meine Arbeit, aber wir als Behörde haben das zu beantworten.« Das Einsatzgeschehen habe exorbitant zugenommen: Aufmärsche, Demos, Wahlveranstaltungen. Ab und zu besucht Matczak auch die Bürgerdialoge der AfD. Dienstlich. Dabei hat er deren Thüringer Fraktionsvorsitzenden Björn Höcke schon öfter zugehört. »Für mich ist das ein rechter Populist. Ein geistiger Brandstifter«, sagt Matczak.

Aber Sympathie für die Linken hegt er ebenfalls nicht. Die lehnten jede Kooperation ab, redeten nicht mit den Beamten, wiesen sich nicht aus und unterschrieben nie etwas. Eine Totalverweigerung. Außerdem griffen sie Polizisten an, rotzten ihnen sogar ins Gesicht. »Was wir an Erniedrigungen und Beschimpfungen ertragen müssen, lässt mich zweifeln: Wie ist man als Polizeibeamter in der Gesellschaft noch akzeptiert?«

An diesem Spätsommermorgen führt Matczak durch sein Büro in der Jenaer Kriminalpolizei. Sein Kommissariat K4 liegt im Erdgeschoss. Früher war in dem Gebäude einmal eine Gießerei. Es wurde saniert und 2016 neu eröffnet. Neben dem Fenster in Matczaks Büro liegt eine Tabelle, darin notiert Matczak die aktuellen Zimmertemperaturen. Die Sonne fällt direkt auf sein Büro. An diesem Tag liegt die Temperatur bei 31,8 Grad, sie erreicht an den meisten Tagen mehr als 30 Grad. So versucht Matczak, den Nachweis zu führen, dass er eine Klimaanlage braucht. In den oberen Etagen existiert eine, nur im Erdgeschoss wurde gespart. Wenn Matczak aus dem Fenster schaut, fällt sein Blick direkt auf eine Mauer. An der Wand hängt ein goldenes Schwert. Matczak hat es bei einem Polizeiaustausch in den neunziger Jahren in Damaskus geschenkt bekommen. Damit ist er einer der wenigen Polizisten, die die Heimat der meisten Flüchtlinge zumindest schon einmal besucht haben. In seinem Zimmer herrscht Chaos, Akten stapeln sich auf Tischen, Stühlen und Schränken.

Thomas Matczak sagt, er gehe nach dem »Häufchen-Prinzip« vor, weil die Arbeitsbelastung so hoch sei und jeden Tag neue Fälle hinzukämen. Er teilt die Häufchen ein in: »wichtig«, »weniger wichtig« und »kann liegen«. Aber wenn der »wichtige« Haufen nie abnimmt, werden einige Fälle gar nicht mehr bearbeitet. Die liegen dann als Aktenleichen in Kisten begraben. Gerade vor der Bundestagswahl nehmen Propagandadelikte und politisch motivierte Sachbeschädigungen und Körperverletzungen zu.

Auch an diesem Morgen ist Thomas Matczak noch etwas erschöpft vom Vortag, an dem eine große Wahlkampfkundgebung der AfD auf dem Jenaer Marktplatz stattfand. Bis Mitternacht war Matczak im Einsatz. AfD-Spitzenkandidatin Alice Weidel und Stephan Brandner, der Thüringer AfD-Bundestagskandidat, traten auf. Die Jenaer Innenstadt wurde komplett abgesperrt, es fuhren auch keine öffentlichen Verkehrsmittel mehr. Polizisten aus Thüringen, Sachsen und Niedersachsen waren angereist. »Früher reichten Gitter bei Demos. Jetzt müssen wir einen Korridor von fünf bis sechs Metern schaffen, um Demonstranten und Gegendemonstranten voneinander fernzuhalten.«

Ein paar hundert AfD-Anhänger zogen durch die Straßen und etwa eintausend Gegendemonstranten. Matczak stand am Rand des Aufzugs und hörte die Parolen: »Hier regiert der nationale Widerstand«. Dass auch das antisemitische Lied »Wir bauen eine U-Bahn bis nach Auschwitz« gesungen wurde, erfuhr er erst im Nachhinein. Aber er verfolgte Brandners Rede: Der AfD-Kandidat suggerierte Inzest und Sodomie bei den AfD-Gegnern und forderte 35 Jahre Gefängnis für die Kanzlerin. Als ein Polizeihubschrauber über der Kundgebung kreiste, rief er: »Kann den mal einer abschießen!?«

Diesen Satz kann Matczak auch einen Tag später noch nicht fassen. Da weiß er noch nicht, dass ebendieser Stephan Brandner schon bald im Bundestag sitzen und den Rechtsausschuss leiten wird. »Was die gestern dort auf der Bühne erzählt haben, war primitiv«, sagt Matczak. »Diese Angstmacherei!« Ähnlich wie für diejenigen, die an Hitlers Geburtstag oder am Tag der Pogromnacht mit Fackeln durch Jena ziehen, hat Matczak für sie nur einen Satz: »Da fehlt mir jedes Verständnis!«

Zugleich erzählt er von mutmaßlich Linksextremen, die Wahlkreisbüros der AfD verwüsten und deren Mitarbeiter attackieren. Zum Beispiel die Assistentin einer Jenaer AfD-Landtagsabgeordneten: Sie wurde auf der Straße von drei Männern körperlich attackiert. »Das Opfer war eine junge, schmale Frau«, sagt Matczak.

Toleranz oder auch nur Akzeptanz der Existenz des politischen Gegners scheinen in diesen Tagen absolut unmöglich geworden zu sein.

Wahlplakate werden heruntergerissen, beschädigt oder verbrannt. Die AfD liegt dabei in der persönlichen Verlust-Statistik von Matczak vorn. Und jedem einzelnen Fall muss er nachgehen.

In seinem Büro zählt Thomas Matczak die Taten auf, die ihn in den vergangenen Monaten am meisten beschäftigt haben, oder die in dieser Form neu für ihn sind. Die Beleidigungsdelikte etwa sind massiv angestiegen.

Zum Beispiel Jena-Ost: Dort befindet sich eine Containerunterkunft für Flüchtlinge. In einer Reihe wohnen Syrer, in der anderen Afghanen. Eine syrische Frau wollte in der Küche der Afghanen kochen. Das führte zu einer Auseinandersetzung. Am Ende schlugen sich die Männer und einer blieb blutüberströmt und mit einer Platzwunde zurück.

Zum Beispiel der Mordversuch an einem Jesiden: Ein junge jesidische Frau um die 18 aus dem Irak freundet sich mit einem 19-jährigen Jesiden an. Die junge Frau lebt in einer Jenaer Asylunterkunft, er in einer eigenen Wohnung. Eines Morgens klingelt sie an seiner Tür. Sie trinken gemeinsam einen Tee und gehen dann spazieren. In einem Park in Jena-Lobeda sagt die Frau zu dem jungen Mann, sie habe eine Überraschung für ihn und hält ihm die Augen zu. Von hinten wird dem jungen Mann nun von einer weiteren Person eine Wäscheleine um den Hals gelegt. Er wird gewürgt, zweimal mit einem Messer in den Rücken gestochen und schließlich in die Saale gestoßen. Der mutmaßliche Täter ist der Onkel des Mädchens. Das Mädchen wird verhaftet und kommt in Untersuchungshaft.

Matczak hat an dem Wochenende Bereitschaft, er und seine Kollegen suchen einen Dolmetscher, der den seltenen Dialekt der Jesiden aus dem irakischen Sindschar-Gebirge spricht. Sie finden einen Wachmann in Erfurt. Später ziehen das Mädchen, aber auch das Opfer ihre Aussagen zurück. Beide behaupten nun, sie kennen den Täter nicht. Der Onkel kann verschwinden. »Das liegt jenseits meiner Vorstellungskraft. Da will mich einer erstechen, und ich decke den Täter? Was ist das denn?«, fragt Matczak ratlos. »So etwas hatten wir hier noch nie!«

Zum Beispiel »IS«-Terror: In Matczaks Büro liegen mehrere

DVDs. »Radikal – Extremismus, Propaganda und Medienkompetenz« steht darauf. Das ist Unterrichtsmaterial für Schüler ab der achten Klasse, Matczak verteilt es ab und zu. Und er verfügt nun auch über einen Radikalisierungsfragebogen, der von Islamwissenschaftlern ausgearbeitet wurde, mit den klassischen Fragen nach dem Umgang mit Zigaretten, Alkohol und Frauen.

In Syrien verliert der »Islamische Staat« allmählich an Macht und Boden. Von den etwa eintausend deutschen Islamisten, die seit 2013 nach Syrien oder in den Irak zum »IS« ausreisten, sind ungefähr ein Drittel wieder zurückgekehrt. Nun sind eher diejenigen ein Problem und eine Gefahr, die sich in Deutschland radikalisieren. In Jena gibt es nur wenige Muslime und nur zwei Gebetsräume. Thomas Matczak hat sie noch nie betreten, sie nur manchmal von außen observiert. Wenn er darüber redet, klingt es, als spreche er über eine andere Spezies. Das erscheint ihm alles sehr fremd. Matczak versteht die Predigten nicht und glaubt, er habe dort überhaupt keinen Zutritt. »Ein Gebetsraum an sich ist ja nichts Schlimmes. Man darf Muslime nicht per se verdächtigen.«

Trotzdem hat Matczak jetzt immer wieder mit Islamismus und Terror zu tun. Es ist eine fortwährende Gratwanderung zwischen Panik und Gelassenheit. Vor kurzem hat eine Frau der Polizei einen Hinweis gegeben: Sie hatte beobachtet, wie ein »südländisch aussehender« Mann zehn Flaschen Chlorreiniger im Drogeriemarkt Rossmann kaufte. Der war dort im Angebot. Erst später stellten Matczak und seine Kollegen fest, dass man mit zehn Flaschen Chlorreiniger einiges machen kann, aber keine Bomben basteln.

Zum Beispiel Jugendbanden: Seit Monaten treffen sich mehrere junge Syrer, Afghanen und Iraker in Parks und auf Jenaer Plätzen. Sie prügelten sich fast jede Nacht, sagt Matczak, oft gehe es dabei um Rauschgift. Einige von ihnen sitzen nun in Haft. »Die

Migranten verhalten sich oft respektlos gegenüber der Polizei. Das stört mich. Ich weiß nicht, ob sie in ihren Herkunftsländern auch so mit den Beamten umgehen wie mit uns.« Für Thomas Matczak ist es nach wie vor neu, dass sich das Jenaer Straßenbild seit 2015 etwas verändert hat. »Wenn eintausend Menschen dazukommen, sieht es anders aus.« In Berlin und im Ruhrgebiet kenne man das schon, in Ostdeutschland müsse man sich noch daran gewöhnen. Matczak hat nicht einen Kollegen mit »Migrationshintergrund«.

Überhaupt sorgt sich Matczak um das Personal. Durch den demographischen Wandel werden viele Polizisten in den nächsten Jahren in Pension gehen, aber ihre Stellen werden nicht mehr besetzt. »Wir werden immer weniger Beamte. Das macht mir bei unserer Arbeitsbelastung Angst.« Jeden Montag sagt Matczak auf der Dienstbesprechung: »Schauen wir mal!« Und hofft, dass er und seine Kollegen einigermaßen die Woche überstehen.

Rufdienste und Bereitschaft an den Wochenenden, sechzig Überstunden wird Matczak schon jetzt ins neue Jahr nehmen. Die werden nicht bezahlt. Er bekommt auch kein Weihnachts- und kein Urlaubsgeld, aber als Beamter im gehobenen Dienst verdient Matczak viertausend Euro netto im Monat. »Dafür trage ich meine Haut zu Markte. Der Respekt uns gegenüber hat nachgelassen«, sagt er. »Aber ich mag meinen Beruf. Ich habe mit allen Gesellschaftsschichten zu tun.«

Thomas Matczak verlässt sein Büro. In der Garage steigt er in seinen neuen Dienstwagen, ein dunkelblauer Golf, im Handschuhfach ruht das Funkgerät. Die Sonne scheint, Matczak fährt durch Jena. Da sieht er neben einer Laterne ein heruntergerissenes Wahlplakat des FDP-Spitzenkandidaten Christian Lindner liegen. Er notiert es sich. Wen wird er eigentlich selbst wählen? Matczak schweigt eine Weile, dann sagt er: »Ich war in den letzten zwanzig Jahren Schwarzwähler. Ich bin für die Konservativen, für diejenigen, die etwas für die Polizei tun. Diesmal beobachte ich den Markt noch. Aber wahrscheinlich wähle ich wieder die CDU.«

Matczak gelangt ins Gewerbegebiet. Er deutet auf ein Gebäude der Ernst-Abbe-Hochschule, dort wurde vor kurzem eingebrochen und zwei Oszilloskope, elektronische Messgeräte für elektrische Spannungen, wurden gestohlen.»So etwas stellst du dir nicht ins Haus. Das war ein Auftrag.« Die Gebäude von Jenoptik tauchen zwischen den Hügeln auf, moderne Architektur, künstliche Seen. Alles erscheint idyllisch: Jena hat quasi Vollbeschäftigung. Die Arbeitslosigkeit liegt bei knapp fünf Prozent. Menschen sonnen sich auf Restaurantterrassen und essen zu Mittag. »Hier sitzt die ganze Welt«, sagt Matczak. Auch er verbringt dort manchmal die Mittagspause mit seiner Freundin. Die beiden sind nun zusammengezogen in Matczaks Haus.

Eigentlich könnte alles gut sein. Aber Matczak schaut zwischendurch immer wieder auf sein Handy. Ab und zu zieht er den Kopf ein wenig ein, als sei er auf der Hut. Er wirkt angespannt. »Ich verspüre Druck, dass der Thüringer Polizei so etwas wie mit Anis Amri in Berlin passiert. Ich habe Angst, dass mir so einer mal aufgrund der Arbeitsbelastung durchrutscht. Einer, den man schon auf dem Schirm hatte, aber bei dem man die Zeichen nicht richtig deutet. Und hinterher heißt es dann wieder: Behördenversagen. Diese Befürchtung habe ich. Mit diesem Rucksack stehe ich jeden Tag auf.«

ALEXANDER GAULAND

18. September 2017, AfD-Bundespressekonferenz, Berlin, und
21. September 2017, Restaurant Il Teatro, Potsdam

Noch eine knappe Woche bis zur Bundestagswahl. Alexander Gauland läuft mit seinem Referenten zum Haus der Bundespressekonferenz in Berlin. Gleich wird die AfD ihre letzte Pressekonferenz vor der Wahl zu den Themen »Islam und innere Sicherheit« veranstalten. Damit werben er und seine Partei um die Stimmen von Soldaten und Angestellten der Sicherheitsbehörden. Um Menschen wie Thomas Matczak. Sechshundert Journalisten haben sich angemeldet, einhundertfünfzig Plätze gibt es.

Es sind turbulente Monate für Alexander Gauland. Weitere Freunde haben sich von ihm abgewandt. Und er hat es gleich zweimal geschafft, die gesamte Republik mit seinen Sätzen zu beherrschen.

Vor knapp drei Wochen, Ende August, griff er bei einer Wahlkampfveranstaltung im Eichsfeld die Integrationsbeauftragte der Bundesregierung, Aydan Özoğuz, an. Gauland hatte sich schon zuvor über eine Äußerung von Özoğuz empört, die gesagt hatte: »Eine spezifisch deutsche Kultur ist, jenseits der Sprache, schlicht nicht identifizierbar.« Auf der Bühne schlägt Gauland nun zurück:

»Das sagt eine Deutschtürkin. Ladet sie mal ins Eichsfeld ein und sagt ihr dann, was spezifisch deutsche Kultur ist.« Und er geht weiter: »Danach kommt sie hier nie wieder her, und wir werden sie dann auch, Gott sei Dank, in Anatolien entsorgen können.« Das Publikum jubelt. Danach wird Gauland wegen Volksverhetzung angezeigt.

Jetzt sagt er dazu: »Im Nachhinein bin ich froh, dass ich das gesagt habe, sonst wären Özoğuz' dämliche Äußerungen nie diskutiert worden. Erst als ich sie entsorgen wollte, redete man darüber. Es bedarf einer Provokation, damit man wahrgenommen wird. Das Wort ›entsorgen‹ gibt es dutzendfach in politischem Sprachgebrauch, auch Sigmar Gabriel wollte die Regierung Merkel schon ›rückstandsfrei entsorgen‹. Aber nur, wenn ich es sage, ist es menschenverachtend, bei allen anderen nicht.«

Kurz darauf legt er nach.

Anfang September in Thüringen, beim Kyffhäusertreffen des rechten Flügels seiner Partei, steht Alexander Gauland auf der Bühne und trägt die Krawatte mit den aufgedruckten Hunden, die später als Jagdhund-Krawatte der Wahlnacht bekannt werden wird. Wie bei einer Universitäts-Vorlesung doziert er mit zur Nasenspitze vorgerückter Brille über die Goethe-Zeit. Das Publikum ist sehr still. Erst als er wieder gegen Özuğuz austeilt, bekommt er Applaus: »Sie steht geistig vor dem Nichts!«

Dann wendet er sich den Soldaten und der Vergangenheit zu. Wieder geht es um die Verbrechen der »zwölf Jahre«. Es fällt auf, dass er und die anderen AfD-Politiker immer nur von »diesen zwölf Jahren« sprechen, und nicht vom Nationalsozialismus. Als handele es sich um etwas Unaussprechliches. Es hört sich an, als sei auf einmal eine unbekannte Krankheit über das Land hereingebrochen und als hätte nicht eine klar ausformulierte Ideologie über die Menschen geherrscht. Die Formel »zwölf

Jahre« ist nur eine formale Beschreibung der Dauer, nicht eine des Inhalts. Offenbar liegt hier eine Grenze des Sagbaren für die AfD. Auf dem Kyffhäusertreffen sagt Gauland nun:»Diese zwölf Jahre betreffen unsere Identität heute nicht mehr.« Das ist erstaunlich, wenn man bedenkt, wie sehr er selbst sich daran abarbeitet und wie sehr er stets die vermeintliche »Geschichtsvergessenheit« der Deutschen beklagt. Warum sollte ausgerechnet die Zeit des Nationalsozialismus die deutsche Identität nicht mehr betreffen? Aber dieser Satz ist nur die Vorbereitung für den nächsten Teil der Rede, der sich direkt an die Bundeswehr richtet: »Wir haben das Recht, stolz zu sein auf die Leistungen deutscher Soldaten in zwei Weltkriegen.«

»Bravo«-Rufe erklingen und die Menge skandiert:»Gauland, Gauland!« Über Gaulands Gesicht geht ein Lächeln, ganz flüchtig, aber es prägt sich ein. Wie oft hat er diesen öffentlichen Beifall und Zuspruch wohl in den vergangenen Jahrzehnten in der zweiten Reihe erlebt? Vielleicht ist die Antwort darauf, was ihn antreibt, denkbar einfach?

Es gibt wohl kaum einen Satz, mit dem Alexander Gauland sich weiter von seinen alten Freunden, von seinem bürgerlich-intellektuellen Milieu entfernt. Fast scheint es, als bereite es ihm eine Art masochistische Lust, sich von seinen früheren Wegbegleitern loszusagen, die Brücken zu seiner einstigen Existenz einzureißen. Für viele ist er spätestens ab diesem Moment schlicht ein Rechtsextremer. Es fällt schwer, sich danach noch mit ihm zu verständigen.

Mehrere dieser Wegbegleiter sind nun bemüht, sich auch öffentlich von ihm zu distanzieren. In der *Welt* schreibt Thomas Schmid schon kurz vor dem Kyffhäusertreffen über Gauland als den »Demolition Man« und bricht öffentlich mit ihm. Gauland wird Thomas Schmid, ähnlich wie Peter Stoltzenberg, von nun an in jedem weiteren Gespräch erwähnen. Er registriert durchaus, was um ihn herum geschieht, und es trifft ihn anscheinend mehr, als er selbst wahrhaben mag. Schmid und Gauland kennen sich nach Gaulands Erinnerung seit 1987, Schmid war einst im Sozialistischen Deutschen Studentenbund (SDS) und einer der Gründer der linksradikalen Gruppe Revolutionärer Kampf (RK) gewesen, gemeinsam mit Joschka Fischer und Daniel Cohn-Bendit. Ein 68er. Später wurde er Journalist und Herausgeber der *Welt*. Als Gauland in der hessischen Staatskanzlei in Frankfurt arbeitete, unterhielt er auch zu den linken Intellektuellen der Stadt gute Verbindungen. Gauland empfand das offensichtlich immer als geistige Bereicherung. Nun kann er es nicht fassen, dass ausgerechnet Schmid nicht mehr mit ihm reden mag. »Und das von einem, der mal zu den führenden Figuren des Linksextremismus gehörte. Wenn ich damals auf das, was er sagte, so reagiert hätte ...«, sagt Gauland und bricht ab. »Ich war damals sehr viel toleranter zu denen, als die jetzt zu mir.« Gauland und Schmid hatten sich über die Jahrzehnte hinweg ein paar Mal im Jahr zum Essen getroffen. Bis jetzt. Jetzt sagt Thomas Schmid nicht Gauland seine Meinung, sondern teilt sie der Öffentlichkeit mit.

Gaulands Satz über die deutschen Soldaten wird auch gleich auf der Pressekonferenz in Berlin wieder eine Rolle spielen. Er wird Gauland von nun an immer begleiten.

Zuvor trifft er sich im Café mit Roman Reusch, einem Berliner Staatsanwalt, der wegen seiner kritischen Aussagen zu jugendlichen Intensivtätern mit Migrationshintergrund bekannt wurde. Auch Michael Henkel, ein Politikwissenschaftler, der für die AfD eine Broschüre über den Islam verfasst hat, wird dabei sein. Die Partei verteilt Henkels Broschüre nun kostenlos. »So viele Bücher habe ich sonst nie verkauft«, sagt Henkel.

Gemeinsam warten sie auf Gaulands Co-Spitzenkandidatin

Alice Weidel. Als sie schließlich im Café erscheint, umarmen sich Gauland und sie. Weidel trägt einen dunklen Anzug und weiße Turnschuhe dazu. Sie könnte auch eine hippe Start-up Firma leiten. Gauland und sie sind ein ungleiches Paar. »Sie ist das Gesicht der Zukunft. Ich bin es nicht«, hat Gauland einmal gesagt. Ohne die neue Partei wären sich die beiden vermutlich niemals begegnet.

Alice Weidel ist schlechter Laune, zischt die umstehenden Mitarbeiter an, die Pressekonferenz sei schlecht vorbereitet. Es gebe nichts Neues, keine Zahlen, keine Schlagzeilen. Gauland schweigt dazu.

Später ist der Saal überfüllt und die Luft stickig. Vor dem Podium bilden Fotografen und Kameraleute eine Wand und verdecken die Redner. Alle warten auf den nächsten skandalösen oder zumindest zweideutigen Satz der AfD-Spitze.

In Deutschland steigen die Miet- und Immobilienpreise in den großen Städten, immer mehr Menschen haben aus Geldnot mindestens zwei Jobs, jedes fünfte Kind ist arm und bleibt es auch. Keines dieser Themen wird von der AfD angesprochen oder aufgenommen. Trotzdem liegen die Wahlprognosen bei einem zweistelligen Ergebnis für die Partei.

Alexander Gauland liest diesmal vom Blatt ab: Der Islam sei eine eminente Herausforderung für den Frieden des Landes. Er richte sich gegen Juden und Homosexuelle. Der Staatsanwalt Reusch ergänzt, dass die deutschen Behörden nicht wüssten, was in den Moscheen geschehe. Die AfD fordere, dass »wertefeindliche Moscheen« geschlossen werden, dass sie ihre Finanzen offenlegen, dass die Imame sich zum Grundgesetz bekennen müssen. Und die Partei kämpfe für ein allgemeines Verbot der Vollverschleierung in der Öffentlichkeit. Damit ist der Islam abgehakt.

Alice Weidel übernimmt das Thema innere Sicherheit, diese erodiere. Ihre Stimme hebt sich, das Tremolo der Empörung. Parks und Schwimmbäder seien für Frauen zu Risikoräumen geworden. Die Polizei sei durch den Personalabbau ausgezehrt, dadurch entstünden in Deutschland Gebiete, in denen sich homosexuelle Paare nicht mehr auf die Straße trauten. »Für meine Lebensgefährtin und mich gibt es *No-go-Areas*«, sagt Weidel. Das ist sehr clever arrangiert. Alice Weidel bedient eine Forderung der Linken – Schutz und Rechte für Homosexuelle – und verbindet sie mit ihren persönlichen Erfahrungen. Dagegen kann man schwer argumentieren. So bringt sie die versammelten Journalisten erst einmal zum Schweigen.

Schließlich fragt eine Reporterin: Wo genau diese *No-go-Areas* lägen? »Durch muslimische Problemviertel wie Neukölln können ich und meine Lebensgefährtin nicht mehr gehen«, antwortet Weidel.

Danach setzt sich Roman Reusch dafür ein, das Alter der Strafmündigkeit auf zwölf Jahre zu senken. Was es bringen soll, Kinder einzusperren, erklärt er nicht. »Jeder, der vom Fach ist, weiß, dass die ausländerbedingte Kriminalität zugenommen hat. Kirsten Heisig musste dafür sterben.« Reusch müsste wissen, dass seine ehemalige Kollegin, die Jugendrichterin Kirsten Heisig, die mit kritischen Äußerungen zum Thema Ausländerkriminalität bekannt geworden ist, unter Depressionen litt und sich das Leben genommen hat.

Nach wie vor hält sich die Verschwörungstheorie, Heisig sei von ausländischen kriminellen Clans umgebracht worden. Und Reusch bedient sie. Keiner der Journalisten korrigiert diese Aussage. Sie bleibt als Fakt stehen. Das ist einer der Augenblicke, in dem sich die Technik der AfD offenbart: Durch eine Melange aus Tatsachen, Halbwahrheiten und Lügen, die kaum einer im Einzelnen sogleich nachzuprüfen oder auseinanderzuhalten vermag, Furcht zu entfachen. Reusch produziert dann auch die einzige Schlagzeile der Pressekonferenz. Er fordert, kriminelle Ausländer außer Landes zu schaffen und Gefängnisse in Drittstaaten zu errichten. Unter deutscher Führung. Wer sollte dazu bereit sein? »Das ist eine Frage des Geldes«, sagt Reusch. »Wir wollen die Gefangenen nicht in der Wüste aussetzen. Wir wollen sie nur auslagern.« Daraufhin stellt ein Journalist die Frage, ob die AfD rechtsextrem sei. Da kann Gauland nur lächeln. Ein Gericht habe gerade entschieden, die AfD dürfe nicht als rechtsextrem bezeichnet werden. Ein französischer Reporter flüstert: »Er ist ein Opa. Aber ihre Stimme macht Angst«, und deutet auf Alice Weidel. Insgesamt ist es eher still in dieser Pressekonferenz kurz vor den Wahlen, es scheint, als seien die Journalisten bereits ein wenig ermattet.

Nachher geben Gauland und Weidel im Atrium weitere Interviews. Da geht es um Gaulands Aussagen zur Wehrmacht und den Stolz auf die Leistungen der Soldaten im Zweiten Weltkrieg. Besonders die ausländischen Journalisten fragen sehr kritisch nach. »Es hat Leistungen des individuellen Mutes gegeben bei den deutschen Soldaten. François Mitterand hat am 8. Mai 1995 exakt das gesagt«, erklärt Gauland einem niederländischen Journalisten. »Können Sie sich vorstellen, wie das in Russland oder England ankommt?«, fragt der Journalist. Und: »Finden Sie, es gibt individuelle Leistungen des Mutes in einem Angriffskrieg?« Gauland: »Ja, natürlich!« Der Journalist fragt noch einmal nach: »Mut in einem Angriffskrieg?« Nun wird Gauland etwas ungeduldig: »Von 19 Millionen Soldaten waren 250000 Verbrecher. Das sind nicht mal fünf Prozent. Der einfache deutsche eingezogene Soldat war es nicht. Er handelte in dem Glauben, das Vaterland zu verteidigen.« Im Atrium ist es sehr heiß, die Sonne brennt auf das Dachfenster und heizt den Raum auf. Gauland sieht geschafft aus, seine Haare kleben am Kopf, immer wieder streicht er sie zur Seite, sein Blick ist flattrig.

Ein paar Tage nach der Bundespressekonferenz, beim Essen im Potsdamer *Il Teatro*, sagt Gauland, dass es reiner Zufall gewesen sei, dass er diesen Satz über Wehrmacht, Soldaten, Mut und Stolz gerade auf dem Kyffhäusertreffen des rechten Flügels seiner Partei gesagt habe. Gauland schrieb die Rede am Vorabend des Treffens in einem Hotel bei einem Glas Rotwein. Sein Mitstreiter Lars Hünich habe ihm gegenübergesessen und sich gewundert, wie schnell das bei ihm gehe, sagt Gauland. Die »Wehrmachtsgeschichte« sei ihm »aus dem Kugelschreiber geflossen«. Er habe die Goethe-Zeit mit Özoğuz verbinden wollen. Fast alle Parteien redeten in ihren Wahlprogrammen nur von »den Menschen« und nicht von »den Deutschen«. »Wir sind aber die Partei der Deutschen«, sagt Gauland. »Und ich wollte einen Satz sagen, der sich an die Bundeswehrangehörigen richtet.« Er habe das überhaupt nicht als Tabubruch geplant oder eingeschätzt. Seine Rede sei dann auch bejubelt worden, allerdings hätten ihn Björn Höcke und Jörg Meuthen schon kurz danach gewarnt: »Das fliegt uns um die Ohren.«

Im *Il Teatro* meint Gauland nun erneut: »Ich verstehe die Aufregung nicht, Mitterrand hat dasselbe gesagt.« Der französische Präsident François Mitterand hat am 8. Mai 1995 tatsächlich eine sehr persönliche Rede zum fünfzigsten Jahrestag des Endes des Zweiten Weltkriegs im Berliner Konzerthaus am Gendarmenmarkt gehalten und dort unter anderem gesagt: »Ich bin nicht gekommen, um den Sieg zu feiern, über den ich mich 1945 für mein Land gefreut habe. Ich bin nicht gekommen, um die Niederlage herauszustellen, weil ich wusste, welche Stärken das deutsche

Volk hat, welche Tugenden, welchen Mut, und wenig bedeutet mir seine Uniform und auch die Vorstellung in den Köpfen dieser Soldaten, die in so großer Zahl gestorben sind. Sie waren mutig. Sie nahmen den Verlust ihres Lebens hin. Für eine schlechte Sache, aber ihre Taten hatten damit nichts zu tun. Sie liebten ihr Vaterland. Das muss man sich klarmachen.« Mitterand spricht von individuellem Mut, nicht von Stolz. Es ist die Rede eines Mannes, der einst auf der anderen Seite stand. Eine Geste der Versöhnung eines ehemaligen Feindes. Und es ist nicht dasselbe, ob Mitterrand das sagt oder Alexander Gauland. Das weiß Gauland sehr genau.

Vor dem Fenster des Restaurants in Potsdam tauchen ein Mann und eine Frau auf, sie stellen sich direkt vor die Scheibe, hinter der Gauland und die Autorin sitzen. Sie halten ein Plakat in den Händen, darauf steht:»Ein Grund, die AfD nicht zu wählen: Anstand.« Stumm laufen sie an der Fensterfront entlang, damit alle Gäste sie sehen können. Gauland schaut kurz zu ihnen, dann isst er scheinbar ungerührt weiter. Auch die anderen Gäste blicken hin, aber niemand reagiert.

Solche Dinge passieren Gauland nun öfter. Im brandenburgischen Beelitz etwa wollte Gauland mit seiner Lebensgefährtin in einem Sterne-Restaurant essen gehen. Sobald der Chef des Lokals ihn erblickt habe, sei er auf ihn zugestürzt und habe ihn aufgefordert, das Restaurant zu verlassen. Er habe nicht die Absicht, ihn zu bedienen und Gauland solle auch allen berichten, dass er ihn nicht bedient habe.

Alexander Gauland erzählt das alles freimütig, fast ein wenig amüsiert. Für ihn sind das Beweise, wie gering hierzulande die Meinungsfreiheit, die Debattenkultur geschätzt werden. Er weigert sich weiterhin, die Tatsache anzuerkennen, dass auch er als politischer Akteur handelt, dessen Partei ein ganzes Land unter

Druck setzt, der dieses Land verändert – mit oft sehr schlichten, aufhetzenden, bisweilen dumpfen Wahlkampfthesen.

Nun geht es noch einmal um die Frage des Stolzes: Worauf sollten Soldaten, die Teil eines Angriffskrieges waren, stolz sein können? Gauland redet jetzt von individueller Tapferkeit, vermischt Kriegs- und Nachkriegszeit, den Ersten und den Zweiten Weltkrieg: Gerade weil die Deutschen ihre Verbrechen aufgearbeitet hätten, sich intensiv mit ihrer Vergangenheit beschäftigt hätten, hätten sie das Recht, stolz zu sein. Auch wenn die Führung verbrecherisch gewesen sei. »Mein Vater hat vier Jahre im Dreck des Ersten Weltkriegs gelegen. Wir können doch auf viele Millionen Deutsche, die glaubten, ihr Land zu verteidigen, stolz sein. Ich war vier Jahre alt, als sich Hitler umbrachte.« Seine Generation bleibe dieser Zeit historisch verbunden. Wie seltsam unangebracht das Wort Stolz hier ist, weiß Gauland. Wie bitte soll man stolz sein auf jemanden, der in einem verbrecherischen Krieg kämpfte, der sechzig bis siebzig Millionen Opfer forderte? Auch oder gerade wenn der, wie Gauland es nennt, nur seine Pflicht erfüllt hat. Am Ende gibt Gauland zu, dass man über den Begriff Stolz verschiedener Meinung sein könne. Aber da ist es zu spät, das Wort ist bereits in der Welt. Diejenigen, die es hören wollen, haben es deutlich vernommen. Die Grenze des Sagbaren wurde wieder ein wenig verschoben. Und wieder sagt Gauland den Satz: »Wenn die Umfragen stimmen, hat uns das nicht geschadet.« Damit macht er sich das Argument zu eigen, das er bei Angela Merkel kritisiert: Ihr wirft er vor, sich stets nur nach den Umfragen zu richten.

Angesichts des zu erwartenden Erfolges der AfD reagieren die anderen Parteien immer nervöser. CDU-Kanzleramtsminister Peter Altmaier sagt in einem verunglückten Interview mit der *Bild*-Zeitung, es sei besser, nicht zu wählen als die AfD. SPD-Außenminister Sigmar Gabriel warnt vor Nazis, die bald am Rednerpult des Bundestages stehen könnten. Selbst die AfD-Parteivorsitzende, Frauke Petry, zeigt Verständnis dafür, dass Wähler von den Aussagen Gaulands und Weidels entsetzt sein könnten. Gauland weiß nicht, was seine Vorsitzende treibt, er hat keinen Kontakt zu ihr. »Man fällt nicht den eigenen Leuten auf den letzten Metern im Wahlkampf in den Rücken«, sagt er. »Das macht man nicht, das ist illoyal.«

Auch wenn er mit Petry übereinstimmt, dass die Partei nun auch auf die bürgerliche Mitte setzen müsse. »Die rechten Wähler haben wir, rechts können wir nichts mehr gewinnen.« Aber die AfD dürfe nicht den Kontakt zur Bewegung auf der Straße verlieren, die gegen Merkel protestiert. Für eine konservative Partei wie die CDU vor zwanzig Jahren sei kein Platz. »Unsere Wähler sind in Dresden.« Deshalb hat er den Radikalkurs eingeschlagen. Gauland zielt auf die Wütenden, Enttäuschten und Unzufriedenen.

Als er schließlich vom Restaurant zu seinem Wagen läuft, ist das Protest-Paar längst abgezogen. Darüber, was er im Bundestag genau machen werde, habe er noch nicht nachgedacht. Sagt er. Noch drei Tage bis zur Wahl. Es sieht nach Regen aus.

LISA BANHOLZER

Im Wahljahr 2017 tritt Lisa Banholzer in die SPD ein – wegen der AfD. Auf ihrem Modeblog »Blogger Bazaar« erklärt sie: »Ich will mich ganz klar positionieren, um ein Statement zu setzen gegen die AfD. (...) Viele in meinem Freundeskreis haben aufgehört, Nachrichten zu schauen oder den Politikteil zu lesen, weil es sie deprimiert und runterzieht. Und außerdem, wieso schreibe ich als Lifestyle- beziehungsweise Modebloggerin plötzlich über Politik? Weil es mich etwas angeht. Weil es uns alle etwas angeht. Uns muss klar sein, dass Politik unsere Gesellschaft formt, unser tägliches Leben und unseren Umgang miteinander. (...) Wen das Thema genauso bewegt wie mich, der kann sich hier die verschiedenen Wahlprogramme anschauen und eure persönliche und größte Schnittmenge finden. Lest selbst, verfolgt die Nachrichten und vertraut nicht nur auf den Wahl-O-Mat ;).«

Mit diesem Beitrag verstößt Banholzer gegen ein stilles Abkommen, dass man als *Influencerin* und »Modemädchen« keine politische Meinung vertritt, zumindest nicht öffentlich. Auf Instagram hat Banholzer noch nie politischen Inhalt, *content*, wie es in ihrer Branche heißt, gesehen. Sie hat sich gefragt, was sie als Influencerin unternehmen könnte? »Wir beeinflussen, das stimmt schon. Jedes Foto, das ich poste – was macht das mit der

Privatperson, die es konsumiert? Den Inhalt kreiere ich. Ich bin ein digitales Vorbild.« Banholzer ist 28 Jahre alt, sie ist schmal und trägt ihre rotblonden langen Haare oft zu einem Dutt verknotet, und sie lebt in Berlin-Mitte. Auf Instagram hat »Blogger Bazaar« 132 000 Follower, und auf ihrem persönlichen Account erreicht sie noch einmal knapp 50 000 Abonnenten, mit achtzig Prozent von ihnen interagiert sie nie, mit den übrigen 10 000 Menschen durchaus. »Wir können unsere Reichweite nutzen, um uns für ein bestimmtes Thema starkzumachen.« Lisa Banholzer ist eine neue Macht.

Zuvor hat sie ihren Vater davon überzeugt, in die SPD einzutreten und hat noch fünf weitere Freunde dazu motiviert. Warum tritt eine Modebloggerin wie Banholzer für die Sozialdemokratie ein? Vor der Bundestagswahl 2017 hat Banholzer das Gefühl, sie müsse irgendetwas tun, aktiv werden. Sie liest sämtliche Parteiprogramme. »Eigentlich müsste ich als Selbstständige FDP wählen, aber der soziale Aspekt ist mir wichtig.« Soziale Gerechtigkeit und Chancengleichheit. »Es stimmt nicht mehr, dass es, wenn es der Wirtschaft gutgeht, auch den Menschen gutgeht.« Dann postete sie ihren Parteieintritt. »Ich wollte auch einmal etwas posten, das sich nicht nur um das Schöne im Leben dreht.«

Lisa Banholzer empfindet die politische Situation in Deutschland als verhärtet, stets gehe es nur darum, auf welcher Seite man stehe. Der politische Dialog, der Austausch fehle. Gerade in ihrer Internetgemeinde gebe es viele Influencer, die gar keine politische Meinung hätten. »Ich bin da ziemlich allein. Viele gehen gar nicht wählen.« Also wollte sie die Botschaft senden, sich mit Politik zu beschäftigen, zur Wahl zu gehen – und fand es dann feige, nicht zu offenbaren, für wen sie selbst stimmt. »In Deutschland ist das ja fast ein Tabuthema.«

Ihre Follower reagieren positiv auf den Vorstoß. Aber eine

Agentur, die sie als Werbeträgerin vermittelt, kritisiert ihre Initiative. Wenn sich Banholzer so explizit positioniere, könne das auf potentielle Kunden abschreckend wirken. Banholzer solle besser neutral bleiben und keine Stellung beziehen. Aber Banholzer hat einen dunkelhäutigen Freund, sie macht sich Sorgen über den Aufstieg der AfD und die Stimmung im Land. »Als Unternehmerin muss ich auch Verantwortung übernehmen. Das macht eine Gesellschaft aus.«

In Banholzers Kindheit gab es keine sozialen Netzwerke, kein Twitter, kein YouTube und kein Facebook. Zum Abitur 2008 bekam sie ihr erstes Smartphone, im selben Jahr erschien Facebook auf Deutsch. Instagram, das Medium, auf dem sie heute mindestens einmal am Tag ein Foto von sich postet und mit dem sie das meiste Geld verdient, existierte damals noch gar nicht. Banholzer ist auf einem Dorf in der Nähe von Freiburg in Baden aufgewachsen. Weitgehend ohne soziale Medien. Die Worte Influencer oder Bloggerin waren noch nicht erfunden worden. Heute kann Banholzer durch ihr Instagram-Konto wie durch ein Tagebuch scrollen.

ALEXANDER GAULAND

24./25. September 2017, Nacht der Bundestagswahl, AfD-Wahlparty
im Traffic-Club und Studio der Talksendung »Anne Will«, Berlin, und
10. November 2017, Restaurant Il Teatro, Potsdam

Alexander Gauland hat keine Ahnung davon, was genau Instagram ist. Aber er ist der Spitzenkandidat einer Partei, die vor allem durch die sozialen Netzwerke groß geworden ist.

In der Wahlnacht sitzt Gauland mit seiner Mitstreiterin Beatrice von Storch hinter getönten Scheiben im VIP-Raum des Traffic-Club am Alexanderplatz, davor warten Bodyguards. Ab und zu dürfen Journalisten zu ihnen.

Der Club ist von Polizisten umringt. Die AfD-Gäste und Reporter gelangen durch eine Sicherheitsschleuse ins Innere. Für den Abend sind Proteste angekündigt. Drinnen stehen unzählige blaue Aufsteller: »Trau dich Deutschland!« steht darauf. In der Mitte wurde eine Bühne aufgebaut, auf der Toilette hängen Plakate mit der Aufschrift: »Wir mögen Bikinis«. Im Tanzraum läuft Achtziger-Jahre-Musik. Es gibt Sitzinseln aus Kunstleder, hinter der Bar reicht eine Pyramide aus Wodkaflaschen der Marke *Grey Goose* bis zur Decke. Es sieht ein bisschen aus wie in einem bulgarischen Striplokal kurz nach dem Mauerfall. Die Frauen tragen hohe Schuhe und sind meist blond, die Männer tragen dunkelblaue Anzüge, ihre Nacken sind ausrasiert.

Überall hängen Monitore, es laufen Nachrichten von ARD und ZDF. An einem Tag wie diesem scheint auch die AfD lieber den öffentlich-rechtlichen Sendern zu vertrauen. Nach der ersten Hochrechnung um 18 Uhr betritt Gauland neben Storch und dem ehemaligen ARD-Journalisten Paul Hampel die Bühne, um die sich Kamerateams drängen. Wie bei einem Countdown werden laut die Ergebnisse ausgerufen: CDU/CSU: 33 Prozent, SPD: 20,5 Prozent und dann AfD: 12,6 Prozent. Die AfD ist tatsächlich drittstärkste Partei geworden. Die Gäste jubeln, klatschen und singen die Nationalhymne. Alexander Gauland umarmt Beatrice von Storch. Blau-weiße Luftballons fallen von der Decke.

Dann tritt zuerst Gauland, der Spitzenkandidat, ans Mikrophon. Es ist die Stunde seines Triumphes: »Liebe Freunde«, sagt er. »Das ist ein großer Tag in der Parteigeschichte! Wir werden dieses Land verändern. (...) Der Idealismus hat uns hierhergebracht. Die anderen können sich warm anziehen. Wir werden sie jagen! Wir werden Merkel jagen!« Dieser Satz wird ihm später vorgeworfen werden. Im Club stört er niemanden, die Menge skandiert: »Gauland! Gauland!«

Am Ende warnt Gauland seine Parteianhänger, der Kampf sei noch nicht vorbei, sie sollten ihrer Begeisterung vernünftig Ausdruck geben: Keine Sprüche, die ihnen später »auf die Füße fielen«. Die Ironie: Der einzige Satz des Abends, der später irgendjemand auf die Füße fallen wird, ist sein eigener. Und seine Krawatte. Der Satz und der Schlips werden als gezielte Jagdbotschaften gedeutet.

Wer Gauland nur ein wenig kennt, weiß, dass er sich mit seinem Äußeren überhaupt nicht beschäftigt. Dass auf seiner Krawatte Jagdhunde abgebildet sein sollen, davon hatte er bis zu diesem Abend keine Ahnung. Vor Jahren hat er sie einmal aus einem Urlaub in Sussex mitgebracht. Er trägt sie in dieser Wahlnacht tatsächlich zufällig. »Warum beschäftigen sich Leute mit so einem Unsinn?«, wird er in den folgenden Wochen einmal fragen.

Im Traffic-Club zieht Gauland jetzt von Kamera zu Kamera, von Interview zu Interview. Als er auf die Terrasse des Clubs tritt, haben sich unten auf dem Alexanderplatz hunderte Gegendemonstranten versammelt. Und es werden immer mehr. Trillerpfeifen und Sirenen ertönen. Ein AfD-Anhänger ruft herunter: »Geht arbeiten!« Einer anderer murmelt versonnen vor sich hin, als könne er es gar nicht fassen: »13 Prozent des Landes mögen uns!«

Gaulands Parteikollegen Alice Weidel und Jörg Meuthen betreten den Club. Gauland umarmt auch sie. Sein Gesicht ist gerötet. »Damit haben wir nicht gerechnet«, ruft Weidel in die Menge. Meuthen: »Wir sind gekommen, um zu bleiben. Die SPD ist geschreddert worden.« Gauland steht neben ihnen, blickt auf seine Füße, lächelt. Es scheint, als habe auch er nicht mit diesem Erfolg gerechnet. Als sei auch seine bundesdeutsche Nachkriegswelt damit an ihr Ende gelangt.

Dann muss er los, in die Talkshow zu »Anne Will«.

Auf dem Weg ins Fernsehstudio verriegelt Lars Hünich die Wagentüren. Auf dem Beifahrersitz sitzt Detlev Frye, ein AfD-Mann aus Märkisch-Oderland, von dem keiner genau weiß, warum er mit dabei ist. Anscheinend hilft er bei der Pressearbeit. Gauland telefoniert auf der Rückbank mit seiner Tochter. Sie sitzt im Zug. Gleich darauf ist die Verbindung wieder weg. Er versucht, seine Lebensgefährtin zu erreichen. Bei ihr ist besetzt. Kurz sitzt Gauland da, sehr still, in sich gekehrt. Niemand ruft an und auch ihm scheint niemand mehr einzufallen, den er noch anrufen könnte. Er schaut in die Nacht.

Detlev Frye liest laut die Wahlergebnisse der Wahlkreise von seinem Tablet ab. Die meisten Stimmen erreicht die AfD in Sachsen, in 5 von 16 Wahlkreisen liegt sie dort bei mehr als dreißig Prozent der Zweitstimmen und ist damit die stärkste Partei. Lars Hünich dreht sich zu Gauland um: »Doktor Gauland, Sie haben Deutschland gerockt!«

Auf der Rückbank wirkt Gauland eher leise, erschöpft, fast ein wenig verzagt. Nur kurz wird er richtig sauer, als die Autorin ihm sagt, dass sie sich etwas fürchtet vor ihm und dieser neuen Partei. »Das ist doch Quatsch!«, bricht es aus ihm heraus. »Wir wollen nicht die SPD verbieten, nicht die Demokratie oder das Grundgesetz abschaffen. Was soll das?« Dann klingelt sein Handy doch noch, der AfD-Pressesprecher Christian Lüth ist auf der Suche nach der Parteivorsitzenden Frauke Petry. Anscheinend weiß niemand, wo sie ist. Gauland ist ratlos. Am nächsten Morgen soll sie bei der Bundespressekonferenz auftreten. »Ach du armes Deutschland«, meint Gauland nur.

Hünich parkt den Wagen auf dem TV-Studiogelände in Adlershof. Es ist dunkel, es nieselt, und Gauland ist der Erste. Drinnen im Gästebereich laufen die Nachrichten. Gauland stellt sich direkt vor einen Bildschirm. Eine Kellnerin fragt ihn, was er essen möchte. »Was haben Sie denn?«, fragt er. »Was mögen Sie denn?«, fragt sie zurück. So geht es eine Weile hin und her. Es ist offensichtlich, dass die Kellnerin ihn nicht ausstehen kann. Schließlich bestellt er Broccoli-Suppe und ein Glas Weißwein. Im Fernsehen berichten alle über die Erfolge der AfD, die Stimmen der Reporter klingen alarmiert und konsterniert. »Das ist Wählerbeschimpfung«, regt sich Hünich auf. »Die machen einfach weiter wie bisher!«

Gauland bittet seine Mitarbeiter zu schauen, wie Angela Merkel in ihrem Wahlkreis abgeschnitten habe. Auf dem Bildschirm läuft die »Berliner Runde«. Der SPD-Kanzlerkandidat Martin Schulz verkündet wütend: »Unsere Zusammenarbeit ist mit dem heutigen Tag beendet. Diese große Koalition ist abgewählt worden.« Da betritt die Verteidigungsministerin Ursula von der Leyen mit ihrem Gefolge den Gästeraum des Studios. Gauland und sie nicken sich kurz frostig zu. Kaum jemanden hat Gauland im Wahlkampf schärfer angegriffen als sie. Die beiden reden nicht miteinander. Hünich liest auf seinem Handy, der Alexanderplatz, wo die AfD-Wahlparty stattfindet, soll von der Polizei abgeriegelt worden sein.

Und Detlev Frye hat inzwischen herausgefunden, dass Angela Merkel ihren Wahlkreis gewonnen hat, Gauland dagegen hat seinen in Frankfurt/Oder verloren. Er unterlag dem CDU-Kandidaten. »Ich bin froh«, sagt Gauland. »Dann muss ich da nicht so oft hin.« In Ostdeutschland ist die AfD zweitstärkste Partei.

Die SPD-Ministerpräsidentin von Mecklenburg-Vorpommern, Manuela Schwesig, und der Journalist Hans-Ulrich Jörges treffen ein. Jeder bleibt für sich.

Auf dem Weg ins Studio raunt Frye Gauland zu, er solle früher angreifen. Was auch immer das bedeuten soll. Gauland sagt, er möge die Sendung von Anne Will nicht besonders. Nachher sitzt er auf einem weißen Sessel zwischen Schwesig und Jörges. Die Partei Die Linke ist gar nicht erst eingeladen worden, dafür ist Hans-Ulrich Jörges da. Cem Özdemir, Partei-Vorsitzender der Grünen sagt: »In meinem Land ist eine tiefe Spaltung.« Schwesig: »Ich habe mit der AfD in Mecklenburg-Vorpommern zu tun. Das wird unser Land verändern.«

Cem Özdemir und Wolfgang Kubicki von der FDP geben schon an diesem Abend einen Ausblick auf das politische Geschehen in den nächsten Monaten. Schon jetzt wollen sie nicht so richtig mitregieren, immer wieder wenden sie sich an Manuela Schwesig und appellieren an die Verantwortung der Sozialdemokraten. So dass diese irgendwann zurückfragt, wovor die Herren eigentlich Angst hätten?»Denken Sie denn, dass Sie es nicht können, Herr Kubicki?«

Alexander Gauland sitzt dazwischen, eingesunken, seine Schultern nach vorn geklappt, und schweigt. Manchmal wirkt es fast, als sei er eingenickt. Alle reden über ihn und seine Partei. Er ist der Elefant im Studio. Buchstäblich. Jörges sagt, die AfD habe sich rechtsradikalisiert. Gauland neben ihm reagiert nicht darauf, er blickt nur auf den Boden und grinst. Erst nach einer knappen halben Stunde wendet sich Anne Will ihm zu: Sie fragt ihn nach einer konstruktiven Idee für Deutschland. Nach einem Rentenkonzept. Gauland hat keins.»Das ist echt lieb, ein 76-jähriger Mann, der vierzig Jahre in der CDU war, zieht sich auf Welpenschutz zurück«, sagt Will. Da wird Gauland wütend. Es ist das erste Mal, dass er etwas schärfer wird.»Das ist eine Unverschämtheit, dass Sie das so nennen! Das hat mit mir persönlich nichts zu tun!«

Anne Will liest nun eine Umfrage vor, nach der sechzig Prozent der AfD-Wähler die Partei aus Enttäuschung und nicht aus Überzeugung gewählt hätten. Dann geht es um die Ostdeutschen, deren Brüche in den Biographien, deren Lebensleistung nicht anerkannt worden seien, um die Verwüstungen, die die SED hinterlassen habe. Fast scheint es, als könnten sich darauf alle in der Runde, mit Ausnahme von Gauland, einigen: Die Ostdeutschen, die unbekannten Wesen. Die sind verantwortlich.

Nach der Sendung klopft Jörges Gauland auf die Schulter:»Gibt man Ihnen hier noch die Hand?«, erkundigt er sich. Nachher trinkt Gauland Wein mit Jörges und Kubicki. Zum Abschied sagt

Gauland zu Jörges: »Bleiben Sie uns gewogen!« Jörges: »Wenn Sie brav sind! Keine Nazisachen mehr!« Beim Hinausgehen sagt Gauland: »Ich mag den Jörges.«

Anne Will hingegen fand er unverschämt. Obwohl sie ihn nur nach konstruktiven Ideen gefragt hat. Aber Gauland will dagegen sein und nicht dafür. Das ist sein Konzept und das seiner Partei.

Gauland sorgt sich darum, dass die Partei sich nun zerlegt. Von seiner Parteivorsitzenden Frauke Petry fehlt weiterhin jede Spur. »Ich weiß nicht, wo sie ist. Wissen Sie es?«, fragt er. Am darauffolgenden Mittwoch wird sich der Bundestag zur konstituierenden Sitzung treffen. Das erste Mal mit der AfD, das erste Mal mit Gauland. Was werden er und seine Partei dort machen? Gauland meint, er wisse es noch nicht. Einen Untersuchungsausschuss gegen Merkel initiieren vielleicht. Sonst müsse man abwarten, wer am Ende tatsächlich regiere.

Im Dunkeln auf dem Parkplatz des Fernsehstudios hatte er gesagt, er habe Bernd Lucke, dem Gründer und einstigen ersten Vorsitzenden der AfD, zeigen wollen, dass es die Partei auch ohne ihn schaffe. »Wir haben nun diese kleine Note im Geschichtsbuch hinterlassen. Das habe ich erreicht. Jetzt kann ich mein Mandat eigentlich niederlegen.«

Eine erstaunliche Aussage für einen Aufbruch, für eine neue Partei und für einen Mann, der erst ein paar Stunden zuvor erklärt hat, dass er Deutschland verändern und die Kanzlerin »jagen« will.

Knapp zwei Monate nach der Bundestagswahl sitzt Alexander Gauland in seinem Potsdamer Stammlokal. Deutschland hat noch immer keine neue Regierung. CDU/CSU, FDP und Grüne verhandeln sehr zäh über eine Jamaika-Koalition.

Die frühere Parteivorsitzende Frauke Petry hat die AfD bereits am Morgen nach der Wahl auf der Bundespressekonferenz verlassen. »Es war komisch, plötzlich steht sie auf und geht. Ich hätte nicht gedacht, dass sie das so macht«, sagt Gauland.

Petry hat nun ihre eigene Partei, Die Blauen, gegründet und sitzt mit einem Mitstreiter ohne Fraktion im Parlament. Gauland glaubt, Petry habe sich geirrt. »Sie wollte mehr Leute mitnehmen und die Fraktion spalten. Jetzt ist sie allein mit einem in der Wildnis.«

Und bald ist Parteitag, die AfD muss eine neue Spitze wählen. »Ich will es nicht werden!«, sagt Gauland an diesem Tag.

Seine Mitarbeiter und er haben nun ein provisorisches Büro in der Berliner Dorotheenstraße bezogen, in Hitlers ehemaligem Reichsinnenministerium. Gauland regt sich über das Chaos auf. Neulich erst hatten sie eine Fraktionssitzung im Marie-Elisabeth-Lüders-Haus, und keiner der Abgeordneten wusste, wo der Raum ihres Treffens liegt. Es wurde eine »Findungskommission« gegründet und zwei Männer auf die Suche geschickt. »Das ist so eine menschenfeindliche Architektur. Sie finden nichts!«, sagt Gauland. Er selbst geht kaum ins Büro. Er könne dort nicht arbeiten. Seine Mitarbeiter sitzen da, aber es fehlen Leute. »Wir haben eine schnelle Personalreserve von 25 Leuten, damit wir überhaupt arbeiten können. Es ist alles noch vage.«

Deutschland befindet sich in diesen Wochen in einem Machtvakuum. Bisher wurde der Bundestag nur eröffnet. Aber die AfD hat es mit der Aufstellung von Albrecht Glaser für den Posten des Vizepräsidenten trotzdem in die Hauptnachrichten geschafft. Der hatte im Frühjahr auf einer Parteiveranstaltung gefordert, dem Islam das Grundrecht auf Religionsfreiheit zu entziehen. Gauland findet die Empörung der anderen lächerlich, wie er es meist lächerlich findet, wenn die anderen sich empören. »Glaser hat gesagt, was jeder Mensch auf der Straße denkt: Der Islam ist als Konvolut von Regeln und Gesetzen nicht mit dem Grundgesetz vereinbar. Das sehen wir alle so.«

Was genau also hat Albrecht Glaser, der auch stellvertretender AfD-Vorsitzender ist, gesagt?»Der Islam ist eine Konstruktion, die selbst die Religionsfreiheit nicht kennt und diese nicht respektiert. Und die da, wo sie das Sagen hat, jede Art von Religionsfreiheit im Keim erstickt. Und wer so mit einem Grundrecht umgeht, dem muss man das Grundrecht entziehen.« Das unterscheidet sich noch einmal grundsätzlich von dem, was Gauland gerade erklärt hat. Glaser argumentiert gegen die Religionsfreiheit. Wenn der Islam gegen das Grundgesetz verstößt, bleibt im Prinzip nur, ihn zu verbieten?

»Als Regelwerk ist er gegen das Grundgesetz. Privat können Sie meinetwegen an Allah glauben. Aber wir wollen die Regeln des Islams in diesem Land nicht haben. Wir werden es merken, wenn der Islam hier irgendwann mal die Mehrheit haben sollte.« Gauland schaut die Autorin an:»Ich erlebe das nicht mehr. Aber Sie dürfen da mit Ihren offenen Haaren gar nicht mehr herumlaufen!«

Alexander Gauland bestellt Leber und wie immer ein Glas Rosé dazu. Seine Haltung zum Islam lässt einen insgesamt ratlos zurück. Das wird sich in der ganzen Zeit mit Gauland nicht ändern, es wird immer extremer werden. Eine Partei erscheint von einer Religion besessen. Zugleich ist es die größtmögliche Provokation, in Deutschland einer Religion die Grundrechte abzusprechen.

Viele, viele Male hat die Autorin Gauland schon gefragt, ob für ihn eine Grenze des Sagbaren existiere und wo diese liege. Bei diesem Mittagessen antwortet er einmal konkret:»Die Grenze ist für mich, wenn jemand behauptet, Adolf Hitler sei ein großer Staatsmann gewesen.« Diese Grenze liegt in der Tat sehr hoch. Gauland räumt ebenso ein, sein Begriff vom »jagen« habe viele verstört. Auch seine Lebensgefährtin. »Sie fand das nicht ideal.«

Gauland trifft es, wenn Menschen sich von ihm abwenden, ihm mit Hilfe der Medien die Meinung sagen. Nun hat sich ein weiterer Weggefährte aus Studientagen, Jochen Lengemann, mit einem offenen Brief in der *Welt* von ihm verabschiedet. »Ich erkenne den Alexander Gauland von früher nicht wieder.«

Der Spiegel schreibt: Man müsse sich den späten Gauland »als schmerzfreien Menschen« vorstellen. Aber der späte Gauland ist eher ein Mann, der seinen Schmerz gut verbergen kann, indem er sich verbietet, ihn zuzulassen. Weil er etwas vorhat.

Alexander Gauland kennt die Melancholie durchaus. Zweimal ist er an Depressionen erkrankt. Er redet sehr offen darüber. Das erste Mal mit Ende zwanzig nach seinem zweiten juristischen Staatsexamen. »Als ich angefangen habe zu arbeiten, als die Spannung vorbei war, bekam ich eine schwere Depression.« Zu dieser Zeit lebte er mit seiner Frau in der Nähe von Bonn. »Ich hatte solche Magenschmerzen, die waren in einer Weise absurd, dass meine Frau mich abhalten musste, aus dem Fenster zu springen.« Gauland verbrachte vier Wochen in einer Nervenklinik und bekam Medikamente. »Nach einem schweren Anfall sagen viele, die Depressionen kommen immer wieder.« Viele Jahre später, als er schon in Potsdam wohnte, kehrte sie tatsächlich noch einmal in schwächerer Form zurück. Nach der Trennung von seiner Frau.

Im Potsdamer Restaurant macht sich Gauland nun Sorgen um den bevorstehenden AfD-Parteitag. Darüber, dass es keinen zweiten Kandidaten für den Vorsitz neben Jörg Meuthen gibt. Und Björn Höcke drängt an die Spitze. »Ich glaube aber, er wird am Ende nicht antreten. Höcke denkt sehr an die Partei.« Im Fall seiner Kandidatur bestünde die Gefahr, dass noch weitere

AfD-Mitglieder die Fraktion verließen. Offenbar gab es Gespräche zwischen Höcke und der Parteiführung, in denen ihm nahegelegt wurde, nicht zu kandidieren. Als Gegenleistung wurde Höcke wohl angeboten, dass das Ausschlussverfahren gegen ihn verschwindet. Genauso wird es später geschehen.

Gauland nennt Björn Höcke oft mit etwas ironischem Unterton »meinen Freund«. Wie eng sind die beiden tatsächlich miteinander verbunden? Gauland antwortet, sie telefonierten ab und zu. »Ich frage ihn manche Dinge, und er fragt mich manche.« Gauland fragt nicht sehr viele Menschen in seiner Partei manche Dinge. »Bei Höcke kann ich mich darauf verlassen, dass ich nicht ein Messer in den Rücken bekomme. Das ist sehr angenehm.«

Ein paar Wochen darauf werden Berliner Künstler in Björn Höckes Thüringer Nachbargarten einen Nachbau des Berliner Holocaustmahnmals aufstellen, um an dessen Dresdner Rede zu erinnern.

Gauland hält Kritik an Israel für unangemessen. »Nach sechs Millionen toten Juden können wir Israel nicht kritisieren.« Er betont das deshalb, weil er am Tag nach der Bundestagswahl gegenüber einer ARD-Journalistin das Existenzrecht Israels infrage gestellt hatte. Nun sagt Gauland, wie stets in diesen Fällen, dies sei anders gemeint gewesen. In Deutschland gelte es als Staatsräson, für das Existenzrecht Israels einzustehen. »Aber was passiert, wenn das eingefordert wird? Wie verteidigen wir das Existenzrecht? Dann müsste die deutsche Regierung auch Soldaten schicken.« Gauland macht eine bedeutungsvolle Pause. »Da bin ich gespannt, was dann in der Republik los ist. Letztendlich sind das Phrasen!« Das Schlimme ist, damit hat er vermutlich recht.

Gauland zerschneidet sein Stück Leber in kleine Teile. Beim letzten Gespräch mochte er nicht über den Wahltag hinaus Ziele der AfD benennen. Nun gibt es noch immer keine Regierung, gegen die man opponieren könnte. Also zählt Gauland ein paar Punkte auf, die seine Partei in den kommenden Monaten im Bundestag thematisieren will: Abzug der Bundeswehr aus Afghanistan, Rückführung der syrischen Flüchtlinge. »Die sollen gefälligst ihr Land wieder aufbauen, in großen Teilen ist der Bürgerkrieg dort zu Ende.« Natürlich ist er auch gegen einen Familiennachzug. »Die wollen hierbleiben, obwohl sie keinen Schutz mehr genießen.« Gauland sagt, er habe nichts gegen einen Familiennachzug, wenn nach dem Krieg tatsächlich alle Flüchtlinge wieder in ihre Heimat zurückkehrten. Aber dann hieße es wieder: Jetzt seien sie schon so gut in Deutschland integriert. Andererseits wendet Gauland sich aber auch gegen ein Einwanderungsgesetz, weil die Grünen in vielen Landesregierungen mitregierten. Er befürchtet, dass die Gesetzgebung dann zugunsten »der Fremden« ausfalle. Das bedeutet: Für Alexander Gauland gibt es momentan gar keine Lösung, die akzeptabel wäre.

Bereits im November 2017 freut er sich auf das nächste Jahr und die Konflikte, die es bringen wird – die Landtagswahl in Bayern und die Auseinandersetzungen innerhalb der CSU: »Bei denen brennt die Hütte, dieses Feuer soll nicht gelöscht werden. Wir werden Salz in die Wunden der CSU streuen. Wir müssen verhindern, dass sie die absolute Mehrheit in Bayern bekommt.« CSU-Mitglieder hätten sich schon im Bundestagswahlkampf geweigert, für Angela Merkel Plakate aufzuhängen. Diese Konflikte will Gauland weiter anheizen – und er wird Erfolg damit haben. Er sieht dabei zu, wie die anderen sich aufreiben.

Soziale Ungleichheit, Armut, gestiegene Mietpreise, Mindestlohn, Gesundheit, Rente, Pflege – dazu hat die AfD auch vier Jahre nach ihrer Gründung keine Meinung und kein Konzept. Was geschieht eigentlich, wenn sie beides einmal haben sollte? »Die sozialen Fragen müssen wir ganz stark an das Hauptthema

Flucht anschließen. Da muss sich die Partei kümmern.« Gauland
selbst sieht seine Aufgabe woanders: »Mein Ziel ist es, die AfD
fest in der Gesellschaft zu verankern.«

Noch sieht Alexander Gauland sein Lebenswerk gefährdet.
Wenn er jetzt ginge, würde die Partei vielleicht auseinanderbre-
chen. Gauland will die Weidels und Höckes zusammenhalten.
Elf Tage später wird Gauland seine erste Rede im Bundestag
zum Thema Afghanistan halten. Ob das Mandat der Bundes-
wehr verlängert werden soll. Für die Bundesregierung sprechen
CDU-Verteidigungsministerin Ursula von der Leyen und SPD-
Außenminister Sigmar Gabriel. Beide befürworten den weiteren
Einsatz.

Dann steht Alexander Gauland mit 76 Jahren dort, wo er schon
lange stehen wollte. Er trägt wieder die Krawatte mit den Jagd-
hunden. Mit beiden Händen umfasst er das Pult, als wolle er es
umarmen. Etwas steif beginnt er abzulesen. Gauland fordert, eine
ehrliche Bilanz des Bundeswehreinsatzes zu ziehen und das offensichtliche Scheitern am Hindukusch einzugestehen. »Die Ge-
samtbilanz, meine Damen und Herren, ist verheerend.« Afghanistan gehöre nach wie vor zu den korruptesten Ländern der Welt
und sei zum weltweit größten Produzenten von Opium aufgestiegen. »Es gibt weder Sieger noch Besiegte in diesem Krieg.«
Bis dahin könnte die Rede so auch von der Linken-Fraktion
stammen, die tatsächlich kurz darauf auch sehr ähnliche Dinge
sagen wird.

Erst in der Mitte der Rede ändert Gauland den Tonfall, als hätte
er sich vorgenommen, staatstragend zu starten. Aber Richtung
Ende muss der verbale Ausfall folgen: »Und jetzt, verehrte Bundesregierung und Verteidigungsministerin, wollen Sie erneut
deutsche Soldaten zur Staatenrettung nach Afghanistan schicken,
während afghanische Flüchtlinge auf dem Kudamm Kaffee trin-

ken, anstatt beim Wiederaufbau ihres Landes zu helfen.« Ungehaltene Reaktionen im Bundestag, vereinzelte Buh-Rufe. Woher Gauland die Information von den »kaffeetrinkenden Afghanen auf dem Kudamm« nimmt, offenbart er nicht. Am Ende lehnt Gauland den Regierungsantrag ab, packt seine Blätter so energisch zusammen, als wolle er gestisch noch ein Ausrufezeichen hinter seinen letzten Satz setzen. Es wirkt, als erfülle es ihn mit großer Genugtuung, seiner alten Partei einmal im Bundestag die Meinung zu sagen.

Nach ihm redet Alexander Graf Lambsdorff von der FDP. Er wendet sich sogleich direkt an Gauland: »Lieber Herr Gauland, was sagen Sie eigentlich den Angehörigen der elf deutschen Opfer, wenn Sie jetzt sagen, wir gehen einfach aus Afghanistan zurück und überlassen das Land den Terroristen, damit das nächste 9/11 geplant werden kann? Da sind auch Deutsche ums Leben gekommen!« Im Prinzip lässt er sich damit auf Gaulands Argumentation ein. Als wögen deutsche Opfer schwerer als andere. Gauland hat erreicht, was er erreichen wollte.

Die AfD-Fraktion sitzt rechts vom Rednerpult, ihre Abgeordneten bemühen sich, stets so gut wie vollzählig im Plenum zu erscheinen. Damit werden sie die anderen Parteien unter Druck setzen.

An jenem Freitag in seinem Lieblingslokal liegt diese Rede noch vor Gauland. Er erscheint ruhig, fast sanftmütig. Der Wahlkampf ist vorbei, die AfD sitzt im Bundestag. In der Opposition könne man sowieso nichts durchsetzen, meint Gauland. Für einen Augenblick muss er nicht provozieren. Er sagt, alle würden denken, er plane seine Provokationen strategisch, das stimme nicht. Manchmal geschehe es einfach. Sogar seinen Satz über die deutschen Soldaten in zwei Weltkriegen nennt er jetzt einen Fehler. »Stolz hätte nicht sein müssen. Respekt hätte auch gereicht.«

Vielleicht denkt er wirklich darüber nach oder vielleicht sagt er es, weil er meint, die Autorin würde es gern hören.

Dann läuft er zu seinem Wagen. Es ist drei Uhr nachmittags. Alexander Gauland hat drei Gläser Rosé getrunken. Er wird sich nun hinlegen.

JÖRG ASMUSSEN

Ende November 2017 scheitern die Verhandlungen über eine Ja-
maika-Koalition. Jörg Asmussen ist seit vielen Jahren SPD-Mit-
glied, bald wird seine Partei wieder mitregieren. An einem Dezem-
bermorgen in einem Café: Asmussen wirkt wie immer getrieben.
Er wohnt ganz in der Nähe, aber er ist nicht mehr Herr seines Ka-
lenders. Schon als Staatssekretär war er das nicht, aber bei einem
globalen Unternehmen wie Lazard können mehrere Büros weltweit
über seine Zeit verfügen. Seit mehr als einem Jahr arbeitet er bei der
Bank. In gewisser Weise ist er fremdbestimmt.

Wie ist Ihr Blick auf die Gesellschaft im Augenblick? Was hat sich
verändert in den vergangenen zehn Jahren?
Ich habe insgesamt das Gefühl, dass der Druck in der Gesellschaft zugenommen hat. Die Arbeitswelten polarisieren sich.
Eine Gruppe arbeitet weniger, verdient schlecht und hat überhaupt keine Chance, nach oben zu gelangen. Die andere arbeitet
viel, verdient aber trotzdem sehr schlecht. Und die dritte arbeitet
mehr, ist sehr flexibel, verdient viel, ist aber Sklave eines globalen
Netzwerks. Vor kurzem war ich auf einem Abendessen-Termin
mit *dinner speeches*. Das Thema war: Ist die Digitalisierung der
Wirtschaft eine Chance für uns? Ich würde sagen, das hängt da-

von ab, an welcher Stelle des Systems man gerade steht. Nehmen wir einen Restaurant-Lieferservice: Wenn Ihnen die Plattform gehört, ist alles super. Sie können von zu Hause arbeiten, bekommen gutes Geld. Aber wenn Sie der Bote sind, der Radfahrer, der sein eigenes Rad mitbringen und es selbst reparieren muss, wenn es kaputtgeht; wenn Sie derjenige sind, der nur den Mindestlohn bekommt und die App auf sein eigenes Smartphone lädt und keine Aussicht auf Aufstieg hat – dann ist das, Entschuldigung, Mist.

Vor einem Jahr haben Sie gesagt, die Chinesen kauften überall in Europa Firmen auf.
Die Übernahmen sind immer noch auf einem hohen Niveau. Aber China kontrolliert jetzt seinen Abfluss an Kapital. Dafür sind die Europäer und Nordamerikaner nun sehr aktiv, aus unterschiedlichen Gründen. Einige Firmen gehen in die USA, weil sie sagen, wenn sich Trump mit seinem Protektionismus durchsetzt, brauchen wir in den Staaten eine Fabrik. Diese Art von Protektionismus kann Investments auch erst mal fördern.

Spüren Sie bei Lazard nun die Folgen des nahenden Brexits?
Manche Unternehmen brauchen aufgrund des Brexits etwas in der EU. Weil sie die Hälfte ihres Umsatzes innerhalb der EU machen, aber nicht wissen, ob sie danach noch Binnenmarktzugang haben. Deshalb müssen sie in der EU etwas aufbauen oder kaufen. Es gibt viele britische Banken, die jetzt eine Banklizenz in der EU benötigen. Ich finde es hochinteressant, wie zwei politische Entscheidungen – die Wahl von Trump und der Brexit – wirtschaftliches Handeln triggern.

Vor zehn Jahren begann die Finanzkrise. Sie waren als Staats-sekretär im Finanzministerium einer derjenigen, die versuchten einen Zusammenbruch des Finanzsystems zu verhindern. Ab wann wussten Sie, das ist eine Krise?

Im August 2007 begann die Finanzkrise mit den Liquiditätspro-blemen und dem Notverkauf der Landesbank Sachsen. Damals dachte ich, das ist ein Einzelfall. Das ist Missmanagement, das gab es schon immer. Erst im Sommer 2008 habe ich gemerkt, das ist systemisch. Die Kernschmelze von Lehman Brothers begann am 15. September. Da wusste man schon, da geschieht etwas, das man vorher nicht kannte. Dass so eine große Investmentbank übers Wochenende verschwindet, hatte es bis dahin nicht gege-ben. Die Wahrscheinlichkeit dafür war gleich null, dachte ich. Freitag gab es sie noch, Montag nicht mehr.

Was genau macht man als Finanzexperte und Staatssekretär in so einer Zeit?

Ich war an jenem Wochenende mit dem Finanzminister Peer Steinbrück beim Treffen der EU-Finanzminister in Nizza. Dort haben alle andauernd mit amerikanischen Politikern telefo-niert. Wir glaubten, die amerikanische Regierung wird Lehman Brothers retten. Am Montagmorgen war die Bank weg. Da setzte aber auch nicht sofort die Kernschmelze des Systems ein. An je-nem Montag passierte eigentlich nichts. Alle schauten auf ihre Bildschirme mit den Reuters-Meldungen. In der Woche darauf ging es den Märkten sogar besser.

Erst am Ende der zweiten Woche war klar: Das ist jetzt big! Danach war die Welt eine andere. Wir hatten in Deutschland die drohende Insolvenz der Hypo Real Estate, die Abwicklung der IKB und mehrerer Landesbanken. Man hat gelernt. Gelernt, was man weiß und was nicht.

Warum konnte jemand wie Sie die Finanzkrise nicht voraussehen?
Fast keiner hat damals die Anzeichen der Finanzkrise gesehen.
Die Deregulierung der Finanzmärkte war der herrschende Zeitgeist, in der Wissenschaft, in der Politik, bei Journalisten. Es ging
um den Finanzstandort Deutschland, der sollte wettbewerbsfähig bleiben.

*Was geschieht in einem Finanzministerium, wenn so eine Krise ein-
tritt?*
Als Erstes haben wir damals einen Krisenstab eingerichtet, eine
Arbeitsgruppe. Zu dem Zeitpunkt gab es ein enges Viereck aus Finanzministerium, der Bundesanstalt für Finanzdienstleistungs-
aufsicht (BaFin), der Bundesbank und dem Kanzleramt. Heute
wäre das anders, die Bankenaufsicht über signifikante Banken
ist heute Aufgabe der EZB. In der alten Welt beobachtet man erst
einmal die Märkte, die BaFin hat die Hand auf den Banken und
fühlt ihnen den Puls. Man sammelt Informationen. Die Kunst ist,
aus diesen Riesendatenmengen – Verträge, Bondpreise, Zinsen –
etwas zu lesen. Die Liquidität, das Blut des Systems war einfach
weg! Warum? Die Banken liehen sich untereinander nichts mehr.
Weil keine Bank wusste, ob die andere am nächsten Morgen noch
existiert.

Wie sehen solche Krisenstäbe aus, wer ist da drin?
Solche Krisenstäbe sind immer klein, sonst sind sie nicht effektiv.
Siebzig Leute führen zu nichts, zehn bis 15 Leute, das geht. Vom
Kanzleramt war Jens Weidmann dabei, Axel Weber, der damalige
Chef der Bundesbank, Jochen Sanio von der BaFin und ich vom
Finanzministerium. Plus einige »Zuarbeiter« der Fachabteilun-
gen – wir saßen damals ständig zusammen. Ich war nachts nur
drei Stunden zu Hause. Manche haben auch im Büro übernach-

tet. Wir bemühten uns, eine Kernschmelze des Finanzsystems zu verhindern.

Wie denn genau?

Als Gegenmaßnahme muss man erst einmal Liquidität ins System pumpen. Ständig gibt es neue Fragen: Haben die Banken genügend Sicherheiten? Was sind die wert? Kann ich die eventuell verkaufen oder werde ich sie nicht los? Wir hatten das zweite Wochenende die Krise bei der Hypo Real Estate und stellten fest, dass das Finanzloch viel größer war, als wir zunächst dachten. Die erste Zahl stimmt meistens nicht. Dann gab es Anzeichen dafür, dass die Sparer ihre Einlagen abzogen. Wir hörten aus verschiedenen Teilen der Republik, dass Menschen in die Banken gingen und sagten: »Ich habe dreißigtausend Euro auf dem Konto. Ich will sehen, dass die noch da sind.«

Von der Bankenaufsicht wurde gemeldet: Es kommen immer mehr Menschen, die Bargeld in großen Mengen abheben wollen. Die Nachfrage nach 500-Euro-Scheinen stieg. Das war ein schleichender Prozess, dem musste man entgegentreten. Es ging darum, Vertrauen wiederherzustellen. Irgendwann hätten die Banken die Spareinlagen ausgezahlt, wenn das so weitergegangen wäre.

Dann kam es zu dem denkwürdigen TV-Auftritt von Angela Merkel und Peer Steinbrück, die versicherten, die Spareinlagen der Deutschen seien sicher. Wie bereitet man so etwas vor?
Man setzt darauf, Vertrauen zu schaffen. Sagt ganz einfache Sätze. Es ging nicht um die Menschen, die im Kreditwesengesetz nachlesen. Es ging um Nicht-Experten, um Menschen wie meine Mutter. Andere Länder haben nachgezogen, das hat funktioniert. Das ist eine extreme Drucksituation. Aber man tut das Beste, was man

kann. Man muss versuchen, durch das Riesenchaos eine Schneise zu schlagen.

Hatten Sie denn Zweifel oder Angst?
Ich hatte damals keine Zweifel. Danach schon. Es war nicht alles perfekt. Man hätte die Banken schneller zwangsrekapitalisieren müssen. Wir dachten, das wäre ordnungspolitisch zu schwierig. Da würde ich mit dem Wissen von heute härter durchgreifen. Die WestLB abzuwickeln war mühsam, aber richtig. Auch die Verstaatlichung der Hypo Real Estate war richtig. Das war neu, und es gab wieder viel Kritik, auch gegen mich persönlich. Ich hätte als Finanz-Staatssekretär, als Vertreter des Bundes, zu spät auf Warnhinweise reagiert, hätte meine Sorgfaltspflicht verletzt. Ich musste in einem Untersuchungsausschuss auftreten, die Opposition forderte meinen Rücktritt. Es gab sehr viele Prozesse gegen diese Entscheidung, aber die hat der Bund alle gewonnen.

Denken Sie, eine solche Finanzkrise könnte sich heute wiederholen?
Die Gefahr, dass etwas Gleichartiges passiert, ist geringer. Die Bankenaufsicht und die Kapitalanforderungen der Banken wurden erhöht und die Liquiditätsforderungen.
Aber was ist, wenn die Krise diesmal von einer ganz anderen Seite kommt? Wenn über einen Teil der Marktteilnehmer die Aufsicht verschärft wird, weichen die Marktteilnehmer aus. Es gibt ganz andere heterogene Gruppen, die in offshore Finanzzentren sitzen. Wir vermuten alle, die nächste Krise kommt nicht aus dem klassischen Bankensystem, sondern aus dem Reich der Schattenbanken und Hedgefonds.

Warum und was hat sich verändert?
Die klassischen Banken stehen heute besser da als 2007/2008. Ich sehe aber auch Risiken: Bei den Unternehmenskrediten in Deutschland gibt es einen großen Wettbewerb. Ob die alle zu zweieinhalb Prozent vergeben werden sollten? Der chinesische Finanzsektor ist hochverschuldet. Die Frage ist, kann das auf andere Länder übergreifen? Die Amerikaner haben sehr viele Konsumentenkredite vergeben, können da alle zurückzahlen? Und wenn ich Staatsanleihen kaufen will, muss ich kein Eigenkapital vorweisen, keine Risikovorsorge betreiben. Es gibt Banken, die pumpen sich deshalb mit Staatsanleihen des eigenen Landes voll. Das ist nicht gut. Das ist eine rein politische Entscheidung, aber jeder weiß, dass das Risiko nicht gleich null ist.

In der Finanzkrise hat die gesamte Finanzwelt versagt. Die Deregulierung war zu weit gegangen. Wenn ich etwas aus dieser Krise gelernt habe, dann ist es Demut.

Welche Entscheidung war im Nachhinein für Sie persönlich die schwerste?
Für mich waren die schwierigsten Entscheidungen nicht während der Bankenkrise zu treffen, sondern später in der Eurozonenkrise und in Bezug auf Griechenland. Eine Bank ist eine Bank. Aber ein Land, das ist etwas ganz anderes. Was, wenn wir gesagt hätten, Griechenland muss aus dem Euro raus? Das kann man machen, aber die Menschen sind ja nach wie vor da. Das ist ein Land, eine Gesellschaft mit Geschichte und Tradition, die Wiege Europas. Wenn die Griechen die Eurozone verlassen hätten, hätten sie von heute auf morgen kein Geld mehr gehabt. Was ist dann mit dem Krankenhaus in Athen? Oder wenn sie auch nur für drei Jahre rausgehen: Wie funktioniert das? Was bedeutet das? Dann hätten die Griechen anderes Geld bekommen, das in

drei Jahren nichts mehr wert gewesen wäre. Und wie lange dauert es, dieses andere Geld zu drucken und zu verteilen? Das Land, das am schnellsten eine neue Währung eingeführt hat, war der Irak. Dort hat es drei Monate gedauert und das Geld wurde mit Hilfe der US-Armee verteilt.

Einer der Gründe, warum die AfD entstanden ist, war genau die Kritik an dieser Politik der Griechenland-Rettung durch die Bundesregierung und die EU.
Ja. Damals waren viele dafür, dass Griechenland die Eurozone verlässt. Ich war immer dagegen. Wenn die Griechen rausgehen, heißt das, du amputierst das infizierte Bein. Dann geht es dem Körper besser, aber wie geht es dem Bein? Als Nächstes fallen die Zyprioten, dann die Portugiesen, die Spanier, die Italiener. In beiden Lagern für und wider den Ausstieg Griechenlands gab es schlaue Leute. Ich – und andere – haben gesagt, wenn wir ehrlich sind, wissen wir nicht, was danach geschieht. Zypern fällt sehr schnell, da war ich mir sicher, aber was darauf folgen würde, wusste ich auch nicht. Ich bin der Meinung, es war richtig, dass Griechenland in der Eurozone geblieben ist. Nun müssen wir die halbfertige Währungsunion vollenden. Dafür gibt es in vielen europäischen Ländern derzeit keine Mehrheiten, aber wir können auch nicht zurück. Eine Rückabwicklung wäre sehr schwierig. So stecken wir im Dazwischen fest, das macht uns ökonomisch verletzbar.

Die politische Lage hat sich insgesamt zugespitzt.
Zu Beginn der Finanzkrise gab es noch keine AfD, unser Parteiensystem sah anders aus. Wir standen am Anfang des deutschen Jahrzehnts, wir haben politisch und wirtschaftlich dominiert. Heute könnten wir, wenn Emmanuel Macron alles richtig

macht, am Beginn eines französischen Jahrzehnts stehen. Dort boomt es, Unternehmen investieren und stellen Mitarbeiter ein. Auch politisch: Wer reist nach China oder macht einen Gipfel zu Libyen? Macron! Wir Deutschen leben noch von den Schröder-Reformen.

Wie sehen Ihre Geschäfts- und Gesprächspartner im Ausland den Aufstieg der AfD, ist das ein Thema?

Der Aufstieg der AfD in Deutschland ist in den USA kein großes Thema, dafür ist sie zu klein, und die Amerikaner glauben auch nicht, dass nun die »Nazis« zurückkehren. In Osteuropa fragt niemand danach. Dort wird eher gefragt: Was ist mit Angela Merkel? Für viele in Europa und in der Welt war die Kanzlerin seit zwölf Jahren eine Konstante. Nun erodiert ihre Macht Tag für Tag. Was bedeutet das? Jahrelang war sie, war Deutschland, der Stabilitätsanker. Derzeit macht sich Skepsis breit. Und wir erleben einen Machtwechsel in Europa, politisch wie wirtschaftlich. Die letzten zehn Jahre hat Deutschland dominiert, gerade verändert sich das. Nun wird, wie gesagt, Frankreich der politische Star. Emmanuel Macron ist vierzig. Es gibt einen ganz klaren Stimmungswechsel in der Wirtschaft, weg von Deutschland, hin zu Frankreich.

2018/2019

LISA BANHOLZER

An einem Montagmorgen im Februar wartet Lisa Banholzer vor ihrer Haustür in Berlin-Mitte. Sie wohnt in der Nähe vom Hackeschen Markt, der früher einmal zu Ostberlin gehörte. Dort, wo am Tag die Touristen durch die Designerboutiquen ziehen. Es ist eines der Viertel, die sich seit dem Mauerfall besonders stark verändert haben, ein Viertel, in dem nun die deutsche Regierung sitzt, ein Viertel mit den höchsten Mieten der Stadt. Banholzer hat das verabredete Treffen vergessen und kommt gerade aus der Apotheke. Ihr schmaler Körper verschwindet in einem braunen Oversize-Fellmantel, sie ist blass, erschöpft und hat Herpes an der Lippe.

Erst am Vorabend ist sie aus Kitzbühel zurückgekehrt. Von einem Wochenende, zu dem sie in gewisser Weise wegen ein paar Fotos gereist ist. Fotos, die ihre Anwesenheit fordern, damit sie verkauft werden können, damit sie ihre Zielgruppe erreichen. Fotos, auf denen Banholzer vor und in einem weißen Mercedes-Geländewagen posiert.

Der Fahrstuhl in ihrem Haus ist kaputt, Banholzer steigt die Treppen in die zweite Etage des Gartenhauses hinauf. In der Zimmerecke ihres Studio-Apartments ist ein Kamin, darauf sind etwa dreißig Sonnenbrillen ausgestellt. Vor dem Balkonfenster steht ein kleiner Tisch mit Laptop. Im Bad hängt die Wäsche, der Kühlschrank ist leer. Banholzer kocht erst einmal Haferbrei.

In Kitzbühel waren sie und ihre Freundin und Geschäftspartnerin von Blogger Bazaar, Tanja Trutschnig, bei einem »Mercedesevent«. Sie erklärten Gewinnerinnen der Zeitschrift *emotion*, was sie machen und wer sie sind: Zwei junge Influencerinnen. Nebenbei nahmen sie Bilder auf. »Mercedes versucht, dem Geländewagen ein weiblicheres Image zu geben.« Banholzer sagt, sie seien auf »Verkaufstour« gewesen. »Wir sind unser eigenes Produkt.« Das könnten sie – laut lachen, gute Laune verbreiten, immer die Ersten sein auf der Tanzfläche. So beschreibt sie sich selbst, auch wenn sie weiß, dass Mercedes sie allein deshalb sicher nicht buchen würde. »Wir sind lustig, aber wir überdrehen nicht. Wir streben langfristige Kooperationen an.«

Die Bilder gingen an ihre Follower bei Instagram. Deshalb hat Mercedes sie eingeladen. Lisa Banholzer ist das Tor zu den jungen, hippen, femininen Kunden. Zwischendurch ging es auch um Frauen in Führungspositionen und gerechtere Gehälter.

Banholzer ist nur für einen Tag in Berlin. Sie könnte sich entspannen, einmal Pause machen, aber sie sitzt zusammengesunken vor ihrem Laptop und ist genervt davon, dass ihr Körper schwächelt. Dass sie keine Leistung bringen kann, dass sie nicht funktioniert: »Herpes, ich hasse mich selbst!«, sagt sie und lacht.

Am nächsten Tag wird sie nach Paris zur Fashion Week aufbrechen, dort wird sie auch ihren Freund treffen, der aus New York anreist. Sie hat ihn seit zwei Monaten nicht mehr gesehen. Er ist ihre erste feste Beziehung nach sechs Jahren. Deshalb deprimiert sie der Herpes an ihrer Lippe besonders. »Er ist die Liebe meines Lebens. Ich will perfekt für ihn sein.« Ihr Anspruch an sich selbst ist hoch.

Zwischen An- und Abreise, Aus- und Einpacken, versucht

sie, ihren Beruf zu erklären. Lisa Banholzer postet jeden Tag Bilder von sich, mal ist sie darauf privat mit ihrem Freund zu sehen, mal steht sie in High Heels auf dem Balkon, mal posiert sie gestyled beim Coachella-Musikfestival in Kalifornien – etwa acht ungesponserte Posts kommen auf einen gesponserten, den sie als Werbung kennzeichnet. Das ist Banholzers Geschäftsmodell. »Manche verstehen das gar nicht, aber der gesponserte Content erlaubt den ungesponserten.« Viele würden Instagram einfach konsumieren, annehmen, online sei alles umsonst. »Aber wir brauchen die Likes!« Die öffentliche Bekanntgabe, dass sie gemocht wird. Ohne diese Likes wissen Banholzers Kunden nicht, wie viele Menschen sie erreicht, können sie den Wert ihres Beitrags nicht einschätzen. Reichweite heißt das in Werbedeutsch, Reichweite bedeutet Geld. »Reichweite und Likes bestimmen mit, was wir für einen Preis aufrufen können.«

Banholzer will ihren Beruf nicht nur als einen Job begreifen, sondern als eine Art virtuelle Gemeinschaft mit anderen. Eine Gemeinschaft mit tausenden Followern, die allerdings fortwährend unterhalten werden wollen und müssen. Eine Gemeinschaft, die ihre Zuneigung in Likes ausdrückt und ihre Abneigung in Stille. Das Schlimmste, was in Banholzers Welt geschehen kann, ist Unsichtbarkeit. Wer im Netz unsichtbar ist, ist praktisch tot.

Deshalb bemüht sich Banholzer selbst auch, unterwegs im Taxi oder abends im Bett andere Kanäle zu streamen, selbst Bilder von anderen zu liken, schreibt nicht nur »cool«, »mega« oder sendet ein Emoji, sondern verfasst längere Kommentare.

Seit 2016 herrscht der Algorithmus über Instagram: Vorher wurden die Bilder in chronologischer Reihenfolge gezeigt, jetzt geht es um Relevanz. Auch Banholzer kämpft mit dem Algorithmus. Sie nennt ihn das »anonyme Monster«, das über ihre

Sichtbarkeit bestimmt. Das entscheidet, was wichtig ist und bedeutungsvoll. Das letztendlich darüber entscheidet, wie viel sie wert ist. »Ich stehe unter Druck. Wenn ein Bild oder Beitrag in den ersten drei bis fünf Minuten viel geliked wird, dann denkt der Algorithmus, es ist erfolgreich und relevant. Dann wird es auch viel angezeigt. Deshalb versuche ich, möglichst schnell viel Interaktion zu bekommen.«

Banholzer kennt Nerds, die genau berechnen, wann eine gute Zeit ist, um Bilder zu posten – in der Woche wäre das etwa gegen 18 Uhr. Oder vielleicht schon um 17 Uhr? Gut ist auch, wenn sie mehrmals angeschaut werden. Banholzer meint, sie will sich nicht von dem Monster bestimmen lassen. Aber das ist schwierig. Sie hat zum Beispiel festgestellt, dass Aufnahmen, auf denen sie ihre Haare offen und lockig trägt, öfter geklickt werden und besser ankommen. Soll sie die Haare also immer so tragen? Es fällt auf, dass sie auf vielen Bildern ihre Lippen lasziv öffnet. Und es gibt auch Fotos, auf denen sie nur einen BH zur Jeans trägt. Banholzer sagt, sie wollte es einmal ausprobieren. »Aber unsere Community ist nicht so sexaffin.« Ihre Follower würden das von ihr schlicht nicht erwarten. Sie weiß, dass sich manche Männer daran aufgeilen. »Aber ich will den Glauben nicht aufgeben, dass sie auch schlauen und starken Frauen folgen.«

Ab und zu ist auch Lisa Banholzer verunsichert, was gefällt; vergleicht sich mit anderen Influencern und Bloggern. Vor fünf Jahren zum Beispiel waren sehr schlanke Models angesagt. Nun sind eher extrem weibliche Körperformen gefragt – große Hintern und Brüste, Frauen wie die US-amerikanische Selbstdarstellerin Kim Kardashian.

Banholzer zeigt auf ihrem Blog und auf ihrem Instagram-Konto meist Mode, drei Viertel ihrer Follower sind Frauen zwischen 25 und 34 Jahren. Für die Werbeindustrie die interessanteste Ziel-

gruppe. Banholzers Abonnenten heißen in der Werbesprache
»early adopter«. Menschen, die keine Angst vor neuen Trends
haben, Menschen, die Trends setzen. »Wir haben viele Follower,
die selbst Blogger sind. Wir beeinflussen die Leute, die Einfluss
haben«, sagt sie.

Banholzers Bilder zeigen sie in Kopenhagen, Paris, New York,
L. A., Berlin, sie ist stets perfekt geschminkt, auffällig gekleidet
und scheint ein spontanes, hippes, aufregendes Jetset-Leben zu
führen, das mit dem jetzigen Augenblick in ihrer Berliner Wohnung nicht viel gemein hat. Tatsächlich sind diese Bilder genau
durchkomponiert. Nichts geschieht zufällig, aber alles soll so wirken. Einerseits will Banholzer authentisch sein, sie muss es geradezu, denn das ist es, was ihr Publikum und ihre Werbepartner
fordern. Andererseits muss sie sich auch verkaufen. Eine Gratwanderung, die Kraft kostet. Sie möchte nur das anpreisen, was
ihr auch persönlich gefällt. »Ich bin wertorientiert und versuche,
alles richtig zu machen.«

Alles, was Teil ihrer Wirklichkeit ist und in ein Luxus-Seg-
ment passt, kann auch mit anderen geteilt werden. »Ich teile
mein Leben, das sind Lebensstories. Mein Leben wird Realität.«
Es klingt fast, als werde ihre Existenz erst durch die Abbildung
Wirklichkeit. Die Grenzen zwischen on- und offline verschwimmen immer mehr. Manchmal ist nicht ganz klar, was worauf stärker einwirkt.

Es gibt auch Dinge, die Banholzer nicht postet. Essen fotogra-
fiert sie nicht mehr. Wenn sie »offline« ein Restaurant besucht, legt
sie ihr Handy nicht auf den Tisch. Sie muss sich bewusst dafür entscheiden, keine Bilder zu machen. Im Prinzip weiß sie in jeder Minute ihres Lebens genau, wo ihr Telefon sich befindet, als gäbe es
dafür eine Art inneren Radar. Ihr Freund taucht öfter auf ihren Fotos auf, und auch ihre Eltern waren schon auf Instagram zu sehen.

Instagram fordert ständig neue, frische Ware und davon immer mehr. Von allen sozialen Medien ist es vielleicht das narzisstischste. Meist geht es um eine Reihenfolge von Selfies vor unterschiedlichen Hintergründen, wobei die Hintergründe nur als Beleg für eine phantastische Selbstdarstellung dienen. Bilder von Banholzers Gesicht bekommen etwa zweitausend Likes, eine dokumentarisch anmutende Fotostory von Häusern in L. A. hingegen nur um die zweihundert.

Die *Zeit* nennt Influencer wie Banholzer »Avatare des Kapitalismus« – echte Menschen und Kunstfiguren zugleich. Ein Spiel mit Authentizität und Inszenierung. »Ich muss aufpassen, dass ich nicht von jeder Tafel herunterwinke. Ich frage mich, wie exklusiv will ich mich halten? Was für eine Botschaft will ich senden?«, sagt Banholzer in ihrer Wohnung. Sie weiß, dass sie nie die ganze Wirklichkeit in den sozialen Medien abbildet. Es wird immer eine Außenperspektive bleiben. »Aber ich glaube daran, dass meine Community mein echtes Ich mag.«

Lisa Banholzer sehnt sich nach einer Spiegelung aus der realen Wirklichkeit, ein Bild, das ihr zeigt, wie man sie von außen wahrnimmt – und eine ehrliche Reaktion darauf. Nicht von einem Follower, Freund oder Kunden.

Vor dem Laptop hat sich Lisa einen Schal um ihren Hals geschlungen. Sie fröstelt, ihr ist ständig kalt. Das letzte Mal hat sie ihren Freund in Mexiko gesehen. Auch von diesem Urlaub gab es viele Bilder im Netz. Gewöhnlich spricht sie täglich mit ihm über Videochat, meist kurz bevor sie schlafen geht. Bei ihm ist es dann 18 Uhr. »Mein Tag ist da zu Ende, er ist noch mittendrin. Er ist viel entspannter als ich. Ich denke immer, ich störe, oder frage mich, ob sich was an unserer Beziehung verändert.« Lisa Banholzer macht sich Gedanken, ständig, über alles. In der Öffentlichkeit lebt sie die scheinbare Unbeschwertheit, privat sinnt sie über

den Tod nach, die Altersvorsorge, Politik, Familie, Kinder, Liebe:
»Wer hält mich ungeschminkt und mit Herpes im Arm?«

Eigentlich ist die Gegenwart die ideale Zeit für eine Fernbeziehung – billige Flugpreise, Skype, Whatsapp, Facetime. Aber
Banholzer hat zu viele Beziehungen erlebt, zu viele Männer und
Frauen, die schnell ihre Meinungen ändern, immer auf der Suche
nach einem Partner, der vielleicht noch aufregender oder vielversprechender sein könnte. Die Auswahl ist groß, 24 Stunden,
sieben Tage die Woche. Etwa auf Datingportalen wie Tinder. Lisa
Banholzer fürchtet, ihren Freund zu verlieren. Es liegt viel Druck
auf der Woche in Paris. Ihre Eltern haben sich angekündigt, und
sie wird arbeiten, hat mehrere feste Fotoshootings eingeplant
und zwei Bilder für den Kanal von Blogger Bazaar. Sie geht zu den
Shows von Acris, Dior, Vuitton. Was sie dort tragen wird, weiß
sie schon jetzt. Einzelne Kleiderhaufen auf ihrem Dielenfußboden bilden jeden Tag ihrer kommenden Parisreise ab, nehmen sie
gewissermaßen vorweg. Um die Marken zu unterstützen und um
gute Bilder aus der ersten Reihe zu bekommen, zieht Banholzer
die Kleidungsstücke der jeweiligen Label an. Unaufgefordert. Sie
will guten Willen zeigen. Wenn sie ihre Mäntel, Pullover oder
Schuhe selbst kauft und sich darin zeigt, muss sie die Bilder nicht
als Werbung kennzeichnen. Werbung und Privates verwischen,
oft sind die Fotos kaum voneinander zu unterscheiden. Davon
lebt Banholzers Branche. Persönliches und Geschäftliches im
Gleichgewicht zu halten, ist ihre Währung.

Nebenbei will Banholzer noch einen kleinen Reiseführer von
Paris zusammenstellen: Cafés, Restaurants, Clubs. Dafür bekommt sie kein Geld. Auch ihre Urlaube zahle sie selbst, sagt
sie. Natürlich wird ihr Lifestyle durch die Marken, die sie anpreist, bezahlt. Für einen Werbepost bekommt sie zwischen
1500 bis 2500 Euro. Viele Blogger und Influencer mit noch mehr

Followern als Banholzer reisen und essen nur noch umsonst. Die Hotels, Restaurants und Bars hoffen, dass ein Funken ihrer Strahlkraft auch sie treffen möge.

Wenn Banholzer nun Fotos von Partys postet, muss sie aufpassen, dass sie niemanden in einem ungünstigen Augenblick vorführt. »Das ist echt viel Verantwortung.« Das sei ihr zuvor nicht bewusst gewesen. Dadurch lastet eine neue Schwere auf allem, was sie macht. »Ich muss meine Leichtigkeit wiederfinden«, sagt sie in ihrem Wohnzimmer. »Tanja und ich sind erfolgreich geworden, weil wir Spaß haben und nicht, weil wir alles ernst nehmen.«

Banholzer hat jetzt oft das Gefühl von Atemlosigkeit. Ihr Leben, ihr Geschäft, ihre persönlichen Beziehungen, alles befindet sich in ständiger Bewegung. Schon morgen kann alles wieder anders sein. Und die Familie ist oft weit weg. »Meine Generation hat wahnsinnige Freiheiten. Aber was stützt einen noch?«

Lisa Banholzer wuchs auf dem Land in der Nähe von Freiburg auf. Ihre Mutter ist Religionslehrerin, ihr Vater IT-Experte. »Als Kind habe ich viel draußen gespielt«, sagt sie. Als junges Mädchen wollte sie Designerin werden, zeichnete Entwürfe, aber sie hatte keine Ahnung, wie sie auf dem Dorf dieses Ziel erreichen könnte.

Nach der Schule begann sie Volkswirtschaft in München zu studieren, ging für eine Weile nach Paris und kellnerte. Facebook gab schließlich den Anstoß für ihre Firmenidee, Banholzer und Trutschnig gründeten im Oktober 2013 den Modeblog Blogger Bazaar, sie veranstalteten Flohmärkte, schon zu ihrem ersten kamen rund eintausend Menschen. Und sie finanzierten alles selbst. »Damals hatten wir keine Reichweite, wir haben alles allein gemacht, auf Facebook geworben, Magazine und Radiosender angeschrieben.« Man habe sie wie Aliens beäugt, fasziniert und verstört zugleich. Nebenbei bloggten sie. Und sie organisierten eine Reise nach Ibiza, auf die sie zehn erfolgreiche Blogger einluden.

Unternehmen suchten schon bald die Nähe zu den jungen, schönen und hippen Frauen. Lisa Banholzer wurde zu ihrer eigenen Verwunderung sehr schnell sehr erfolgreich. Am Anfang zeigte sie sich noch nicht selbst auf den Bildern. Sie musste sich erst dazu überwinden, sich inmitten anderer Menschen zu filmen und zu fotografieren. Sie wusste nicht, wie man postet, sich selbst präsentiert und ins beste Licht rückt. Also imitierte sie zunächst andere Blogger, bis sie merkte: »Ich als Person komme gut an.« Banholzer fand immer mehr Gefallen daran, sich zu zeigen, im Licht zu stehen. Es lief so gut, dass sie ihr Studium abbrach. Davon waren ihre Eltern nicht begeistert. Sie machten sich Sorgen.

Im Jahr 2015 war Lisa Banholzer mit ihrem Umzug nach Berlin beschäftigt. Als die Flüchtlinge verstärkt im Land ankamen, ging auch sie nicht zum Münchner Hauptbahnhof, aber aus anderer Gründen als Bożena Block. Sie hatte keine Zeit. »Ich war megastolz darauf, dass sich die Münchner auf den Bahnhof stellten und die Flüchtlinge willkommen hießen. Ich habe geweint.« Lisa Banholzer glaubt daran, dass Deutschland diese Aufgabe gut schaffen kann. »Wir haben sehr viel zu teilen und zu geben.« Sie weiß, dass nicht alle das so optimistisch einschätzen wie sie selbst. Sie meint, es sei versäumt worden, den Menschen die Furcht vor den Flüchtlingen zu nehmen. Banholzers persönlicher Aufbruch fiel mit der neuen politischen Situation zusammen.

Die Übersiedlung nach Berlin war eine berufliche Entscheidung. »Es war gemütlich in München. Zu gemütlich. Aber ich fragte mich, ist das Leben anregend genug? Berlin stellt andere Fragen. Ich finde, ich bin hier in Berlin viel mehr ich selbst.« Aber sie sieht auch diejenigen, die in der Hauptstadt gescheitert sind. Der finanzielle Druck ist hoch, sie bezahlt für ihr kleines Studio-Apartment eintausend Euro im Monat. Sie sagt, im Augenblick nähme sie zu viele Jobs an. Sie bräuchte die Illusion von

Sicherheit, einen Puffer, um im Ernstfall nicht zu tief zu fallen. »Am Anfang dachte ich immer, das kann jeden Tag vorbei sein. Ich war selbst davon überrascht, dass wir wirklich davon leben können.«

Banholzer ist nun auch Arbeitgeberin, zwei zusätzliche Mitarbeiter sind bei Blogger Bazaar angestellt. Banholzer zahlt sich ein Gesellschaftergehalt von 3800 Euro im Monat aus. »Als Jugendliche habe ich mir einen Job, wie ich ihn jetzt habe, vorgestellt: Ich werde respektiert, habe Entscheidungsgewalt, kann mich schön anziehen und mich damit ausdrücken.«

An diesem Tag in Berlin steht aber Paris bevor: Banholzers Eltern reisen vor allem an, um ihren Freund kennenzulernen. Tagsüber Jobs, abends Familientreffen, Banholzer macht sich Sorgen. Ihre Mutter spricht kaum Englisch. Ihre Eltern leben noch immer auf dem Dorf in Baden und werden auf einen zwei Meter großen Afroamerikaner aus New York treffen.

Banholzers Eltern haben bereits mit 24 Jahren geheiratet. Wenn die Mutter früher den Vater anrufen wollte, ging sie in eine Telefonzelle, um in Ruhe sprechen zu können. Die Tochter lebt ihre Sexualität aus. »Ich will sexy und weiblich sein, Minikleider tragen und mich trotzdem politisch engagieren.« Lisa Banholzer glaubt, Paarbeziehungen hätten damals, als ihre Eltern jung waren, eine andere Wertigkeit gehabt.

Auch darüber denkt Lisa sehr viel nach, ob sie aus Liebe nach New York ziehen soll oder besser nicht. Denn das hieße, alles hinter sich zu lassen und ihre Firma aufzugeben. Aber was geschieht, wenn die Beziehung scheitern sollte? Banholzers Eltern können ihrer Tochter kaum Antworten auf ihre Fragen geben. Es ist, als existiere sie in einer anderen Umlaufbahn: »Ich liebe meine Eltern. Aber ihr Leben sah sehr anders aus in meinem Alter.«

Banholzer plant ihre Zukunft vielleicht in den USA – ihre Eltern waren noch nie dort. Sie haben mit zwanzig das erste Mal das Meer gesehen. Sie fahren so gut wie nie Taxi, ihre Tochter jeden Tag. Deshalb hat Banholzer nun ab und zu ein schlechtes Gewissen, fragt sich, ob sie zu protzig lebe, zu verschwenderisch? Manchmal fürchtet sie auch, sich in dem oberflächlichen Lebensstil zu verlieren. »Ich erwecke Begehrlichkeiten, aber ich sehe den Kommerz auch kritisch. Ich muss einen Mittelweg finden.« Ihre Mutter sammelt Zeitschriften mit Berichten über ihre Tochter, sie korrigiert über Whatsapp die Rechtschreibfehler und beim Bügeln hört sie sich manchmal deren Podcast »Matchalatte« an.

Lisa Banholzer und ihre Geschäftspartnerin stammen nicht aus besonders wohlhabenden oder glamourösen Familien. Trutschnigs Eltern betreiben einen Bauernhof und Banholzers Vater war zwischendurch auch schon einmal arbeitslos. »Wir bewegen uns in Kreisen, in denen Kids unterwegs sind, die sind *loaded with money*.« Banholzers Eltern können keine Kontakte für ihre Tochter pflegen, verfügen über keine wichtigen Verbindungen, Beziehungen oder Netzwerke. Lisa Banholzer hat es allein geschafft, ihr Geschäft bedeutet ihre Existenz. »Der Druck ist hoch, das ist kein Spiel.«

Für Politik hat sie in diesem Februar nicht mehr viel Zeit und Elan. Ihr Enthusiasmus für die SPD klingt nach der Wahlniederlage ziemlich ernüchtert. Sie sagt, die Partei sei stets mit sich selbst beschäftigt, neue Ideen habe sie nicht. Mit ihrem Vater diskutiert Banholzer nun über Whatsapp, ob die gerade vorgeschlagene, mögliche neue SPD-Vorsitzende Andrea Nahles etwas daran ändern könne. Als Parteimitglied wird Banholzer bald darüber abstimmen, ob die Sozialdemokraten in eine Große Koalition gehen sollen. Sie ist dafür. Eine große Koalition sei besser als Neuwahlen, bei der nur die AfD gewinnen könne.

ALEXANDER GAULAND

15. Februar 2018, Jakob-Kaiser-Haus, Berlin

Alexander Gauland hat es geschafft. Er hat ein Eck-Büro. Es liegt am Ende eines Ganges im Jakob-Kaiser-Haus. Gaulands Schreibtisch ist leer, auch die Regale und Schränke sind verwaist. Es sieht nicht so aus, als verbringe er viel Zeit in seinem Bundestagsbüro. Gauland sitzt an einem hellen runden Tisch, die Fenster vor ihm reichen bis zum Boden. Er blickt direkt auf den Reichstag. Viel näher kann er der Macht kaum noch rücken.

In diesem Frühjahr 2018 hat Alexander Gauland fast alles erreicht, was man in einer Partei erreichen kann. Er ist Fraktions- und Parteivorsitzender und bald vielleicht auch noch Oppositionsführer. »Ich habe mich nicht darum gerissen.« Es bleibt dabei: Immer gibt Gauland vor, Posten nicht anzustreben, aber immer bekommt er sie am Ende.

Gauland hat sich verändert in den vergangenen Jahren. Er polarisiert stärker, erscheint weniger als der Grandseigneur der Partei. Inzwischen vergeht kaum eine Woche, in der nicht einer seiner Sätze in den Hauptnachrichten verhandelt wird – ob er daran zweifelt, dass die Deutschen den Fußball-Nationalspieler Jérôme

Boateng als Nachbarn haben möchten oder ob er eine Staatsministerin entsorgen will. Jedes Mal erreicht er damit größtmögliche Aufmerksamkeit. Je stärker seine Partei wird, desto lauter wird auch Alexander Gauland. Und umgekehrt. Gauland und seine AfD treiben tatsächlich ein ganzes Land vor sich her und setzen es unter Druck.

Es ist der Tag nach Aschermittwoch. Der AfD-Landesvorsitzende von Sachsen-Anhalt, André Poggenburg, hat am Vorabend eine Rede in Pirna gehalten und vor AfD-Anhängern gegen die türkische Gemeinde in Deutschland gehetzt: »Diese Kameltreiber sollen sich dorthin scheren, wo sie hingehören, weit, weit hinter den Bosporus zu ihren Lehmhütten und ihrer Vielweiberei. Hier haben sie nichts zu suchen und nichts zu melden.«

Gauland war nicht dabei, aber sein Handy klingelt oft an diesem Vormittag: Eine Journalistin fragt ihn nach Poggenburg. »Das ist Fasching, dazu muss ich mich nicht äußern«, sagt er in den Hörer. »Ich habe Ihnen doch schon gesagt! Das war Fasching!« Dann legt er auf. Schaut auf seine Füße. Schweigt. Es ist nicht klar, ob er überhaupt weiß, was Poggenburg genau gesagt hat, oder ob er nur den Ahnungslosen mimt.

Seit vier Monaten sitzt die AfD nun im Deutschen Bundestag, aber es gibt noch immer keine Regierung. Die Jamaika-Verhandlungen sind gescheitert, nun verhandeln CDU/CSU und SPD miteinander. Die Sozialdemokraten wollen ihre Mitglieder über den Eintritt in eine Große Koalition entscheiden lassen, auch das dauert. Gauland sagt: »Das ist gut für uns, so können wir uns reinfinden. Das ist wie auf dem Trockenen zu üben. Wenn wir gleich am Anfang voll ins Gefecht hätten gehen müssen, wäre das hart für uns geworden.«

Am Verhalten der Abgeordneten der anderen Parteien im Parlament ihm gegenüber misst Gauland den Grad ihrer bürgerlichen Erziehung: die FDP sitzt neben der AfD-Fraktion, von denen kennt Gauland viele, sie geben ihm die Hand. Bei seiner ehemaligen Partei, der CDU, seien die Reaktionen gedämpfter, manchmal rede er mit Jens Spahn. Mit den Linken, der SPD oder den Grünen gebe es kaum Berührungspunkte, obwohl Jürgen Trittin ihn immer freundlich grüße. Gauland registriert das Verhalten der anderen ihm gegenüber sehr genau. Es ist ihm nicht vollkommen gleichgültig.

In seiner eigenen Partei fordern nun einige, er solle sich von seiner Mit-Fraktionsvorsitzenden und ehemaligen Co-Spitzenkandidatin Alice Weidel trennen. Sie ins zweite Glied verweisen, wie Gauland es ausdrückt. Besonders der rechte Flügel der Partei fordert das. »Wir waren zusammen erfolgreich, das wäre falsch und illoyal«, sagt Gauland.

Nun sitzt die AfD im Parlament, schon bald wird sie die größte Oppositionskraft werden. Was also will sie dort mit ihrer Macht anfangen? Wenn man Gauland wieder einmal nach inhaltlichen Konzepten fragt, erzählt er von einer gemeinsamen Reise mit Alice Weidel zu Heinz-Christian Strache, dem österreichischen Vizekanzler und rechtspopulistischen FPÖ-Politiker. Der habe die beiden gewarnt, nur nicht zu früh Verantwortung zu übernehmen. Sie sollten sich auf ihre Kernthemen konzentrieren – Flüchtlinge und Islam. Vorschläge zu einer Krankenkassenreform nehme kein Mensch wahr. Gauland hat Strache sehr aufmerksam zugehört und dessen Sätze geradezu verinnerlicht. »Wir werden nicht gewählt, weil wir eine Idee haben, wie man die Pflege preiswerter und vernünftiger gestalten könnte«, sagt er nun. Sondern wegen der »Abwehrthemen« – Flüchtlinge, Islam, innere Sicherheit.

Manche in seiner Partei sehen das anders, sie streben danach, im System anzukommen, vielleicht sogar mitzuregieren. Gauland ist dagegen, keiner wolle im Moment mit der AfD koalieren. »Damit können wir uns beschäftigen, wenn wir bei dreißig Prozent sind.« Außerdem: »Wer Visionen hat, soll zum Arzt gehen«, zitiert er den früheren Bundeskanzler Helmut Schmidt.

Dafür hat Gauland eine ziemlich genaue Vision davon, was er ablehnt. Eine muslimische Masseneinwanderung. »Ich will nicht, dass Deutschland sich so verändert, wie es jetzt geschehen ist. Ich weiß, wir können nicht fünfzig Jahre zurückdrehen.« Aber er wolle keine gesellschaftliche Mitbestimmung des Islams.

Im Augenblick leben etwa fünf Millionen Muslime in Deutschland, ganz genau weiß das niemand. Es gibt dazu verschiedene Statistiken. Das unabhängige US-amerikanische Meinungsforschungsinstitut Pew Research Center hat ausgerechnet, wenn weiter so viele Flüchtlinge nach Europa kämen wie in den Jahren von 2014 bis 2016, könnten im Jahr 2050 rund 17,5 Millionen Muslime in Deutschland leben, das entspräche einem Bevölkerungsanteil von fast zwanzig Prozent. Das wäre das *worst case scenario* für die AfD. Gaulands Albtraum. Aber selbst diese Prognose ist noch weit entfernt von einer Machtübernahme der Muslime. Gauland selbst kennt nicht einen einzigen Flüchtling persönlich, und in seinem Alltag begegnet er so gut wie nie einem.

Wieder klingelt sein Handy. Der nächste Journalist fragt nach Poggenburg. Gauland sagt: »Ich nehme das nicht so ernst. Es war Aschermittwoch.« Es klingt etwas zögerlicher als zuvor, er legt wieder auf. »Ich wusste nicht, was Poggenburg alles für Stuss geredet hat«, sagt er dann.

Die Meinungsfreiheit ist ein Gut, dass Gauland und die AfD stets sehr laut preisen, wenn es sie selbst betrifft.

An diesem Vormittag sagt er, dass man über die Grenzen des Sagbaren immer neu entscheiden müsse. »Man kann keine Grenze abstrakt festlegen.« Es klingt, als könne man über Anstand und

Überzeugungen verhandeln. Als ginge es dabei ausschließlich um Taktik und Strategie.

Eine persönliche Grenze liegt für Gauland bei den Texten aus dem Liederbuch der österreichischen Burschenschaft Germania, die im Januar veröffentlicht wurden. Darin stehen absolut widerliche Zeilen, die den Holocaust verherrlichen. Der stellvertretende Vorsitzende dieser Burschenschaft war der FPÖ-Spitzenkandidat für die Landtagswahlen in Niederösterreich. Ein Mann von Strache. »Das geht natürlich nicht«, sagt Gauland. »Die Verherrlichung von millionenfachem Mord – das ist völlig jenseits.«

Diese Grenzüberschreitung ist jedoch so extrem, dass sie auch strafrechtlich relevant ist. Gauland hat sich wieder etwas ausgesucht, das sowieso verboten ist.

Er selbst wird diese Grenzen des Sagbaren weiter ausloten und austesten. An diesem Vormittag sagt er: »Wir alle werden uns anders benehmen müssen, ich kann auch nicht mehr ›entsorgen‹.«

Auf dem Tisch vor ihm liegt die Neuauflage seines Buches »Anleitung zum Konservativsein« von 2002. »Das Buch ist lange vor der AfD entstanden als Folge der Wiedervereinigung: Warum das Wort konservativ umstritten ist?«, sagt Gauland.

Ein paar Wochen später wird er sein Werk in einem Intellektuellenkreis beim 13. bezirkspolitischen Frühschoppen in Berlin-Pankow noch einmal vorstellen. Ohne persönliche Einladung gelangt niemand in den Pankower Ratssaal. »Sonst schaffen wir das sicherheitsmäßig nicht«, sagt Andreas Holder von der AfD-Bezirksfraktion, der den Frühschoppen organisiert. Er ist Unternehmensberater und war früher bei der Treuhand. Holder will nicht, dass dieser rechtskonservative Gesprächskreis, der sich einmal im Monat trifft, öffentlich bekannt wird. »Wenn ich Werbung dafür machen würde, müsste ich das BKA holen. Da würde die Antifa vor der Tür stehen.« Vielleicht nimmt er sich selbst auch nur sehr wichtig.

Etwa sechzig Menschen sind gekommen, darunter Leyla Bilge, eine kurdischstämmige Frauenrechtlerin und AfD-Aktivistin, und Siegmar Faust, ehemaliger politischer Häftling in der DDR und einstiger Landesbeauftragter der Stasiunterlagenbehörde in Sachsen.

In diesem Kreis erklärt Gauland sein Denken und den Begriff des Konservativen. Dieser sei in Deutschland negativ konnotiert, weil die Konservativen in der Endphase der Weimarer Republik ein Bündnis mit Hitler eingegangen seien. An sich rühre der Begriff von 1789 her als Abwehr gegen die Französische Revolution. Als Reaktion darauf, dass die Vorrechte des Adels beseitigt werden sollten, und gegen die Idee einer egalitären Gesellschaft. »Alles, was von den Vätern vererbt wurde, zu beseitigen, endet in der Katastrophe.« Das ist einer von Gaulands liebsten Sätzen, frei nach dem irisch-britischen Politiker und Philosophen Edmund Burke. Ein Schlüsselsatz für den, der verstehen will, wie Alexander Gauland denkt.

Der Konservatismus stehe dafür, dass sich die Dinge allmählich änderten. Dafür, sich an dem festzuhalten, was überkommen sei und eine Skepsis gegenüber allen allzu rasanten Veränderungen und Entwicklungen zu hegen. Alexander Gauland redet in diesem Kreis ganz anders als auf Demonstrationen oder sonstigen AfD-Zusammenkünften. Keine einfachen Hauptsätze, keine Schlagzeilen, keine Provokationen. Der verhinderte Hitler-Attentäter Claus Schenk Graf von Stauffenberg sei ein echter Konservativer gewesen, sagt er. Am 20. Juli 1944 hätten die deutschen Konservativen das letzte Mal aufgeschrien. Diese Passage ist auch deshalb interessant, weil ein paar Monate später der Chef der Jungen Alternative in Niedersachsen ebenjenen von Gauland geschätzten Stauffenberg als »Verräter« und »Feind des Deutschen Volkes« bezeichnen wird.

Im Pankower Ratssaal sagt Gauland: »Das Konservative hat nichts mit dem Rechtsextremen zu tun.« Anscheinend muss er das einigen in seiner Partei noch erklären.

An dem Februarvormittag im Jakob-Kaiser-Haus ruft ein weiterer Journalist wegen Poggenburg an, und Gauland wiederholt seine vorherige Antwort. Dann erhebt er sich, auf dem Weg zur Tür fragt er: »Was hat der denn da alles erzählt?«

Im Vorzimmer wartet ein Reporter des *Stern*, auch er will mit Gauland über Poggenburg reden. Gaulands Büroleiter Marco Wall bleibt zurück. Er ist 39, war früher bei der Bundeswehr, seine Mutter arbeitet auf dem ostdeutschen Land als Krankenschwester. Überlastet und miserabel bezahlt. Wall sagt, seine Eltern hätten das Gefühl, ihre Lebensleistung werde nicht anerkannt, das Frustrationspotential sei dementsprechend hoch. Deshalb stimmten sie für die AfD. Der rechte Flügel der Partei, dem André Poggenburg angehöre, sei gar nicht so stark, meint Wall, aber laut. Dessen Anhänger testeten ständig, wie weit sie gehen könnten. »Die Frage ist, wie rechts wollen wir werden?« Es klingt, als stelle sich Marco Wall diese Frage jetzt oft selbst.

Ein paar Wochen später tritt André Poggenburg zurück. Im Januar 2019 wird er die Partei ganz verlassen.

JÖRG ASMUSSEN

Der CDU-Wirtschaftsrat trifft sich in der vierten Etage der Deutschen Bank in Berlin, in der Niederlassung Unter den Linden. Ein Expressaufzug gleitet nach oben, abstrakte Kunst hängt an den Wänden, dicke Teppiche dämpfen die Schritte. Der Wirtschaftsrat will im geschlossenen Kreis über Nullzins, demographischen Wandel und Altersvorsorge diskutieren. Der SPD-Mann Jörg Asmussen ist trotzdem eingeladen. Gewöhnlich sind hier auch nur vom Wirtschaftsrat zuvor ausgewählte Journalisten zugelassen.

Im Publikum sitzen fast nur Männer. Friedrich Merz, Aufsichtsratschef des deutschen Ablegers der US-Vermögensverwaltung BlackRock, nimmt in der ersten Reihe Platz. Er wird 2018 noch viel Aufsehen erregen. Auf dem Podium debattiert Hauke Stars, das einzige weibliche Mitglied des Vorstands der Deutschen Börse, mit fünf Männern. Asmussen ist noch nicht eingetroffen, wird aber in Kürze erwartet. Das Panel beginnt ohne ihn. Bei der Begrüßung spricht der Moderator Friedrich Merz versehentlich mit Jörg Asmussen an.

Benoît Cœuré, Direktoriumsmitglied der EZB und einstiger Kollege von Asmussen, sorgt sich um die nächste Finanzkrise. Norbert Winkeljohann, zu diesem Zeitpunkt noch Chef der

Wirtschaftsprüfungsgesellschaft PricewaterhouseCoopers, sieht kein Rezept gegen die erodierenden Renten in Deutschland. Die Eigenheimquote sei gering und die Mieten stiegen. Bis 2050 werde die deutsche Bevölkerung um sieben Millionen schrumpfen, bald werde ein Erwerbstätiger auf einen Rentner kommen. In den fünfziger Jahren sei das Verhältnis noch 1 : 5 gewesen. Er sieht stürmische Zeiten nahen, die meisten Deutschen hätten keine Ahnung davon, wie hoch ihre Rente einmal sei. Winkeljohann verfolgt die Vision einer App, die jedem Bürger anzeige, wie seine Vorsorgesituation tatsächlich aussehe. Hauke Stars kritisiert, dass das Vermögen der Deutschen auf Sparkonten liege und nicht in Aktien investiert werde. Dort erziele man höhere Renditen.

Johannes-Jörg Riegler, Vorstandsvorsitzender der Bayerischen Landesbank, verteidigt diese Skepsis und Vorsicht der Deutschen gegenüber Wertpapieren, weil sich die Deutschen noch gut an das Desaster mit der »Volks-Aktie« Telekom erinnerten. Er warnt vor einer anderen »ungesunden Entwicklung«: Früher habe sich eine Krankenschwester kein Haus in München kaufen können. Heute könnten sich Staatsanwälte und Ärzte nicht einmal eine Mietwohnung in der Stadt leisten. Im Prinzip beschreibt er Bożena Blocks Situation.

In diesem Augenblick eilt Jörg Asmussen in den Raum und nimmt auf dem Podium Platz. Der Moderator bietet an, er könne sich aussuchen, über welches Thema er sprechen wolle. Asmussen entschuldigt sich: Er war noch bei einem Kunden in Zürich, das Flugzeug hatte Verspätung. Asmussen sagt, er finde es richtig, einen Mix aus betrieblicher, privater und gesetzlicher Rentenversicherung zu erhalten. Er redet so, als sei er noch immer Staatssekretär im Arbeitsministerium.

Dies ist eine der wenigen verbleibenden Möglichkeiten, Asmussen bei einer beruflichen Veranstaltung zu begleiten und zu beobachten – da sein Arbeitgeber das immer weniger unterstützt. Jetzt tritt Asmussen meist in geschlossenen Zirkeln auf. Die Tendenz, dass nur noch ein kleiner Kreis von Informierten über bestimme Dinge unterrichtet wird, nimmt zu. Das trägt dazu bei, dass immer mehr Menschen der Politik, den Konzernen, dem Establishment, der Elite, zu der alle auf dem Podium gehören, misstrauen und sich abwenden. Auf der einen Seite liegt dieses Verhalten von Wirtschaftsunternehmen auch an der veränderten Medienlandschaft, in der offene Worte häufig einen Shitstorm hervorrufen. Je gespaltener das Land ist, desto hysterischer erscheint es. Auf der anderen Seite wirkt die zunehmende Abschottung von Firmen und Konzernen wie Lazard manchmal fast lächerlich, so als wünschten sie keine Transparenz und hätten etwas zu verbergen. Asmussen sieht diese Entwicklung durchaus kritisch, aber er ist Teil dieses Systems. Auch er ist angestellt.

Ein anderer Mann auf dem Podium sorgt sich nun darum, was geschehe, wenn die individuelle Altersvorsorge tatsächlich so transparent werde, wie Winkeljohann es sich mit seiner App wünscht. Er ist der Meinung, das würde Schockwellen in der deutschen Bevölkerung auslösen. Gnadenlose Transparenz berge viel Zündstoff und könne zu großer Verunsicherung führen. Asmussen widerspricht ihm, man müsse den Bürgern die Wahrheit sagen, auch wenn die bitter sei. Die langfristige Rentenplanung werde erst ab 2025 gemacht, die schwierigen Jahre stünden aber bereits ab 2030 bevor.

Alle Experten auf dem Podium scheinen zu wissen und sich einig darüber zu sein, dass etwas schiefläuft in Deutschland. Die Renten sind keineswegs sicher. Aber es bleibt bei einer Zustandsbeschreibung. Es folgt nichts daraus, eher fürchtet man sich davor, dass die Bevölkerung davon erfährt.

BOŻENA BLOCK

Bożena Block weiß, dass sie nicht viel Rente bekommen wird, höchstens um die 1300 Euro brutto hat sie ausgerechnet. Und sie arbeitet seit ihrem 16. Lebensjahr. Die Probleme, die im CDU-Wirtschaftsrat angesprochen und eher abstrakt diskutiert werden, beherrschen ihren Alltag längst.

Im Frühjahr 2018 zieht ihr ältester Sohn Killian wieder zu Block. Der 1,90 m große junge Mann schläft nun auf ihrer Couch, auf der er sich nicht austrecken kann. »Ich kann doch nicht mehr mit einem meiner Söhne in einem Bett schlafen.« Killian musste aus seiner Wohnung ausziehen, weil es Streit mit einem Mitbewohner gab. Jetzt lebt Block mit ihren beiden Söhnen auf 56 Quadratmetern in zwei kleinen Zimmern. »Killian macht eine Ausbildung zum Fachinformatiker«, auch die muss Block zahlen. Und er bewirbt sich für eine neue Sozialwohnung. Auf dem freien Wohnungsmarkt hat er keine Chance: »Wie soll mein Sohn tausend Euro für dreißig Quadratmeter aufbringen?«

Jeden Morgen steht Bożena Block um Viertel nach Fünf auf und badet einmal heiß, sonst hält sie den Tag nicht durch. Seit September 2017 arbeitet Block bei Home instead, einem privaten Pflegedienst am Starnberger See. Den Job bekam sie über eine Freundin. Zuvor liefen ihre Bewerbungen oft über Agenturen, die kassieren pro Vermittlung für eine Krankenschwester um die viertausend Euro Gebühr. »Das sind Menschenhändler«, sagt Block. Die Agentur riet ihr auch, darüber zu schweigen, dass sie wegen der vielen Operationen, die sie hinter sich hat, zu vierzig Prozent behindert ist und nicht mehr schwer heben darf.

Das Konzept von Home instead stammt aus den USA. *Home instead*, was übersetzt so viel wie »lieber zu Hause« bedeutet, ist eine neue Art der Pflege: Alltagsbetreuung, mit Senioren kochen, Demente integrieren, im Haushalt helfen, Kaffee trinken, damit die Menschen nicht vor Einsamkeit depressiv werden. »Wir arbeiten ab zwei Stunden aufwärts, aber wir machen keine medizinischen Behandlungen und geben keine Medikamente.« Seit 2008 gibt es Home instead auch in Deutschland. Es soll die Lücke zwischen den gewöhnlichen Pflegediensten, deren Betreuer kaum Zeit haben, und dem Pflegeheim schließen. Block ist stellvertretende Pflegedienstleiterin und verdient 2100 Euro netto im Monat. Sie bekommt kein Urlaubs- oder Weihnachtsgeld, auch Überstunden werden nicht bezahlt. Die Firma soll Gewinn bringen, und sie muss wachsen. »Ich kann das nicht mehr hören!«, sagt Block. Sind private Anbieter wie Home instead die Zukunft der Pflege? Und wie werden sie diese verändern?

Um sieben Uhr an einem Montagmorgen im März ist Bożena Block in dem kleinen Toyota ihres Pflegedienstes auf dem Weg nach Starnberg. Die Autobahn ist voll, die Freisprechanlage an, sie hat sich schnell einen Kaffee an der Tankstelle geholt und befürchtet nun, zu spät zu ihrem ersten Patienten zu kommen. Um acht muss sie bereits eine neue Betreuungskraft einarbeiten. Der erste Patient ist dement. Block sagt, das könne auch »in die Hose gehen«. Nicht alle Mitarbeiter kämen mit Dementen zurecht, weil sie nicht dafür ausgebildet seien. In den Radionachrichten läuft ein Bericht über die Essener Tafel, deren Chef hat gerade entschieden, nur noch deutsche Bedürftige neu aufzunehmen und keine Migranten mehr. Damit entfacht er eine deutschlandweite Debatte. Denn er begründet seine Entscheidung damit, dass der Anteil der Migranten bei der kostenlosen Essensausgabe auf etwa drei Viertel angestiegen sei. Ältere Tafel-Nutzerinnen und alleinerziehende Mütter hätten sich in den vergangenen zwei Jahren von fremdsprachigen jungen Männern in der Warteschlange abgeschreckt gefühlt und seien deshalb nicht mehr gekommen. Block kann diese Entscheidung verstehen. Als sie dringend eine Wohnung suchte, habe sie im Wohnungsamt Flüchtlingsfamilien mit fünf Kindern beobachtet, die sich, ohne eine Wartenummer zu ziehen, einfach vorgedrängelt hätten. Bożena Block, die selbst nach Deutschland eingewandert ist, begreift die Neuen nun vermehrt als Gefahr, als Konkurrenten, als Angriff auf ihr Selbstverständnis. »Viele Menschen, auch ich, wählen schon ein bisschen rechts.« Dieser Satz scheint nicht richtig zu ihr zu passen. Zu einer Frau, die sich stets um andere kümmert.

Bożena Block fährt durch idyllische Landschaft, sanfte Hügel, Seen, frisch gestrichene Häuser. Der Starnberger See ist eine der reichsten Gegenden Deutschlands. Die Bewohner haben laut Statistik: das höchste Bildungsniveau, die höchste Lebenserwartung, das höchste Lebensglück. Nirgendwo leben so viele Millionäre wie hier. Im Schnitt hat jeder dreitausend Euro im Monat zum Ausgeben, mehr, als Block verdient. Während sie vor kurzem fast obdachlos geworden wäre, leben ihre Kunden zum Teil in regelrechten Palästen. Auch die Kundenakquise laufe in dieser Gegend anders als sonst, sagt Block. Bei der Eröffnung von Home instead 2017 in Starnberg war es zu Beginn nicht einfach, das Vertrauen der Einheimischen zu gewinnen: »Wenn du einmal etwas Falsches sagst – bist du weg. Hier kennen sich alle untereinander.« Vertrauen und Diskretion sind die DNA in Blocks Branche. Denn sie dringt bis in die Schlafzimmer, bis tief in die Intimsphäre der Menschen vor. Block sagt, oft werde ihr nicht einmal ein Glas Wasser angeboten.

Im März 2018 sind bei Home instead am Starnberger See zwölf Mitarbeiter beschäftigt, die 42 Patienten betreuen. Anfang 2019 werden es bereits 28 Mitarbeiter und 120 Patienten sein. Manche suchen sie zweimal in der Woche auf, manche zweimal am Tag. »Wir stehen unter enormem Druck. Ich versuche, mir Zeit zu nehmen, habe dann aber ein schlechtes Gewissen.« Eine Mittagspause hat Block meist nicht, sie holt sich etwas von der Tankstelle und isst vor dem Computer. Sie kämpft mit der Bürokratie. Ständig würden die Richtlinien geändert, was über die Krankenkassen abgerechnet werden könne und was nicht. Manchmal hat Block den Eindruck, die Kassen wollten verbergen, welche Leistungen den Patienten eigentlich zustünden. Und sie hat den Eindruck, dass beim Medizinischen Dienst der Krankenkassen, der prüft, welche Behandlung die Kunden bekommen dürfen, nun viele Jüngere arbeiteten, die keinerlei Mitgefühl oder Emotionen zeigten. Sie kommen Block irgendwie verhärtet vor. Immer gehe es nur ums Geld.

Bożena Block parkt ihren Wagen in Inning am Ammersee vor einem traditionell bayerischen Haus. Ihre neue Mitarbeiterin wartet schon vor der Tür. Mit gesenkter Stimme sagt Block zu ihr, der über 80 Jahre alte Patient habe Alzheimer und könne nicht mehr richtig sprechen.

Die Frau des Patienten öffnet die Tür. Sie trägt noch einen Bademantel. Auf dem Boden liegen Holzdielen, stehen eine Gitarre und eine Vase mit einem Rosenstrauß. An den Wänden hängt Kunst, im Regal stehen viele Bücher, darunter die Bände der SZ-Bibliothek. Ein Bildungsbürgerleben. Der Mann liegt im Wohnzimmer auf einem Pflegebett. Er lallt. Die neue Kolle-

gin von Block geht auf ihn zu, sagt: »Guten Morgen, ich bin die
Neue!« Aus dem Lallen wird ein heiseres Schreien. Der Mann
wirkt nicht einverstanden. Seine Frau geht zu ihm, nennt ihn
Schatz, streichelt ihn beruhigend. Block und ihre Kollegin ziehen
sich Hausschuhe an. Block sagt: »Das kriegen wir hin, Herr Krüger. Alles ist gut.«

Die neue Kollegin soll ihn waschen, zuerst die Lippen und
das Gesicht. Sie nimmt den Lappen. Krügers Frau setzt sich mit
Block an den Tisch, sie müssen Formulare ausfüllen. Herr Krüger wälzt sich hin und her, er schreit, wehrt sich und hält die
Arme der neuen Kollegin fest. Die schaut verzweifelt zu Block
herüber. Block holt zwei Kuscheltiere vom Sofa und legt sie dem
alten Mann in die Hände. »Sie müssen laute, deutliche Ansa-
gen machen!«, sagt sie zu ihrer Mitarbeiterin. »Wir waschen Sie
jetzt!«, sagt die nun. »Jetzt wird es nass!« Herr Krüger scheint sie
zunächst gewähren zu lassen. »Super, danke schön!«, sagt die
neue Kollegin. Dann hält er wieder ihren Arm fest umschlossen.
Eine Frau, die er noch nie gesehen hat, berührt und wäscht ihn.
Selbst wenn er nicht dement wäre, ist das gewöhnungsbedürftig.
Krügers Frau greift ein: »Schatzi, es passiert dir nichts!« Daraufhin verlässt sie das Zimmer und macht Frühstück. Block ist mit
den Papieren beschäftigt. Die Kollegin kämpft und kommentiert
jede ihrer Bewegungen: »Ich wasche jetzt Ihr linkes Bein.« Herr
Krüger protestiert, wieder ein schrilles Schreien. Blocks Kollegin
fragt: »Dann nehmen wir ihn raus?« Block: »Ja!« Beide heben den
nicht gerade leichten Mann vom Bett, knöpfen ihm das Hemd zu.
Herr Krüger schreit. Dann setzen sie ihn an den Tisch.

Krügers Frau ist freigestellt, als Beamtin bekommt sie Pflege-
zeit. Ihr Mann kann nicht mehr allein bleiben. Blocks Kollegin
wird täglich morgens und abends zwei Stunden vorbeischauen,
damit sie auch einmal frei hat. Block fragt: »Sollen wir noch einen

Tag zusätzlich kommen?« Seit 2013 ist Herr Krüger krank, seit vergangenem Jahr wird es immer schlimmer. Seine Frau erzählt über ihn. Er sitzt daneben, eingesunken, man weiß nicht, wie viel er mitbekommt. Früher war Herr Krüger einmal Schlosser, das hat ihm nicht gereicht. Zu Hause las er Schopenhauer, dann studierte er Sozialpädagogik und arbeitete in einem Heim mit Jugendlichen. Block sitzt etwas unruhig am Tisch. Normalerweise gibt es kein Frühstück. Es dauert zu lange, sie muss weiter. Ihre Kollegin wird dableiben. Vor der Tür nimmt Block noch den Müll mit.

Es ist neun Uhr. Sie fährt weiter nach Schondorf. Die Sonne kommt allmählich heraus, taucht die Idylle ins Morgenlicht. Es ist klar, dass keine Kollegin allein bei Herrn Krüger bleiben kann, dazu fordert er zu viel Kraft. Man muss ihm auch »Essen eingeben«, wie Block das Füttern nennt. Er vergesse sonst zu schlucken.

Wie es aussieht, hatte Herr Krüger ein schönes Leben mit Gitarre und Bibliothek. Das Alter macht alle gleich bedürftig. Egal, was man zuvor getan oder geleistet hat. »Wenn du die Leute ausziehst und wäschst, gibt es keine Unterschiede und Schichten mehr. Es ist egal, ob du einmal intelligent warst oder dumm«, sagt Block. Am Ende des Lebens ist es fast wieder wie bei der Geburt. Man ist ein unbeschriebenes Blatt.

Im Auto überlegt Block, was die Krankenkassen demnächst planen, welche Kürzungen sie beschließen werden. Pflege könnten sich heutzutage nicht mehr viele leisten. Es kann monatlich um die viertausend Euro kosten. Die Angehörigen müssen ihr Vermögen offenlegen, sie sind verpflichtet zu zahlen, egal, ob sie zu den Pflegebedürftigen Kontakt haben oder nicht.

Deshalb engagieren viele private Pflegekräfte aus Osteuropa – Ungarinnen, Polinnen, Rumäninnen, Ukrainerinnen. Sie sind am günstigsten, kosten zwischen 2400 und 3000 Euro im Monat. Je nach Ausbildung und Sprachkenntnissen. Und sie leben meist bei ihren Kunden. »Obwohl ich mich frage, was das für eine Pflege ist? Wenn jemand für drei Monate 24 Stunden am Tag zur Verfügung steht?«, sagt Block. »Da hat man doch irgendwann Hass auf den Kranken!«

Block denkt viel über die Zukunft der Pflege nach. Ihr Fazit: »Wir fahren gegen die Wand! Es gibt immer mehr ältere Menschen, und ich verdiene genauso viel wie vor zwanzig Jahren.«

Sie beginnt um halb acht morgens und kehrt gegen acht, neun Uhr abends heim. Ihre Chefs weisen sie ab und zu darauf hin, dass sie auf sich aufpassen soll. Aber die Arbeit wird dadurch nicht weniger, die Kranken müssen versorgt werden. Am meisten Zeit kostet Block »der Papierkram«, alles müsse dokumentiert und nachgewiesen werden. »Es ist doch besser, wenn ich dem Personal zeige, wie es mit den Patienten umgehen soll, wie es jemanden lagern kann, als wenn ich alles aufschreibe. Es hat sowieso keiner Zeit, das alles zu lesen.«

Sie hält vor einem Hotel in Schondorf, dort wohnt ihre 90-jährige nächste Kundin. Einmal wöchentlich kommt eine Kollegin bei ihr vorbei, um im Haushalt zu helfen. Auch hier muss Block eine neue Mitarbeiterin vorstellen. Aus dem Kofferraum holt sie einen Ordner. In der Lobby plätschert ein Brunnen, es gibt einen Kamin und ein Schwimmbad. Das Hotel bekommt Geld dafür, dass auch alte Menschen darin untergebracht sind.

Die alte Dame liegt noch im Bett, sie hat Kopfschmerzen. Im Regal ruht der gesamte Brockhaus. Eine jüngere Frau räumt ihre Küche auf. Block fragt die alte Dame, ob sie noch allein duschen könne. »Ich gehe schwimmen. Machen Sie mich nicht gebrechlicher, als ich es schon bin!«, antwortet die. Block sitzt mit ihr und dem Betreuer am Tisch, Zahlen und Paragraphen füllen den Raum. Bożena Block ist eine Virtuosin der Pflegegrade. Durch das neue »Pflegestärkungsgesetz« heißen die »Pflegestufen« seit 2017 nun »Pflegegrade«. Es gibt fünf. Danach richtet sich, wie viel die Kasse zahlt: bei Grad 1 nichts, bei Grad 5 mehr als neunhundert Euro im Monat für die Angehörigen, bei häuslicher Pflege. Als Block später geht, ist es, als lasse sie eine ganze Generation hinter sich. Eine Generation, die noch auf Papier gelesen, die über Jahrzehnte hinweg Nachschlagewerke gesammelt und geschätzt hat.

Block steigt wieder in ihren Wagen. Auf dem Weg zur nächsten Kundin fährt sie am Kloster Andechs vorbei. Es funkelt im Sonnenlicht. An diesem Vormittag kann Block in die Zukunft Deutschlands sehen – schön, idyllisch, aber in den Orten sind nur alte Menschen auf der Straße. Wie es ausschaut, wird Bożena Block in den nächsten Jahren niemals arbeitslos sein.

Inzwischen ist es Mittagszeit. Block hält in Starnberg vor einem Naturkostladen, vor ihr parkt ein weißer Maserati. Sie kauft sich schnell eine Quiche und ein Stück Kuchen. Zurück im Auto bekommt sie einen Anruf, ob sie um halb fünf noch eine Tumor-Patientin übernehmen könne, die an diesem Tag aus dem Krankenhaus entlassen werde und in München keine Familie habe. Das Essen legt Block neben sich auf den Sitz.

Ihre nächste Patientin wohnt in einem windschiefen gelben Häuschen in Tutzing, von dem die Farbe abblättert. Im Wohnzimmer sitzt eine alte Dame vor dem Fernseher. Es ist dunkel, die Fenster sind klein, und in einem Ofen brennt Feuer. Die alte Dame ist 88 und trägt ein Sauerstoffgerät. Ihre Tochter verabschiedet sich schnell von Block, sie muss zur Arbeit. Jeden Mittag übernehmen Block und ihre Kolleginnen die alte Dame. Sie kochen, räumen auf und reden. An der Wand hängen viele Fotos. Die alte Dame deutet auf eines, darauf hält ihr Enkelsohn ein Baby im Arm – ihren Urenkel. Die alte Dame hat ihn noch nie gesehen, die Familie lebt in den USA. »Ich weiß nicht, ob ich ihn noch einmal sehen werde. Ich weiß nicht, ob ich dann noch lebe«, sagt die Dame. Block beruhigt: »Natürlich werden Sie ihn noch sehen!« Auch hier stellt Block wieder eine neue Betreuerin vor, sie wurde gerade erst eingestellt. Die alte Dame fragt sie vorsichtig: »Können Sie ein bisschen Deutsch?« Die Betreuerin antwortet: »Ja, ein bisschen. Ich bin Bayerin.« Die alte Dame ist erleichtert. Sie erzählt, zuvor hätten sich zwei Rumäninnen um sie gekümmert. Nett seien die gewesen, aber sie habe sich überhaupt nicht mit ihnen unterhalten können. Sie sprachen kein Deutsch.

Bożena Block zeigt ihrer Kollegin die Wohnung. Die alte Dame wohnt zur Miete. Auf dem vergilbten Herd steht ein Topf Gulasch. Es gibt keine Heizung und nur wenige Möbel. Auch am Starnberger See existiert Armut. »Trinken sie ein bisschen Kaffee mit ihr und ratschen«, sagt Block beim Abschied zur Kollegin. Dann eilt sie weiter ins Büro von Home instead.

Das liegt in einer schmalen Seitenstraße von Starnberg. Block teilt sich den kleinen Raum mit der Pflegedienstleiterin. An der Wand hängen Werbeplakate von Home instead: ein lachender Pensionär, der Gitarre spielt. Block schaltet den Computer an, legt die Tüte mit der Quiche daneben. Zum Essen ist sie noch nicht gekommen. Sie telefoniert mit der Mitarbeiterin von heute Morgen: »Hat sich Herr Krüger etwas beruhigt?« Sie beugt sich über die Papiere, das Telefon klingelt ohne Pause. Im Nachbarzimmer sitzt Blocks Chefin.

In den USA existiert Home instead seit 1994, in Deutschland seit zehn Jahren. Es ist ein Franchise-Unternehmen. Die Leistungen können über die Kassen abgerechnet werden. Home instead beschäftigt keine Vollzeit-, sondern nur Teilzeitkräfte. Sie verdienen 10,55 Euro die Stunde, Anfang 2019 werden es 11,05 Euro sein. Der Mindestlohn in der Pflege liegt bei 8,50 Euro. Ein Festgehalt gibt es nicht. Die Mitarbeiter haben keinen medizinischen

Abschluss. Sie werden angelernt und zwei Tage lang ausgebildet. Die Gesellschaft wird älter. Es gibt mehr Demenzkranke. Viele haben keine Verwandten und falls doch, leben sie häufig nicht in der Nähe. Mit den klassischen Pflegediensten wären sie unterversorgt.

Bei Home instead arbeiten meist Hausfrauen, Minijobber, Rentner, junge Mütter oder Menschen mit schwierigen Lebensläufen. Viele haben einen anderen Job, aber das Gehalt reicht nicht und sie müssen aufstocken. Über die Kassen konnte man hauswirtschaftliche Hilfe schon immer abrechnen. Seit zwei Jahren geht das auch stundenweise, vorher wurden nur Einzelleistungen bezahlt. Die Pflegedienste boten nur Pflege an. Seit die letzte Pflegereform die Pflegebedürftigkeit neu definiert hat, gibt es mehr Geld und dadurch auch mehr Anbieter. Die Krankenkassen machen Druck, dass die Menschen schnell aus den Krankenhäusern entlassen werden. Zu Hause sind die Menschen aber allein, hilfsbedürftig und haben keinen Pflegegrad. Bis zu vier Wochen kann Home instead dann helfen.

Bożena Block fragt sich nun oft, wer sie einmal versorgen wird, wenn sie selbst in Rente geht. »Man muss die Arbeitsbedingungen verändern und dem Pflegepersonal mehr bezahlen«, sagt sie. Die im Koalitionsvertrag versprochenen achttausend neuen Stellen seien ein Witz. Der Beruf sei nicht attraktiv genug. »Das ist Knochenarbeit unter hohem Druck.«

Block sagt, sie selbst habe bis 2017 Home instead gar nicht gekannt, noch nicht einmal davon gehört. Das Arbeitsminimum liegt für die Mitarbeiter bei zwölf Stunden in der Woche. Dafür bekommen sie 490 Euro im Monat, etwas mehr als bei Hartz IV. Manche Mitarbeiter übten Tätigkeiten aus, denen sie nicht wirklich gewachsen seien. »Demente sind ganz andere Per-

sönlichkeiten, die kann man nicht in 25 Minuten abfertigen.«
Block sagt es immer wieder: »Überall herrscht Druck, Umsatz zu
machen.«

Bożena Block ist stets erreichbar. Jede zweite Woche und jedes
zweite Wochenende hat sie Bereitschaftsdienst. Dadurch kann
sie so gut wie nie abschalten. In der Aufbauphase gab es Wochen,
in denen sie 14 Überstunden anhäufte. Block meint, das gehöre
zu einer leitenden Position dazu. Sie schreibt diese Überstunden
auch nicht auf, weil sie sowieso nicht bezahlt werden. »Das wird
vorausgesetzt und im Gesundheitswesen erwartet. Ich finde das
politisch nicht korrekt. Ein Maschinenbauer bekommt einen ganz
anderen Stundensatz als die Mitarbeiter in Pflegeberufen, die sich
um Menschen kümmern.« An manchen Tagen darf Block immerhin den Firmenwagen auch privat nutzen.

Auf dem Weg zum nächsten Kunden parkt Block das Auto in
einer kleinen Straße in Icking. Herr Werner, dessen Frau vor kurzem gestorben ist, und sein Sohn öffnen die Tür. Das Haus ist
groß, abgespritzte Betonwände, Bücherregale reichen bis zur Decke, großformatige Bildbände liegen auf Designermöbeln. Herr
Werner war früher Maschinenbauer und hat viel im Ausland gearbeitet. Seine beiden Söhne kümmern sich um ihn und dreimal
in der Woche kommt jemand von Home instead vorbei. Block
hat die neue Kollegin mitgebracht, die sie am Morgen schon bei
Herrn Krüger vorgestellt hatte. Seit Herr Werners Frau gestorben
ist, ist er ein wenig schwermütig und braucht Hilfe im Haushalt.
Block sagt ihrer Kollegin, dass er gern koche und Salat möge. Herr
Werner hat noch keinen Pflegegrad, er zahlt privat 33,95 Euro die
Stunde. Block hat wieder sehr viele Formulare vor sich auf dem
Tisch ausgebreitet, ihr Blick erscheint abwesend. Kostenvoran-
schläge müssen unterschrieben werden. Sie versucht, den Über-
blick zu behalten. Herr Werner hat sich eine Betreuerin nicht älter

als sechzig Jahre gewünscht. Darüber waren seine Söhne ein wenig erstaunt.

Später fährt Block kurz an den Starnberger See, sie will zeigen, wie schön es dort ist. In einem Beachclub sitzen einige Menschen in Decken gehüllt, tragen Sonnenbrillen, die ihnen bis fast zum Kinn reichen und trinken Champagner oder Aperol Spritz. Sie leben das Klischee. Block deutet auf den Steg nebenan, da geht sie im Sommer baden.

Sie sagt, früher habe sie SPD gewählt. Gleichheit finde sie wichtig, und Gerechtigkeit. Im Herzen ist Block eine Sozialdemokratin, aber Menschen wie sie hat diese Partei in den vergangenen Jahren an der Macht irgendwie aus den Augen verloren. Bei der Bundestagswahl 2017 hat sie Angela Merkel gewählt, weil die sich »für Frieden einsetze«. Das findet Block gut. Zu Beginn war sie auch von Martin Schulz angetan. Dann hat sie gemerkt, der ist unsicher und setzt sich nicht durch. Also gab sie ihre Zweitstimme der AfD. »Aus Protest«, sagt sie. Nur wogegen? Gegen die Flüchtlinge, sagt sie, sie mache sich Sorgen, wie es mit ihnen weitergehen werde. Bei ihrem Sohn Paul seien schon sechzig Prozent der Schüler in seiner Klasse Migranten.

Blocks Großvater war Deutscher. Sie hatte einen Monat nach ihrer Ausreise bereits die deutsche Staatsbürgerschaft. »Politiker wissen nicht, wie das normale Leben ist«, sagt sie. Andrea Nahles zum Beispiel, die neue SPD-Vorsitzende, sei immer nur Parteifunktionärin gewesen. Was wisse die schon? Mitten im Beachclub, neben Champagner trinkenden Frauen in den Fünfzigern, bricht es aus Block heraus: Dass Politiker keine Ahnung davon hätten, was eine Pflegerin leisten müsse. 25 Menschen auf einmal abfertigen. Und wie es in den Krankenhäusern und Pflegeheimen zugehe. Block erzählt, Menschen mit Krebsdiagnose würden von Krankenhaus zu Krankenhaus gefahren, und die Kasse klärten sie nicht auf, was ihnen tatsächlich zustehe. »Man verbringt mehr Zeit über den Papieren als bei den Patienten.«

Block läuft eilig wieder zum Auto, sie muss zurück ins Büro. Am Bahnhof in Starnberg stehen Neubauten aus den siebziger Jahren, die Werbetafeln leuchten orange und ockerfarben. Es sieht aus wie eine lebendig gewordene, ein wenig vergilbte Postkarte aus der alten Bundesrepublik. Ein Freiluftmuseum mit alterndem Personal, nichts ist darin, wie es einmal war.

Bożena Block betritt wieder ihr Büro. Auf ihrem Schreibtisch und am Computer kleben überall gelbe Post-its, die sie alle an etwas erinnern, das noch erledigt werden muss. Nun, am späten Nachmittag, beißt sie das erste Mal in ihre Quiche.

Bei der nächsten Patientin sucht Block einen Parkplatz in Starnberg. Vor dem Bootsverein ist ein Kundenparkplatz frei, den will sie nehmen. Kaum steigt sie aus, kommt eine Frau auf sie zugeschossen. Sie ist dezent geschminkt, trägt eine grüne Barbour-Jacke, hält einen großen Hund an der Leine. Mit erhobener Stimme geht sie sogleich auf Block los: »Hier dürfen Sie nicht stehen! Ich rufe sonst die Polizei!« Block zwingt sich ruhig zu bleiben, antwortet nur: »Ich hoffe, dass wir Sie nicht eines Tages pflegen müssen!«

Es ist so gut wie aussichtslos einen anderen Parkplatz zu finden und Block ist schon spät dran. Die Frau wartet und wacht die ganze Zeit darüber, ob sie auch wirklich wegfährt und nicht wiederkehrt. Blocks Kollegin sagt: »Das ist eine, die nie arbeiten musste!« Block meint, sie könne es sich nicht leisten, pampig zu reagieren. Dies würde sich herumsprechen. Es wirkt wie das Aufeinandertreffen zweier Systeme, die Besitzlosen und die Besitzenden, die Pfleger und die Gepflegten. Schließlich zieht die Frau ab.

Block steigt die Treppen zu Frau Wenk hinauf. Die wurde an

diesem Morgen aus dem Krankenhaus entlassen. Die Tumore in ihrem Gesicht sind so groß, dass einer davon ihr das linke Auge aus der Höhle drückt. Neben Block und ihrer Kollegin ist auch eine Frau vom klassischen Pflegedienst in der Wohnung. Frau Wenk liegt auf dem Sofa, acht Kopfoperationen hat sie hinter sich. Früher war sie Ärztin. Bożena nimmt sie in den Arm. »Mama«, sagt Frau Wenk. Zwischendurch döst sie immer wieder ein. Am Tisch brüten die versammelten Pflegerinnen wieder über den Papieren.

Die neue Kollegin von Block war einmal Einzelhandelskauffrau und hat zwanzig Jahre in der Gastronomie gearbeitet, sie schaut in der Küche nach, ob es Lebensmittel zum Kochen gibt. Block zeigt ihr, wo die Windeln sind. Frau Wenk hat nichts getrunken oder gegessen. Ihr Krebs expandiert. Es ist ziemlich eindeutig, dass Frau Wenk nicht mehr lange leben wird. Leise sagt sie: »Bożena hat alles im Griff!« Wenks Wohnung ist groß, drei Zimmer, Parkett, großer Balkon. Sie hat allein viel mehr Platz als Block mit ihren Söhnen zu dritt.

Frau Wenk hat keine Kinder und keinen Mann. Erst in zwei Tagen wird ihr Bruder aus Hamburg anreisen. Bis dahin sind nur Bożena Block und ihre Kolleginnen für sie da.

Block erinnert sich an einen Mann, 45 Jahre alt, der hatte ein Blasenkarzinom. Sie stand vor dessen Tür, keiner öffnete. Dann holte sie die Feuerwehr, die brach die Tür auf. Der Mann saß auf dem Bett und war nicht fähig, aufzustehen. Exkremente liefen aus seiner Windel hinab, die Beine waren geschwollen und wund. Der Kühlschrank war leer. Es stank. »Das ist das Endstadium«, sagt Block. Da könne man den Menschen doch ein bisschen Lebensqualität lassen. Aber die Krankenhäuser setzten den Mann unter Druck. Er solle eine Chemotherapie machen, weil sie dafür Geld bekommen. Der Mann lehnte ab, also wurde er nach Hause ins Nirgendwo entlassen.

Block fährt schnell noch einmal los, um für Frau Wenk Medikamente aus der Apotheke zu holen. Nebenbei legt sie noch ein paar Flyer von Home Instead aus. Auf dem Rückweg telefoniert sie mit ihrer Chefin, die sagt: Medikamente besorgen, das sei nicht Blocks Aufgabe. Aber Block mag Frau Wenk, und der klassische Pflegedienst schafft es nicht, so oft bei ihr vorbeizuschauen.

Nach wenigen Tagen mit Bożena Block fühlt man sich, als hätte einem jemand die Faust in den Magen gerammt, so stark, dass es einem die Luft nimmt. Denn eines wird sehr deutlich: Egal, was man mit seinem Leben angefangen und vielleicht einmal dargestellt hat – es ist schlimm in Deutschland, einem der reichsten Länder dieser Erde, alt und krank zu sein. Und noch schlimmer ist es, dabei einsam zu sein.

Zurück im Büro beugt sich Block über die lilafarbenen Hefter mit den Kundenakten. »Manchmal bin ich richtig auf Adrenalin und freue mich, wenn ich was schaffe.« An diesem Tag hat sie nur ein Drittel von dem dokumentiert, was sie müsste.

Am Abend auf dem Weg nach Hause wird Block im Auto ungewöhnlich still. Sie beurteilt ihre Situation ziemlich nüchtern. Die Lebensqualität in Deutschland hat sich für sie in den vergangenen Jahren verschlechtert. Sie kann sich als Alleinerziehende, die gut ausgebildet ist und Vollzeit arbeitet, kein eigenes Auto und keinen Urlaub mehr leisten. Nur selten erlaubt sie es sich, ins Kino, ins Theater oder essen zu gehen. Und bei ihrer verzweifelten Wohnungssuche hat sie bemerkt, wie tief der soziale Status einer Krankenschwester und Pflegerin gesunken ist. Alle wissen, dass sie nicht viel verdient. »Ich frage mich, wie eine Kassiererin heute überlebt?«

Bożena Block ist jetzt 49. Als sie vor fast dreißig Jahren nach Deutschland kam, habe sich auch die untere Mittelschicht noch etwas leisten können, sagt sie. Ihr Mann und sie besaßen zwei

Autos, gingen öfter aus. »Es war einfacher.« Nun dauert es noch eine Woche, bis ihr Lohn ausgezahlt wird, und ihr Konto ist fast leer. »Wenn irgendwas Unvorhergesehenes passiert, kann ich es finanziell nicht stemmen.« Eine Mieterhöhung wäre, zum Beispiel, eine Katastrophe und würde ihr gesamtes System zum Einsturz bringen. Einige Monate später wird es so weit sein, dann wird die Miete fast die Hälfte ihres Gehalts verschlingen.

Block zahlt zusätzlich noch immer einen alten Ausbildungskredit ab, einen Teil der neuen Küche und das Sofa, ihre alten Möbel waren zu groß für die neuen, kleineren Verhältnisse. Sie zahlt für die Lehre ihres älteren Sohnes. Sie zahlt Versicherungen, Fahrkarten, Rundfunkgebühren, obwohl sie nie Fernsehen schaut, weil sie keine Zeit dazu hat. Sparen kann sie nichts. Falls ihr älterer Sohn eine Wohnung finden sollte, müsste Block auch für die Kaution aufkommen. Seit geraumer Zeit ist sie nicht mehr nach Polen gefahren. Block hat ein schlechtes Gewissen, sie kann ihrer Familie dort kein Geld mehr überweisen. Die braucht es aber auch nicht mehr, es geht ihr inzwischen selbst ganz gut.

Die Autobahn Richtung Münchner Innenstadt füllt sich. Block überlegt öfter, ob sie falsch sei in ihrem Beruf, in dem Ganzen, ob sie sich vielleicht selbständig machen solle. »Aber es wird nie genug sein«, sagt sie. Im Gesundheitswesen habe sie kein Privatleben mehr. Immer gäbe es zu wenig Leute. »Wer macht denn diese Jobs?«, fragt sie laut und antwortet sich sogleich selbst: »Es wird immer Seelen geben, die das machen!« Darin schließt sie sich selbst mit ein. Die Frage ist nur, wie lange sie es durchhält.

Ihre Schwester arbeitet nun als Ärztin in der Schweiz. Der Verdienst und die Arbeitsbedingungen sind dort besser als in München. Nach fast dreißig Jahren in Deutschland hat Bożena Block darüber nachgedacht, noch einmal auszuwandern. Doch sie hat gehört, die Schweizer mögen Ausländer nicht so gern.

LISA BANHOLZER

Ein Sonntagnachmittag in einer alten Brauerei in Berlin-Prenzlauer Berg, rote Backsteine, drum herum Brachland. Daran grenzen neu gebaute Townhouses. Ins Innere der Brauerei gelangen nur Gäste mit Einladung. Nike stellt sein neues Turnschuhmodell vor, den Nike Air Max 1.

Lisa Banholzer wird ein Panel zum Thema *Turning Imagination into Reality* moderieren. In einer großen Halle ragen mehrere graue Stelen mit Glaskästen in die Höhe. Darin stehen hell erleuchtet einzelne Turnschuhpaare, ausgestellt und angestrahlt wie seltene Kunstobjekte. Ein Paar kostet zwischen hundert und hundertsechzig Euro. Hier geht es nicht nur darum, einen Sportschuh zu präsentieren, sondern darum, ein Lebensgefühl zu vermitteln. Jung, hip und international.

Im Nachbarsaal legt eine DJane auf. Es gibt freies WLAN, eine Bar, Stände, an denen man sich seine Fingernägel maniküren lassen kann, und eine Bühne, auf der gerade die Influencerin, YouTuberin und MTV-Moderatorin Wana Limar Schminktipps gibt. Sie redet Englisch, fragt sich selbst: »*Why am I so great?*« (Warum bin ich so wunderbar?), um dann die Frage gleich selbst zu beantworten: »*I am blessed.*« (Ich bin gesegnet.) Ihr Publikum, sehr viele junge Frauen, hocken auf weißen, aufblasbaren Sesseln und halten ihre Smartphones fest mit den Händen umschlossen. Sie tippen, posten und ab und an fotografieren sie auch, sich selbst, die Bühne und Limar. In dieser Umgebung einen Schreibblock aus der Tasche zu nehmen, wirkt in etwa so, als schaue man direkt aus der Steinzeit vorbei. Dann tritt Lisa Banholzer auf die Bühne. Sie trägt eine sehr enge schwarze Latexhose und große goldene Kreolen-Ohrringe, und sie ist nervös. Es ist ihr erstes Panel, das sie moderiert. Auch ihre Gesprächsrunde ist auf Englisch. Auf dem Sofa sitzen Wana Limar, Dalad Kambhu und Maxim Magnus neben Banholzer. Limar wurde in Kabul geboren, kam als Vierjährige nach Deutschland und verbrachte die ersten Jahre in einem Asylbewerberheim. »Ich habe immer von dem geträumt, was ich jetzt mache!«

Dalad Kambhu ist Thailänderin, hat als Model gearbeitet und in New York gelebt. Nun wohnt sie in Berlin und betreibt ein eigenes Restaurant. »Ich bin eine der wenigen Köchinnen der Stadt.« Ganz am Rand des Sofas wartet noch Maxim Magnus, ein 19-jähriges belgisches Transgender-Model. »Ich habe darum gekämpft, eine Frau sein zu können.« Am Ende stellt sich Banholzer selbst vor, als Mitgründerin von Blogger Bazaar. Ihre Geschäftspartnerin Tanja Trutschnig steht im Publikum und filmt mit. Banholzer ist nicht nur die Moderatorin, sie ist auch ein Teil der Runde, ein Teil der Botschaft, die Nike senden will.

Sie beginnt, die drei Frauen zu interviewen und wendet sich zuerst an Maxim Magnus:

Banholzer: »Wann wusstest du, dass du eine Frau sein willst?«

Maxim Magnus: »Ich wusste mit 14: Ich bin eine Frau.«

Banholzer: »Fühlst du dich jetzt anders, nach der Operation?«

Maxim Magnus: »Du suchst es dir nicht aus, weiblich zu werden. Im Inneren wusste ich immer: Ich bin eine Frau, auch als ich äußerlich noch ein Mann war.«

Banholzer: »Ist die Welt von Instagram eine Welt, in der wir mehr Konkurrenz zwischen Frauen erleben?«

Dalad Kambhu mischt sich ein: »Bevor ich Köchin wurde, war ich Model in New York. Dort herrschte großer Wettbewerb – *smile bigger, smile better!* Als ich nach Berlin kam, hatte ich mich in einen älteren Mann verliebt, der nicht wollte, dass ich ein Restaurant führe. Die Küche ist sehr männlich dominiert. Zu Beginn habe ich mich auch davor gefürchtet, mich Chefin zu nennen. Einem Mann, der zehn Jahre Erfahrung hat, fällt es schwer, von mir Anweisungen anzunehmen. Ich bin noch nie so oft beleidigt worden wie im letzten Jahr. Einer meiner Köche meinte, was ich koche, sei kein richtiges thailändisches Essen. Und das kommt von Deutschen, die noch nie in Thailand waren. Man sollte viel früher anfangen, an sich zu glauben. Nicht erst mit 35 wie ich!«

Wana Limar erzählt: »Ich wurde in Afghanistan geboren. Deutschland hat mir die Möglichkeit gegeben, diese Karriere zu machen. Ich schätze die Freiheit, die unsere Industrie bietet.«

Jetzt spricht wieder Maxim Magnus: »Ich dachte, ich werde nach meiner Geschlechtsumwandlung respektiert. Aber es gibt immer noch Menschen, die sagen, ich sei keine richtige Frau.«

Die vier jungen Frauen sind laut, selbstbewusst und gewöhnt, sich in der Öffentlichkeit zu zeigen und zu artikulieren. Ihr Gespräch hat absolut nichts mit Nike oder Sportschuhen zu tun. Sie präsentieren ihr persönliches Leben im Rahmen einer Marke. Nike gibt den Frauen den Raum und das Umfeld, feministische Ansichten zu äußern.

Auf den ersten Blick ist nicht klar, was dieses Panel, was die ganze Veranstaltung mit Nike zu tun haben. Es ist keine Werbung im herkömmlichen Sinn, bei der ein Produkt in die Kamera gehalten wird. Es geht um den Verkauf von Authentizität. Die realen Geschichten der Frauen sollen junge, hippe, urbane Menschen anziehen und mit der Firma verbinden. So geraten Lebensgeschichten, gerät auch Intimes zur Markenbotschaft. Einerseits bietet Nike eine Plattform für wichtige und komplexe Themen, andererseits will das Unternehmen Turnschuhe verkaufen.

Lisa Banholzer fragt die anderen nun, ob sie noch eine Botschaft an das Publikum hätten. Jede der Frauen verkündet eine. Die von Maxim Magnus lautet: »Wir müssen die Konkurrenz zwischen uns Frauen beenden. Das zerstört uns! *Be kind always. And reach for the stars!*« Dalad Kambhu meint: »Wir arbeiten alle sehr hart! Wir müssen selbst entscheiden, was gut für uns ist.« Und Wana Limar warnt: »Vergleicht euch nicht mit anderen. Von außen sieht immer alles besser aus.«

Zum Schluss machen die vier Frauen noch Fotos mit- und voneinander. Banholzer und die anderen werden sie danach über ihre sozialen Netzwerke an ihre Fangemeinden schicken. Für Nike ist das die entscheidende Handlung – die Vervielfältigung, die erhöhte Sichtbarkeit und die Verbindung der Marke mit diesen jungen Frauen.

Für die jungen Frauen wiederum sind die Bilder Beweis dafür, dass sie gefragt sind. Immer gutgelaunt und immer unterwegs.

Banholzer steht danach im trüben Licht, umarmt Trutschnig. Die hat den Deal mit Nike für Lisa ausgehandelt. »Sie weiß, ich kann das und habe Lust darauf.« Manchmal agiert Tanja Trutschnig auch wie eine Managerin für Banholzer. Sie ist stets an ihrer Seite, macht Vorschläge, beruhigt sie, manchmal spricht sie ihr auch Sätze vor.

Banholzer hatte sich vor dem Panel sehr ernsthaft auf ihre Gesprächspartner vorbereitet, Interviews mit ihnen gelesen, recherchiert, was sie in den sozialen Medien »so machen«. Da sie sich zuvor noch nie mit Transgender beschäftigt hatte, hatte sie überlegt, wie genau sie Maxim Magnus ansprechen sollte. Sie fürchtete, etwas Falsches oder gar Unsensibles zu sagen.

Auf dem Weg nach draußen in die Sonne läuft Banholzer an den Toiletten vorbei. *Female identifying bathroom* steht auf einem Zettel an der Tür. Der Zettel sendet die Botschaft: In unserer Welt ist alles vielfältig, gleichberechtigt, polyglott. Weder die Hautfarbe noch das Geschlecht spielen noch eine Rolle. Was die Genderdebatte betrifft, erscheinen Nike und die Frauen damit progressiver als viele Menschen in Deutschland – als Verkünderinnen der Zukunft, als Königinnen des Fortschritts.

Ein paar Wochen zuvor war Banholzer zu einer Gesprächsrunde der Berliner Handtaschenfirma Liebeskind eingeladen. Die Firma stellte ihre perfekte *Business Bag* vor. In der Runde ging es ähnlich wie bei Nike nicht um Handtaschen, sondern um das Thema *Companionship*. Wer einen im Leben begleite. »Ich habe viel über Tanja gesprochen«, sagt Banholzer. »Darüber, was für eine enge Beziehung wir haben. Es ist wie bei Schwestern. Eine Option der Trennung gibt es nicht.« So wird Banholzers und Trutschnigs persönliche Freundschaft zum Vehikel für die Handtasche, die einen – so die Werbebotschaft – auch wie eine echte Freundin oder ein echter Freund ein Leben lang begleiten soll.

Die Firmen wollen nicht mehr allein Produkte verkaufen, sie wollen sie mit Emotionen aufladen: »Genau deshalb brauchen sie uns – starke Frauen.« Banholzer und Trutschnig wissen das. Sie werten die Marke auf mit ihrer Kraft, ihrem Engagement, ihrem Leben.

Die beiden Fauen kennen ihren Wert und machen sich Gedanken darüber, wie sich die Werbeindustrie verändert hat und wie sie sich weiterentwickeln wird: Wird es in ein paar Jahren noch Fashion Weeks geben? Oder werden Designer ihre neuen Modelle unabhängig von Saison und Geschlecht ganz im Netz und damit noch schneller präsentieren? Und wie werden Marken heute platziert? Über *Storytelling*, das Geschichtenerzählen. »Das geht am besten über Influencer«, meint Banholzer. Die haben die Geschichten und die Reichweite.

Als Werbeträger oder Werbeträgerin macht man sich so aber auch angreifbarer, verwundbarer. Lisa setzt sich der Öffentlichkeit aus, trägt buchstäblich ihre Haut zu Markte. Sie wird nun persönlich mit ihrer Biographie, ihren Ansichten und Taten und einem Produkt verknüpft. Das kann manchmal ziemlich unangenehm werden. »Ich bin ein bisschen ängstlicher und vorsichtiger geworden.«

Wenn Banholzer bei der Modekette Zara einkauft und das Outfit postet, gibt es sogleich kritische Kommentare und Reaktionen, ob sie etwa *Fast Fashion* unterstütze? So günstig dürfe Mode nicht sein! Wenn Banholzer aber Luxusmarken trägt, dann heißt es, sie sei verwöhnt. »Zu jedem Post, auf dem ich keine nachhaltige Mode trage, kriege ich Nachfragen.« Zu allem soll sie jetzt Stellung beziehen – zu Mercedes und dem Dalai Lama. Immer alles richtig machen kann sie nicht, auch wenn sie sich sehr darum bemüht. »Ich versuche mich durch die Fallen hindurchzumanövrieren.« Sosehr ihre Follower sie feiern, so schnell können sie sich auch gegen Banholzer wenden. »Manchmal kümmere ich mich mehr um irgendwelche Follower als um meinen eigenen Freundeskreis.«

Denn die schlimmste Strafe für einen Social-Media-Star ist die öffentliche soziale Ausgrenzung und Ächtung. Die Isolation. Kein Verein, keine Kirchengemeinde und oft auch keine Familie fängt das mehr auf. Wenn Lisa Banholzer abends im Bett sitzt und durch die Instagram-Kanäle und Facebook-Seiten surft, weiß sie, dass dies kein echter sozialer Kontakt ist, sondern dass er von Algorithmen bestimmt, von Maschinen generiert wird.

Ein paar Tage nach der Nike-Veranstaltung in der Brauerei sitzt Lisa Banholzer an einem Dienstagmorgen um acht an dem Tisch in ihrem Wohnzimmer. Es ist Ende März, vor ihrem Fenster fängt es an zu schneien. Eine Visagistin schminkt und frisiert sie seit einer Stunde. Banholzer dreht gerade einen Werbespot für Samsung, der auf Pro Sieben in den Pausen von »Germanys Next Topmodel« laufen soll. Zwei der Heidi-Klum-Kandidatinnen machen auch mit. Für Samsung bedeutet das maximale Quoten, für Banholzer maximale Sichtbarkeit.

Die SPD hat sich für einen Eintritt in die Große Koalition entschieden. Banholzer hat keine große Lust mehr, darüber zu sprechen, ein leidiges Thema. Derweil färben sich ihre Augenlider violett, am Ende schimmern sie roséfarben. Vor ihrem Bett liegen zwei aufgeklappte Koffer, auf der linken Seite, auf der sie nicht schläft, liegen Bücher, zum Beispiel: »Die Kunst, die Eltern zu enttäuschen. Vom Mut zum selbstbestimmten Leben.« Das ist der Augenblick, um nach dem Ausgang der Parisreise im Februar zu fragen. Alle hätten sich sehr gut verstanden, sagt sie. Banholzers Eltern mögen ihren Freund und er sie.

Lisa Banholzer fühlt sich oft verantwortlich dafür, dass es allen um sie herum gutgeht. Sie lacht viel und laut, auch dann, wenn ihr nicht danach zumute ist. Sobald Stille entsteht, beginnt sie zu reden.

Banholzer hat den Laptop vor sich aufgeklappt: L'Oréal sucht kurzfristig jemanden für dekorative Kosmetik, eine Frau fragt, ob sie sich auf einen Kaffee treffen könnten, sie wolle eine Doktorarbeit über Influencer schreiben. Andere bitten Banholzer um Berlin-Tipps. Nun gibt es viele, die etwas von ihr wollen, die hoffen, von ihrem Ruhm und ihrer Reichweite profitieren zu können.

Noch vor zwei Jahren musste sie erklären, was eine Bloggerin überhaupt ist, auch Influencer waren weitgehend unbekannt.

2017 kam der Durchbruch, auf einmal erschienen Influencer sehr begehrt. Zu Beginn fragten die Firmen die ersten drei an, die bei der Googlesuche ganz oben auftauchten. Inzwischen suchen sie gezielter aus. Nach anderthalb Stunden Make-up sieht Lisa Banholzer kaum geschminkt aus. Vor dem Haus wartet ein Fahrer der Produktion, der sie zum Drehort bringt. Bei diesen Aufnahmen darf sie nichts posten. Alle Teilnehmer sollen sogar Verschwiegenheitserklärungen unterzeichnen, weil auch Kandidatinnen von »Germanys Next Topmodel« darin auftreten. Banholzer lacht: »Das ist richtig befreiend, sonst wollen immer alle, dass ich etwas poste.«

Der Wagen hält vor den S-Bahn Bögen an der Berliner Jannowitzbrücke. Der Werbespot wird in einem Fotostudio direkt an der Spree aufgenommen. Vor den großen Fenstern, die bis zum Fußboden reichen, glitzert das Wasser, Schiffe fahren vorbei. An der Wand hängt eine Neonreklame: *The ultimative inspiration is the deadline.*

Das Produktionsteam wartet schon, viele junge Männer. Auch Tanja Trutschnig ist da.

Banholzer kocht erst einmal für alle einen Tee, wie immer lacht sie am lautesten, stets darum bemüht, allen ein gutes Gefühl zu geben.

Dann setzt sie sich mitten in den Raum auf einen Stuhl, vor ihr die Kamera, ihr gegenüber einer der jungen Männer, der sie gleich sehr ernst zum neuen Samsung Galaxy S9 befragen wird. Trutschnig ruft Banholzer zu: »Mach noch ein bisschen die Bluse auf!«

Der Interviewer ist ein junger Mann, dessen lange Haare, wie es das Klischee verlangt, unter einer Wollmütze hervorschauen. Er fragt Banholzer: »Warum sind ästhetische Bilder wichtig?« Banholzer antwortet ebenso ernst: »Es ist besonders wichtig, dass die Models selbst den ästhetischen content produzieren. Heutzutage nimmt man das Handy täglich mit. Du hältst fest, wo du bist und mit welchen Leuten. Alles von gestern ist fast schon unwichtig. Es ist eine Herausforderung, jeden Tag neue authentische Bilder zu machen.«

Es soll wie ein professionelles journalistisches Interview klingen. In einer Pause ruft Trutschnig ihrer Partnerin zu: »Sag mal natürlich, nicht authentisch!« Im Prinzip erklärt Banholzer in dem Spot zwei ausgesuchten Kandidatinnen von »Germanys Next Topmodel« das Handy.

Der Regisseur will wissen, ob die Models zufrieden mit den Bildern waren, die sie beim Drehen des Spots am Vortag gemacht haben? »Gut« ist zu wenig, überlegt Banholzer, sie seien »megahappy« gewesen. Und der Livefocus habe bei den Mädchen nicht einen »Aha-Effekt«, – der muss nicht zwangsläufig etwas Positives bedeuten –, sondern einen »Wow-Effekt« ausgelöst.

Die Stimmung im Studio ist ein wenig angestrengt. Lisa Banholzer schaut sich um und ruft in die Runde: »Na, geht's euch gut, Leute?« Die Reaktionen sind verhalten. Banholzer fröstelt, zwischendrin hängt sie sich ihren dicken Fellmantel über.

Der Interviewer stellt nun eine philosophische Frage: »Darf man *man selbst sein* auf Social Media?« Banholzer: »Man muss es schon fast. Man muss echten content generieren!«

Danach zieht sie sich um, lange Stiefel, die ihr bis über die Knie reichen, schwarzer Rock, schwarzer Rollkragenpullover, die Haare bindet sie streng nach hinten zu einem Knoten. Es folgt die Selbstvorstellung: »Hi, ich bin Lisa von Blogger Bazaar.« Dann bricht sie ab, mehrmals beginnt sie von vorn. Tanja Trutschnig ruft ihr zu: »Verkopf nicht so!«

Banholzer schickt die Hälfte des Teams vor die Tür, sie müsse sich konzentrieren. Die Selbstvorstellung ist das Wichtigste für sie an diesem Tag. So werden die Zuschauer erfahren, wer sie ist.

Zum Abschied umarmen sich alle: »War mega!« Banholzer bleibt noch und räumt das Geschirr in die Spülmaschine.

Im Taxi nach Hause hält Banholzer einen Napfkuchen in der Hand, ab und zu bricht sie einzelne Brocken davon ab. Sie wirkt erschöpft. »Für uns war wichtig, *wie stellen wir uns dar.* Es soll real sein, aber trotzdem für die *brand.*« Banholzer hat das Gefühl, dass sie sich nun auch um ihre Rente kümmern muss, dieses Geschäftsjahr sei gut gewesen, das erste Mal habe sie sich etwas auszahlen können. Jetzt hat sie eine private Rentenversicherung abgeschlossen. Das wird nicht reichen. »Ich bin immer noch altersarmutsgefährdet.«

Nachher, später an diesem Tag, hat sie eine Massage im Soho House gebucht. »Dann mache ich das Handy aus. Glaube ich.« Lisa Banholzer träumt davon, einmal am Wochenende ungeschminkt in Schlabberhose und ohne Telefon spazieren zu gehen. Einmal nicht schön, hip oder erreichbar sein zu müssen. Aber Bilder werde man davon keine sehen. »Ich will funktionieren. Ich bin Teil eines Systems.«

JÖRN UND KATRIN REICHENBACH

Bis zu einem Abend Anfang Mai 2018 funktioniert auch Jörn Reichenbach. Da kehrt er von einer Kundenpräsentation aus Frankreich zurück. Er hat Schmerzen in der Brust und im Bauch. Schon zuvor fühlt er sich nicht gut, die vielen Geschäftsreisen, die Arbeit wird immer mehr, er ist sehr gefragt. In den USA und Europa laufen Verfahren gegen VW und andere Autohersteller wegen Abgasmanipulationen, und das Bundesverwaltungsgericht in Leipzig hat Ende Februar 2018 ein folgenschweres Urteil gefällt. Es hat Gemeinden erlaubt, Fahrverbote zu verhängen, wenn die Stickstoffdioxidwerte den EU-Grenzwert von 40 Mikrogramm pro Kubikmeter Luft überschreiten. Die Deutsche Umwelthilfe hat sogleich gegen Reichenbachs Wohnort, gegen Stuttgart geklagt. Deutschland diskutiert über Fahrverbote für Dieselautos in immer mehr Städten.

An diesem Abend holt Katrin Reichenbach ihren Mann vom Zug ab. Sie gehen noch etwas essen. Als sie nach Hause kommen, werden seine Bauchschmerzen immer heftiger, er sagt, es sei akut. Seine Frau versucht vergeblich, ihren Hausarzt zu erreichen. Jörn Reichenbach kann kaum noch aufrecht stehen. Sie müssten sofort ins Krankenhaus, sagt er, die Schmerzen seien unerträglich. Im ersten Stock schlafen die Kinder, Katrin sagt der Tochter

Bescheid. Im Wagen bittet Reichenbach seine Frau, auch bei Rot über die Kreuzung zu fahren, sonst werde er ohnmächtig. Im Eingang der Notaufnahme eines Klinikums in Stuttgart bricht Jörn Reichenbach schließlich zusammen. Es ist 22.30 Uhr an einem Donnerstagabend. Es dauert eine Weile, bis ein Arzt sich um ihn kümmern kann. Als Katrin Reichenbach heimfährt, denkt sie, ihr Mann braucht eine neue Leber. Sie sitzt nun allein in einem nicht abbezahlten Haus mit zwei Kindern ohne nahe Verwandte in der Nähe. In den nächsten Tagen hören die Reichenbachs viele verschiedene Diagnosen. Ein Virus! Die Leber! Der Magen! Jeden Tag schaut ein anderer Arzt bei Jörn Reichenbach vorbei und stellt neue Vermutungen an. Katrin Reichenbach hat das Gefühl, das Personal ist überfordert und unter Druck. In Wahrheit wissen sie nicht, was Jörn Reichenbach hat. Ein paar Tage später wird sich herausstellen, Reichenbachs Leber ist in Ordnung. Die Ärzte finden zunächst nichts.

Für seine Frau Katrin ist Jörn Reichenbachs Zusammenbruch ein Schock. Er offenbart, wie brüchig der Boden ist, auf dem sich ihre Familie bewegt.

Allein in ihrer Küche spielt sie ihre Möglichkeiten durch, die Verantwortung lastet nun ganz auf ihr. Die vielen Fragen und Konjunktive lärmen in ihrem Kopf: Was wenn Jörn ausfiele oder dauerhaft krank bliebe? Müsste sie das Haus dann verkaufen? Wie könnten sie und ihre beiden Kinder weiterleben? Müssten sie in eine kleinere Wohnung oder ganz woandershin ziehen? Und die Antworten auf diese Konjunktive sind hart. Allein könnte sie das Haus nicht halten. Sie müsste es verkaufen, sie müsste mehr arbeiten. Und sie würde nach Hannover ziehen, wo zumindest Jörns Mutter und ein Teil der Familie leben. Katrin Reichenbach hat das Gefühl, als laufe sie über eine dünne Eisdecke, von der sie nicht weiß, ob die sie trägt. »Beängstigend«, sagt sie.

Nach sieben Tagen wird Jörn Reichenbach aus dem Krankenhaus entlassen. Die Ärzte und er glauben nun, er hat ein Magengeschwür. Es wird drei Monate dauern, bis Reichenbach sich wieder halbwegs gesund fühlt. Es sieht aus, als müsse er sein Leben ändern.

ALEXANDER GAULAND

22./23. Juni 2018, Schloss Hambach, Rheinland-Pfalz

An einem Sonnabendmorgen holt Gaulands Mitarbeiterin Shirley Borchardt, eine junge blonde Frau, Alexander Gauland von seiner Potsdamer Wohnung ab. Sie wird ihn die sechshundert Kilometer bis zum Hambacher Schloss zu einer Veranstaltung der AfD-Landtagsfraktion von Rheinland-Pfalz fahren. Auch in Gaulands Leben hat sich einiges verändert. Vor zwei Jahren fuhr er noch selbst durch Deutschland. Nun gibt seine Mitarbeiterin die geplante Route dem BKA durch. »Die wollen wissen, welchen Weg wir nehmen.« An Gaulands Haus hing schon einmal ein Laken am Gartentor: »Nazis raus.« Die anderen Mieter sind nicht begeistert. Nun gibt es eine Videoüberwachungsanlage. Und der Staatsschutz, Männer wie Thomas Matczak, besuchten Gauland und seine Lebensgefährtin. Sie schlugen vor, einen Alarmknopf in der Wohnung zu installieren und die Fenster mit Folie gegen Splitter zu bekleben. Aber Gauland lehnte ab. Obwohl sich die Stimmung im Land auch dank ihm und seiner Partei so zugespitzt und polarisiert hat, dass ein politisches Attentat nicht mehr völlig unwahrscheinlich erscheint.

Alexander Gauland steht am Gartentor. Er trägt wieder die

Hundekrawatte. Sein Team hat ihm noch eine zweite geschenkt, ein Ersatzschlips. Die Krawatte wurde im Internet angeboten, sie war wohl nach 24 Stunden ausverkauft, heißt es aus seinem Umfeld.

An diesem Morgen wirkt Gauland vergnügt: »Im Moment sieht es sehr gut für uns aus.« Im Prinzip hat er alles erreicht, was er erreichen wollte: Die AfD erzielt in Umfragen stets zweistellige Ergebnisse, die beiden Koalitionsparteien CDU und CSU sind sich über die Flüchtlingsfrage so uneins, dass sie kurz vor einem Bruch stehen. Ein paar Wochen lang sieht es in diesem Frühsommer danach aus, als würde die Regierung zerbrechen und damit Neuwahlen anstehen. Zielsicher setzen Gauland und seine Partei weiterhin ein ganzes Land unter Druck.

Und Gauland hat die Grenzen des Sagbaren wieder ein Stück weiter verschoben. Anfang Juni bezeichnete er beim Bundeskongress der Jungen Alternative in Thüringen die Zeit des Nationalsozialismus im Vergleich zur »über tausendjährigen Geschichte« Deutschlands als »Vogelschiss«. Diesmal scheint er zu weit gegangen zu sein, der öffentliche Aufschrei ist laut. Vor ein paar Jahren hätte ein Satz wie dieser ziemlich sicher das Ende einer Politikerkarriere bedeutet und den Redner an den gesellschaftlichen Rand gerückt. Nun sieht es nicht danach aus.

Alexander Gauland steigt auf den Rücksitz des BMW. Er ist so lange in der Politik, dass er sich noch an 1976 erinnern kann, als CDU und CSU sich einmal für knapp einen Monat trennten. Damals wie heute hält Gauland eine Spaltung für falsch. »Wenn sie sich wirklich zerlegen und ein CDU-Mann gegen einen CSU-Mann antritt, wird das zu solchen Verwerfungen führen, dass es beide Parteien schwächen wird.« Aber er hält ein Ende der Koalition trotzdem nicht für unmöglich: »Man muss damit rechnen, dass sie einen Akt des Irrationalismus begehen.«

Überhaupt kann Gauland die Aufregung im Augenblick nicht nachvollziehen. Der Innenminister Horst Seehofer fordere »nur die Zurückweisung von Flüchtlingen« an der deutschen Grenze, die schon in einem anderen Land registriert worden seien. Angela Merkel hingegen lehnt einen deutschen Alleingang ab und sucht nach einer europäischen Lösung. »Es geht nicht um die Sache. Der CSU geht es darum, im Maximilianeum die absolute Mehrheit zu bekommen.« Im Oktober 2018 sind Landtagswahlen in Bayern, und momentan ist die CSU den Umfragen nach noch weit von einer absoluten Mehrheit entfernt. Die AfD kommt in den Prognosen auf zehn bis zwölf Prozent in Bayern und auch die Freien Wähler nehmen der CSU Stimmen ab. »Die treibt die nackte Angst«, sagt Gauland im Auto.

Zeit, über seinen Auftritt bei der Jungen Alternative zu sprechen. Vor ihm redeten dort Björn Höcke, Andreas Kalbitz und Jörg Meuthen. Gauland sprach als Letzter: »Ich habe versucht, den jungen Leuten die deutsch-jüdische Tradition näherzubringen, die die Nazis kaputt gemacht haben.« Wie bitte? »Da sind ein paar dabei, die komische Ideen haben, da wollte ich etwas bewegen.« Er meint, es gibt Antisemiten in der Jungen Alternative. Liest man die ganze Rede im Wortlaut, steht darin auch: »Liebe Freunde, denken wir immer daran, dass ein deutscher Jude, Ernst Kantorowicz, den Ruhm des Stauferkaisers beschrieben hat. Nein, der Islam gehört nicht zu uns, unsere Vorfahren haben ihn 1683 vor Wien besiegt. Aber das deutsche Judentum, von Ballin und Bleichröder über Rathenau und Kantorowicz war Teil einer deutschen Heldengeschichte, die Hitler vernichten wollte.«

Gauland sagt, auf diese Tradition habe er hinweisen wollen. »Das ist schiefgegangen«, gibt er zu. Niemand sprach danach von der deutsch-jüdischen Tradition. Alle sprachen über seinen »Vogelschiss«-Vergleich. Der stand als Bild auch im Redetext, und den hat er selbst geschrieben. »Es stimmt, man kann das als Bagatellisierung verstehen. Das war ein Fehler. Man darf keine Fehler machen in der Politik!«

Gauland sagt vieles, was sehr problematisch ist, manches ist schwer zu ertragen oder schlichtweg falsch. Es ist, als arrangiere er die stets gleichen Textbausteine immer wieder neu. Und Gauland stellt sich auf seine Gesprächspartner ein: Der Autorin sagt er, es sei ein Fehler gewesen, im Kreis der Jungen Alternative würde er das vermutlich so nicht wiederholen. Die verschiedenen Gesichter des Alexander Gauland. Oder wie er selbst es genannt hat, die verschiedenen Rollen seines Lebens. Er variiert sie ziemlich erfolgreich immer wieder neu.

Was aus dieser Rede allerdings in erster Linie spricht, ist ein gewachsenes Selbstbewusstsein der Partei, die Stärke der Wählerstimmen: »Ja, liebe Freunde, wir haben das Land schon verändert. Es ist wieder sagbar geworden, was unterzugehen drohte. Wir sind Deutsche, wir sind stolz darauf, wir lieben dieses Land.«

Im Saal in Thüringen bemerkte niemand die Brisanz der Rede. Erst im Wagen auf der Rückfahrt hörte Gauland die ersten Meldungen im Radio. Außerdem sang der AfD-Nachwuchs zum Abschluss die Nationalhymne. Alle drei Strophen. Da war Gauland bereits auf der Autobahn.

Es ist Mittagszeit. Gaulands Mitarbeiterin hält an einer Raststätte irgendwo in der Mitte Deutschlands. Es beginnt zu nieseln. Drinnen wartet eine lange Schlange vor dem Sandwichstand, Gauland reiht sich ein. Es gibt kaum jemanden im Raum, der ihn nicht wahrnimmt. Hinter ihm stehen zwei junge Männer. Sie witzeln: »Sollen wir jetzt die Internationale singen!?« Gauland hört es nicht oder er lässt es sich nicht anmerken. Es ist eine relativ neue Erfahrung für ihn, dass er überall erkannt wird. Und die Menschen reagieren auf ihn. Oft extrem.

Anfang Juni wurden ihm beim Baden im Heiligen See in Potsdam die Kleider gestohlen. Danach wurden Bilder veröffentlicht, auf denen Gauland nur mit einer Badehose bekleidet nach Hause läuft. Sein Wohnungsschlüssel war auch weg. Fortan lässt er seinen Schlüssel zu Hause, wenn er schwimmen geht. Zum Friseur fährt er lieber mit dem Auto. In seine Stammbuchhandlung geht er noch. »Obwohl das dort kein gutes Pflaster für mich ist.« Zum Mittagessen sitzt er manchmal in seinem Potsdamer Eck-Lokal, aber er isst nun öfter drinnen im Gastraum. Auf der Außenterrasse setzen sich ununterbrochen Vorübergehende einfach zu ihm an den Tisch und fangen an zu reden. »Das nervt auch«, sagt er.

Sogar seine Putzfrau verfolge nun die Debatten und kommentiere seine Reden. »Das Parlament steht wieder im Mittelpunkt. Es ist eine echte Diskussion entstanden.« Dass andere Abgeordnete das Klima im Bundestag neuerdings als feindselig empfinden, nimmt er zur Kenntnis, aber es beschäftigt ihn nicht weiter.

Im Plenum begegnet er ab und zu auch seiner früheren Parteivorsitzenden Angela Merkel. Gauland hat beobachtet, dass die Kanzlerin am liebsten mit den Grünen scherzt. Mit seinen Hauptfeinden.

Wer ihn öfter über Angela Merkel reden hört, gewinnt den Eindruck tiefer Verachtung. Einmal habe er sie besucht, da war sie noch Generalsekretärin in der Zeit der Kohl- Spendenaffäre. Was genau er dort mit ihr besprochen hat, mag er nicht erzählen. Aber Gauland hat keine schlechten Erinnerungen an das Gespräch. »Ich habe der CDU nichts vorzuwerfen.« Dennoch urteilt er heute sehr hart über seine einstige Partei und ihre Vorsitzende.

Merkel sei der Meinung: Je weniger strittige Themen vor Wahlen verhandelt werden, desto besser. Und es gibt fast immer irgendwo Wahlen. Gauland sagt, vor der Gründung der AfD wurde über kontroverse Themen wie Energiewende, Ausstieg aus der Kernenergie, Griechenland-Rettung oder Abschaffung der Wehrpflicht in der CDU kaum noch diskutiert. Für Gauland waren das aber Schlüsselerlebnisse und vermutlich nicht nur für ihn. »Ich sehe keine Überzeugungen. Merkel vertritt keine Überzeugung. In der Flüchtlingsfrage hat sie einmal eine vertreten, und das war die falsche.«

Es kann sein, dass, wenn in der CDU mehr debattiert, mehr gestritten, und Mitgliedern wie Gauland mehr Gehör von der Parteiführung geschenkt worden wäre, Gauland noch immer in der CDU wäre. Nun bleibt nur Feindschaft. Allein, um sich abzugrenzen, und um sich im Nachhinein selbst zu bestätigen, die richtige Entscheidung getroffen zu haben.

Vor zwei Jahren war Alexander Gauland noch eingebunden in seinen alten Freundeskreis, die »alten *FAZ*-Leute«, wie er sie nennt. Aus diesem Umfeld haben sich die meisten von ihm abgewandt. Vor zwei Jahren hatte er ebenfalls noch Verbindung zur Familie seiner früheren Frau, nun haben die den Kontakt abgebrochen. Seine frühere Frau und auch seine jetzige Lebensgefährtin finden richtig, was er sagt, aber nicht, wie er es sagt. »Dann sage ich ihnen, wenn wir es so sagen, wie ihr es möchtet, hört uns keiner!« Seine Tochter, die er liebt, vertritt nach wie vor eine völlig andere Meinung als er, sie streiten nicht mehr so viel, weil das nirgendwohin führt, sehen sich aber noch ab und zu.

In der Politik ist Alexander Gauland laut und radikal, im Privaten herrscht Stille und Sprachlosigkeit. Wie ist das für einen Bürgerlichen wie ihn? »Bürgerliche Menschen sind durch ihre Erziehung im verbalen Streit eher konsensorientiert. Das muss man mal hinter sich lassen«, sagt er im Auto. Es klingt, als opfere er seine persönlichen Beziehungen mühelos für den politischen Erfolg. Ganz so leicht ist es wohl nicht. Im Grunde ist es Gauland unbegreiflich, dass die anderen seine politische Meinung nicht von ihm als Menschen trennen können. Ihm fehlt der Außenblick auf sich selbst. Und ihm fehlen jetzt auch die intelligenten Gesprächspartner auf Augenhöhe.

Inzwischen redet er öfter mit Götz Kubitschek, einem Aktivisten der neuen Rechten und Mitbegründer der rechten Denkfabrik Institut für Staatspolitik, den er bis vor kurzem noch kaum kannte. Auch Gaulands privates Umfeld radikalisiert sich. Wie sich das gesamte politische Klima radikalisiert und verändert hat. Gauland betont, Schuld daran seien Angela Merkel und ihre Entscheidung vom Sommer 2015, Flüchtlinge aufzunehmen, nicht er und die AfD. Man kann über Angela Merkels Entscheidung diskutieren, man kann sie ablehnen oder befürworten. Aber für Gauland ist sie der Grund allen Übels. »Angela Merkel hat das Land verändert.« Sie habe die Gesellschaft gespalten und das Diskussionsklima verschärft.

Seinen Anteil und den seiner Parteifreunde an der zunehmenden Spaltung der Gesellschaft, ihrer Polarisierung, weist er weit von sich, er negiert ihn schlicht. Und er wendet sich gegen jede Art von Mäßigung im Verbalen wie im Politischen. »Ich glaube nicht, dass es besser ist, wenn wir uns in Richtung Mitte bewegen und verbal abrüsten. Das geht nicht.«

Wenn Gauland über Merkel spricht, verändert sich sein Gesichtsausdruck. Er bekommt dann diesen harten Blick, seine Mundwinkel zeigen unversöhnlich nach unten. Es sei Merkels Agenda, die Nationalstaaten in Europa durch den Zuzug von Flüchtlingen aufzulösen. Glaubt er das tatsächlich? »Doch! Doch! Doch!«, wiederholt er mit Nachdruck. Gerade weil er so lange in der CDU und sie so lange seine Vorsitzende war, reibt er sich nun am stärksten an ihr.

Also wird sie weiter beschimpft, ausgebuht und als »Kanzlerdiktatorin« bezeichnet. Die Stimmung hat sich inzwischen derartig gegen ihre Regierung und Partei radikalisiert, dass sogar Gauland sagt: »Alice Weidel und mich würden die Leute heute wahrscheinlich gar nicht mehr in die AfD aufnehmen.« Sie wären zu bürgerlich, zu CDU-nah. Einstige Stützen des Systems.

Alexander Gauland erfasst sehr genau, was um ihn herum geschieht. Die Frage bleibt: Wohin steuert eine Partei, wenn deren Spitze den eigenen Mitgliedern nicht mehr radikal genug ist?

Gauland erzählt jetzt noch einmal von den vietnamesischen Flüchtlingen, die er 1979 handverlesen nach Deutschland geholt hat: »Ich wählte nicht den Reisbauern aus, sondern diejenigen, bei denen ich das Gefühl hatte, dass sie sich in Frankfurt integrieren könnten.« Als Gauland diese Geschichte vor mehr als zwei Jahren das erste Mal erzählt hat, diente sie als eine Art Beweis dafür, dass er keineswegs ein Rassist oder Menschenfeind sei. Damals klang er fast stolz. Heute sagt er: »Es gab nie Schwierigkeiten mit diesen Flüchtlingen.« Und: »Ich war Beamter, ich hatte die Pflicht.« Nun klingt es, als müsse er sich dafür rechtfertigen.

Noch 1993 hat Gauland unter der Überschrift »Beim Umgang unserer Gesellschaft mit ihren Fremden steht mehr auf dem Spiel als unser Asylrecht« einen Appell für eine »offene und tolerante Gesellschaft«, »ein modernes und europafähiges Deutschland« und »eine pragmatische und humane Einwanderungspolitik« unterschrieben. Der Appell erschien am 16. Februar 1993 in der *Frankfurter Rundschau* und wurde unter anderen auch von Joschka Fischer, Daniel Cohn-Bendit, Marcel Reich-Ranicki, Ignatz Bubis – dem damaligen Vorsitzenden des Zentralrats der Juden in Deutschland –, und von den beiden früheren Gauland-Freunden Konrad Adam und Thomas Schmid unterzeichnet. In dem Text steht auch etwas von einer »Selbstverpflichtung der Gesellschaft zur Generosität«, und dass die Republik ein zeitgemäßes Staatsbürgergesetz brauche. Die »multikulturelle Gesellschaft« wird als bestehende Tatsache beschrieben in einer offenen Gesellschaft, die »das ›völkische‹ Selbstverständnis hinter sich gelassen hat«. Dieser Appell vertritt ziemlich genau das Gegenteil dessen, wofür Gauland heute, 25 Jahre später, streitet. Spricht man ihn darauf an, antwortet Gauland, er könne sich an den Appell nicht erinnern, unter dem angeblich sein Name stehe. »Das ist mir unbekannt.«

Gauland selbst ist, wie gesagt, ein Flüchtling. Nach dem Abitur in Chemnitz sollte er als junger Mann mit einem bürgerlichen Hintergrund ein Jahr ins Braunkohlebergwerk. Ob er danach wirklich zu einem Studium zugelassen werden würde, erschien Gauland ungewiss. Mit 18 flüchtete er 1959 in den Westen. »Ich bin nicht leidenschaftlich gern weg gegangen«, sagt er. Er landete zunächst in einem Aufnahmelager in Westberlin, später in Gießen. Zu Beginn hatte Gauland Schwierigkeiten, sich in der neuen Heimat einzufinden. »Ich musste das Abitur nachmachen und wurde gehänselt. Alles was aus dem Osten kam, wurde schlechtgemacht.« Ein Jahr später folgte ihm seine Mutter in den Westen. Der Vater war bereits 1951 gestorben.

Auch der junge Gauland wünschte sich für sich und seine Familie eine schönere Zukunft, suchte ein besseres Leben. »Aber es ist nicht unsere Aufgabe, Syrern und Afghanen ein besseres Leben zu bieten«, sagt er jetzt. »Nun kommen Menschen, für die ich keine Solidarität empfinde.« Solidarität empfindet er also nur für seinesgleichen? Nur für Deutsche? Oder nur für Europäer? Oder nur für Christen? Oder wo genau verlaufen die Grenzen seiner Solidarität?

Wie bitte soll denn die Erwiderung lauten, wenn einer gegen Mitgefühl und Solidarität argumentiert? Gibt man einem Mann wie ihm doch zu viel Raum, bietet ihm eine zu große Bühne, um seine Gedanken und Ansichten auszubreiten? Ist irgendwann tatsächlich das Ende für ein Gespräch erreicht? Aber was entsteht danach in der Stille, in der Sprachlosigkeit? Die Frage bleibt: In welcher Welt wollen wir selbst leben?

Gauland redet weiter. Er unterstützt Flüchtlingszentren außerhalb der EU. Die Festung Europa. »Die Festung Europa ist eine Möglichkeit, Migration zu verringern«, sagt Gauland.

Wie genau soll die aussehen – eine bewachte Mauer rund um den Kontinent, und jeder, der versucht, sie zu überwinden, wird erschossen? Auch Gauland weiß, einen hundertprozentigen Einwanderungsstopp wird es nicht geben. Er will Druck ausüben, dass die Grenzen stärker geschützt werden. Was geschieht dann vor den Mauern dieser Festung? »Das ist nicht mehr unser Problem!«, antwortet Gauland. Kriegsflüchtlinge würde auch er weiterhin aufnehmen, aber nur auf Zeit. »Sie haben keinen Anspruch auf Integration hier. Der Rechtsstaat muss durchgesetzt werden.«

Gaulands Handy klingelt, der Pressesprecher der AfD, Christian Lüth, erinnert an die aktuelle Regierungskrise: Die SPD-Vorsitzende Andrea Nahles fordere Neuwahlen! Gauland reagiert skeptisch. Als er auflegt, schweigt er kurz. Für die SPD brächten Neuwahlen keinerlei Gewinn, warum also sollte Nahles sie fordern? Auch für die AfD wären Neuwahlen nicht ganz problemlos, das Geld fehlt, die Kräfte sind geschwächt. Aber am Ende würde die AfD in dieser Situation vermutlich mehr Stimmen gewinnen.

Ein neuer Anruf. Gauland fragt, was Andrea Nahles genau gesagt habe. »Wir müssen nicht jubeln. ›Wir sind bereit‹ – reicht!«, diktiert er seinem Pressesprecher. Später wird sich herausstellen, Nahles hat gar keine Neuwahlen gefordert. Sie hat nur gesagt: Die SPD bereite sich darauf vor, falls es dazu kommen sollte.

Aus dem Autoradio dringt Marius Müller-Westernhagens

»Freiheit«. Gauland blickt aus dem Wagenfenster: »Das sind alles Dinge, die wir uns vor zwei Jahren nicht vorgestellt haben. In Deutschland herrschen unsichere, turbulente Zeiten.« Die CSU in Bayern habe große Angst vor der AfD. »Die beschimpfen uns mehr als die Grünen oder Die Linke – als braunes Gewächs.« Letztendlich zielt die AfD auf die CSU-Wählerschaft, auf einem ihrer Wahlplakate in Bayern steht: »Franz Josef Strauß würde AfD wählen.«

Im Radio folgen die Nachrichten mit der Meldung: Zweihundert Flüchtlinge seien im Mittelmeer vor der libyschen Küste ertrunken. Und Libyen sei nicht dazu bereit, andere Flüchtlinge wieder zurückzunehmen. »Schöne Zustände«, kommentiert Gauland.

In der Ferne taucht das Schloss Hambach auf einem Hügel auf, wie ein Hochsitz thront es über der Landschaft. Nur eine Straße führt hinauf, eine Ampel, davor stehen Polizeiwagen, ein paar Menschen warten und winken Gauland zu. Gegendemonstranten sind keine in Sicht. Auf der Fahrt hinauf wundert sich Gauland über die Wahl des Veranstaltungsortes. Er war noch nie da, das Schloss habe keine große nationale Bedeutung. Das schätzen seine Parteigenossen offenbar anders ein. Auf dem Schloss fand 1832 das Hambacher Fest statt, seitdem gilt es als ein Symbol früher Demokratiebestrebungen in Deutschland. Und die AfD sieht sich selbst auch gern als neue Demokratiebewegung.

Oben auf dem Hügel empfangen zwei Männer vom BKA Gauland und führen ihn in den kleinen Raum, in dem bereits die Pressekonferenz läuft. Dort sitzen ein paar Journalisten und vier AfD-Männer. Uwe Junge, der AfD-Landesvorsitzende von Rheinland-Pfalz, ehemaliger Bundeswehroffizier mit beeindruckendem grauen Schnurrbart, erzählt gerade davon, wie er wegen seiner politischen Ansichten bedroht und verfolgt werde. Außer ihm sind dabei: Joachim Paul, ein Gymnasiallehrer, Burschenschaftler, mit einer Narbe auf der rechten Wange; Dr. Timo Böhme, ein Agraringenieur, und Dr. Jan Bollinger, ein Wirtschaftswissenschaftler. Alle vier vertreten die AfD im rheinland-pfälzischen Landtag. Junge klagt, seine Frau sei Immobilienmaklerin, und viele Kunden mögen nicht mehr mit ihr gesehen werden, weil ihr Mann in der AfD sei. »Es ist beklemmend. Der erste Schritt zur Ächtung«, schließt er pathetisch.

Erst danach begrüßt er Alexander Gauland. Junge war ein Anhänger Frauke Petrys. Gauland ist da, um gute Stimmung zu machen, um Präsenz zu zeigen. Ein Journalist fragt ihn, warum er gekommen sei. »Weil wir uns so lange nicht gesehen haben«, antwortet Gauland und deutet auf Junge. Eine andere Journalistin fragt: »Erledigt die CSU gerade Ihre Arbeit?«

Gauland: »Das ist ein wichtiger Schritt in die richtige Richtung, die Flüchtlinge, die schon einmal woanders registriert wurden, zurückzuschicken.« Junge fügt hinzu, dass es verantwortungslos sei, diese neue Regierung schon wieder zu beenden. »Bei denen ist High Noon«, sagt Gauland. Viel haben die Männer nicht zu erzählen. Eigentlich weiß niemand genau, wozu die Pressekonferenz angesetzt wurde.

Danach betreten die vier Männer den großen Schlosssaal. Dort sitzen dichtgedrängt an die zweihundert Menschen, es ist voll. Eine Bühne ist aufgebaut, und im Nebenraum wartet ein riesiges Buffet. Ein junger Mann spricht Gauland an, er hat die Veranstaltung vorbereitet. Er erzählt, dass diese ursprünglich unter der Überschrift »Deutschlands Wiedergeburt« stehen sollte. Aber sie hätten kurzfristig umentschieden, weil diese Worte schon in einem Leni Riefenstahl-Film vorkämen, also in einem NS-Bezug stünden. »Ach du armes Deutschland!«, seufzt Gauland und setzt sich in die erste Reihe.

Auf die Wand vor ihm ist der Satz:»Hol dir dein Land zurück!«
projiziert. Ein Musik-Trio stimmt das Lied»Die Gedanken sind
frei« an. Alle singen mit. Dieses Lied wird auch auf linkspoliti-
schen Veranstaltungen gern gesungen. Nun benutzt es die AfD
als ideologische Einstimmung.

Uwe Junge schreitet zum Rednerpult und eröffnet:»Liebe
Freunde der Demokratie, Patrioten! Wir können uns wieder offen und unverkrampft zu guten und schlechten Zeiten der Geschichte unseres Landes bekennen.«

Dann fordert er alle im Saal auf, die Nationalhymne zu singen.
Die dritte Strophe. Gauland ist verwundert:»Jetzt schon?« Gewöhnlich folgt die Hymne erst am Schluss. Der gesamte Saal erhebt sich. Manche jungen Männer drücken ihre Rücken so gerade,
die Hände an der Hosennaht, als würden sie salutieren. Es gibt
kein Entrinnen. Wer die Hymne in diesem Umfeld nicht mitsin-
gen mag, empfängt Blicke, in denen Lynchlust liegt.

Jan Bollinger läuft zum Pult, das Kinn gereckt, die Brust erhoben. Etwas ist anders bei dieser Veranstaltung als bei allen anderen mit Gauland in den Jahren zuvor. Das wird schon in den ersten Minuten offenbar. Jan Bollingers Körperhaltung drückt es aus,
schreit es förmlich hinaus: ein gewaltiges neues Selbstbewusstsein. Vollkommen verschwunden ist der Nimbus der Außenseiter, der Ausgegrenzten und Geächteten, auch wenn AfD-Anhänger wie Junge den gern noch immer bedienen. Vor zwei Jahren
gaben sich viele bei öffentlichen Auftritten noch verdruckster,
schweigsamer oder zurückhaltender. Nun sitzen im Saal Junge
und Alte, Frauen und Männer. Zahnärzte, Juristen, Lehrer. Die
AfD ist in der Mitte der Gesellschaft angelangt.

Bollinger redet davon, dass der Tag kommen werde, an dem
das gemeinsame deutsche Vaterland sich erhebe. Wogegen, wofür – das bleibt verschwommen. Und dann nimmt er den Gedan-

ken der »deutschen Wiedergeburt« doch auf. Das Publikum applaudiert. Bollinger grinst, er findet sich selbst ziemlich gut.

Nach Bollinger tritt wieder Uwe Junge ans Mikrophon. Seine Stimme füllt den ganzen Raum, sie klingt drängend. Sein Beitrag trägt die Überschrift »Deutschland in Gefahr«. Er widmet sich sogleich dem Flüchtlingsthema. Er spricht von einem Paradigmenwechsel, wie es ihn seit dem Mauerfall nicht gegeben habe – durch das »dauerhafte Reinlassen von Lügnern und Mördern, die Bürger und unsere Töchter jeden Tag in allergrößte Gefahr bringen«. Nun schreit Junge fast: »Das heißt Vergewaltigung, Mord und Totschlag überall in unserem Staat.« Noch vor drei Jahren hätte man eine derartige verbale Entgleisung sicher nicht öffentlich von einem ehemaligen Offizier der Bundeswehr und früheren CDU-Mitglied gehört. Und vor drei Jahren hätten auch nicht zweihundert Durchschnittsbürger seinen Worten applaudiert. Flüchtlinge existieren bei Junge vor allem in der Verbindung mit drei Substantiven: Lügner, Mörder, Vergewaltiger.

Alexander Gauland sitzt still in der ersten Reihe, hält sein Redemanuskript in den Händen und markiert darin einzelne Sätze mit gelbem Neonstift.

Vorn beschreibt Junge Deutschland weiter in düstersten Farben. Die Töchter könnten nicht mehr ohne Begleitschutz in die Disco. Es herrschten bürgerkriegsähnliche Zustände. Ganze Regionen würden übergeben, in denen die Scharia ausgelebt werden solle. »Pfui«, ruft das Publikum.

»Ich habe in Afghanistan gedient, weil ich damals wirklich dachte, ich kämpfe besser dort als hier zu Hause. Wir müssen hier kämpfen!« Draußen scheint die Sonne, nachher werden alle ans Buffet streben, später noch diskutieren. Bürgerkriegsähnliche Zustände?

Aber Junge steigert sich immer mehr: »Merkel hat den Feind

ins Land gelassen. Das ist Hochverrat!« In Junges Augen erscheinen Flüchtlinge als eine einzige große (kriminelle) Masse ohne Namen und individuelles Schicksal. Jede Differenzierung stört nur das Weltbild.

Am Ende erwähnt Uwe Junge noch den Fall Susanna F., die Vierzehnjährige aus Mainz war im Mai 2018 von einem irakischen Asylbewerber vergewaltigt und getötet worden. Der Fall hat deutschlandweit Entsetzen ausgelöst und eine neue Diskussion über die Flüchtlingspolitik der Bundesregierung und über Kriminalität entfacht. Der Tatverdächtige war 2015 mit seiner Familie nach Deutschland gekommen. Ihr Asylantrag wurde abgelehnt, dagegen hatte die Familie Klage eingereicht, jedoch ohne die gesetzlich geforderte Begründung. Diese Klage wurde dann mehr als ein Jahr lang nicht bearbeitet. Bis die Familie nach der Tat zurück in den kurdischen Teil des Iraks floh. Dort wurde der Tatverdächtige kurz darauf festgenommen und wieder nach Deutschland abgeschoben. Später gestand er die Tötung Susannas, aber nicht die Vergewaltigung.

Junge nennt diese Abfolge von Ereignissen und Behördenpannen den »typischen Werdegang eines Flüchtlings«. Susanna F. könnte noch leben, sagt er. »Gott schütze unser Vaterland!« Die Menschen im Saal erheben sich und feiern Uwe Junge mit Standing Ovations.

Es ist ein perfides Spiel mit den Gefühlen der Zuhörer. Ein entsetzliches Verbrechen, dessen emotionaler Kraft man sich kaum entziehen kann und das viele Fehler, Schwachstellen und die völlige Überforderung der Behörden offenbart, nutzt Junge, um Stimmung gegen Migranten im Allgemeinen zu machen.

Nun läuft Alexander Gauland zum Pult. »Ich wusste schon immer, rede nicht nach Herrn Junge. Das war beeindruckend!« Sein Thema klingt dagegen etwas hölzern, abgehoben: Hat der Nationalstaat eine Zukunft? Er vertritt wieder seine These, Merkel wolle den Nationalstaat auflösen. »Nationalstaaten seien Konstrukte, steht in den Intelligenzblättern. Was ist dann erst die EU?« Heiterkeit im Saal. Das ist wieder einer dieser Augenblicke, in denen man sich fragt, was in Gauland vorgeht, wenn er »Intelligenzblätter« sagt. Auch er liest sie, er hat für sie geschrieben, er ist ihr Zielpublikum. Ist das Selbstverleugnung oder Taktik, um in diesem Umfeld zu gefallen? Oder beides?

Gauland sagt, man brauche sehr gute Alternativen, um Nationalstaaten aufzuheben. Mitten im Satz fällt auf einmal der Strom aus. Gauland verstummt. »Antifa-Terror«, ruft einer aus dem Publikum. Es ist aber nicht die Antifa, sondern ein einfacher Kurzschluss. Nach ein paar Minuten redet Gauland weiter.

Er warnt vor einem Schariastaat. »Wenn wir hier mal muslimische Mehrheiten haben, kann die Demokratie abgeschafft werden.« Gewaltenteilung, Meinungsfreiheit – diese Kostbarkeiten sollten bewahrt werden. Und er entwirft ein grausiges Szenario »Gnade uns Gott, wenn wir zur Minderheit im eigenen Land werden!« Dann würden die Deutschen entweder einen Bürgerkrieg erleben oder die Unterwerfung wie in dem Roman von Houellebecq. »Wir dürfen nicht zulassen, dass sich Blutsverwandtschaft und Clans durchsetzen. Sie gehören nicht zur Identität Europas. Durch die Einwanderung von kulturfremden, analphabetischen Menschen verlieren wir den Zusammenhalt.« Er schleudert die Sätze hervor, die Augen zusammengekniffen, als gelte es, noch heute in die Schlacht zu ziehen. Nur seine rechte Hand steckt lässig in der Hosentasche und verrät Kampfroutine.

Gauland spricht vom »Säurebad der Einwanderung«, in dem sich die Nationalstaaten auflösten, und davon, dass die EU keine Alternative biete. Diese Verwandlung des Dr. Gauland innerhalb weniger Augenblicke irritiert stets aufs Neue: Von einem Mann, der im persönlichen Gespräch nach wie vor auch selbstkritisch differenzieren kann, in den Mann, der öffentlich hetzt und provoziert.

Am Ende ruft er ins Publikum: »Wir dürfen nicht zulassen, dass die Nationen aufgelöst werden.« Wieder erhebt sich das Publikum und applaudiert stehend. Gauland genießt diesen Beifall. Er weiß inzwischen allzu genau, was seine Anhänger hören wollen und deren Zuspruch scheint ihm immer mehr Vergnügen zu bereiten.

In der Pause laden sich die Männer und Frauen Kuchen und Wraps auf die Teller, trinken in der Sonne auf der Terrasse Wein und Kaffee. Gauland unterhält sich, seine Mitarbeiterin Shirley Borchardt sitzt neben ihm. Sie ist bekannt geworden durch einen privaten Facebookpost, der an die Öffentlichkeit gelangte. Es ging um das Thema Organspenden. »Wenn ich bestimmen könnte, wer nach meinem Tod meine Organe bekommt, wäre ich auch Spender, aber ich will nicht, dass irgendein Nafri Safri meine Organe bekommt. Da sollen sie lieber verrotten«, schrieb sie dort, und weiter heißt es: »Ich könnte nicht damit leben, dass mein deutsches Herz eventuell in einem Türken oder was auch immer schlägt.« Rassistischer geht es kaum. Danach hat Gauland sie abgemahnt.

Auf dem Hambacher Schloss erzählt sie nun, der Screenshot dieser Nachricht sei von den eigenen AfD-Leuten an die Antifa geschickt worden. Sie sagt, sie habe danach siebzig Morddrohungen bekommen. »Ich würde auch keinem Alkoholiker meine Leber geben.«

Nun fährt Borchardt den Vorsitzenden Alexander Gauland überall hin. Bei den Veranstaltungen steht sie ganz hinten, vor den TV-Kameras verborgen, und filmt alles mit ihrem Handy.

Nach der Pause beginnt die Diskussionsrunde. Gauland, Paul,

Bollinger und Junge nehmen in schwarzen Ledersesseln auf dem Podium Platz und lassen sich vom Publikum befragen. Zunächst traut sich niemand. Dann erhebt sich ein 18-Jähriger, er trägt die gleiche Jagdhund-Krawatte wie Alexander Gauland. Er fragt, ob die AfD eine Vision davon habe, wie es mit Deutschland weitergehe?

Gauland zitiert daraufhin den SPD-Altbundeskanzler Helmut Schmidt. Und sagt, er wolle das Land so erhalten, wie wir es von Vätern und Vorvätern ererbt hätten. Auch wenn man den Bevölkerungsaustausch nicht mehr rückgängig machen könne.

Uwe Junge wünscht sich, dass seine Kinder und Enkel genauso leben könnten wie er – in Freiheit und relativem Wohlstand. Er freut sich darüber, dass die CSU jetzt die AfD fürchtet.

Eine Frau fragt: »Was treibt die Europapolitiker, warum halten sie an der Einwanderungspolitik fest und stellen Gäste über uns Deutsche?«

Joachim Paul: »Großkonzerne wollen keine Grenzen. Ich komme aus einer Arbeiterfamilie, SPD-Milieu. Weltweites Recht auf Migration und Ehe für alle – wie soll das der Arbeiterklasse verkauft werden? Die SPD löst sich auf. Wir werden die neuen Sozialdemokraten werden!«

Dann fragt ein Mann: »Müssen wir nicht eine Revolution machen, um was zu ändern?«

Dies ist nun die dritte AfD-Veranstaltung, an der die Autorin teilnimmt, auf der offen nach einem Umsturz gefragt wird. Offensichtlich glauben einige AfD-Anhänger nicht an die Kraft der Demokratie. Offensichtlich reicht es einigen nicht, dass ihre Partei nun im Bundestag sitzt und mitbestimmen kann. Offensichtlich wollen sie die Andersdenkenden nicht überzeugen, sondern absetzen und mundtot machen. Auch wenn Gauland gerade eben die Freiheiten der Demokratie als großes Gut des Westens gefeiert hat. Im Gegensatz zum »Schariastaat«. Und wie immer reagieren die AfD-Funktionäre bei dieser Frage etwas nervös, sie ist ihnen unangenehm. Und sie ist gefährlich.

Jan Bollinger antwortet: »Es tut sich doch wahnsinnig viel! Inhaltlich sind die Deutschen mehrheitlich bei uns. Die Themen haben wir schon gesetzt. Wir hegen keine Umsturzgedanken. Wir sind die Idee, deren Zeit gekommen ist.«

Und Uwe Junge erinnert an die AfD-Infostände von früher, wo man froh gewesen sei, wenn mal einer mit ihnen geredet habe. Jetzt seien die Säle voll.

Der Mann mit der Revolution fragt auch noch, ob sich die AfD-Führung vorstellen könne, dass keiner mehr die Gebühren für den öffentlich-rechtlichen Rundfunk zahle?

Joachim Paul antwortet: »Neun Milliarden für den Desinformationsfunk – die gehören abgeschafft.« In Wirklichkeit betragen die GEZ-Gebühren in etwa acht Milliarden Euro.

Uwe Junge wirft später noch ein: Der Intendant des Südwestrundfunks habe sich bei der AfD-Fraktion gemeldet. Ob das stimmt, bleibt offen. »Wir wollen nicht alles abschaffen. Die sind nervös und suchen das Gespräch.«

Aus den vier AfD-Männern in ihren Sesseln spricht im Sommer 2018 großes Selbstbewusstsein. Sie erklären die Welt und fühlen sich dabei sichtlich wohl. Sie schaffen mal eben die GEZ-Gebühren und damit den öffentlich-rechtlichen Rundfunk ab und dann doch wieder nicht. Sie feiern sich als Ursache der Regierungskrise und sehen sich als die Kraft der Zukunft. Sie reden wie Sieger, als gehöre Deutschland ihnen.

Noch im Januar 2016, vor zweieinhalb Jahren, mussten Gauland und seine Anhänger in Jena gegen ihre Gegner anschreien und konnten nach der Veranstaltung den Marktplatz nur unter Polizeischutz verlassen. Heute treffen sie sich ungestört auf einem Schloss und entwerfen gemeinsam mit ihren Anhängern aus der Mitte der Gesellschaft Zukunftspläne. Damals saßen sie in drei Landesparlamenten, in diesem Juni sitzen sie in 14 von 16 – und im Bundestag. Ein beispielloser Aufstieg.

Und am Ende kommt sie dann doch noch, die Frage, vor der sich Gauland und die AfD-Funktionäre inzwischen fürchten: Die Frage, ob es mittlerweile Aussagen gebe zu den Themen Alters- und Kinderarmut und Rente? »Es gibt verschiedene Vorschläge dazu, aber noch kein schlüssiges Rentenkonzept«, antwortet Gauland. Nach fünf Jahren Parteiexistenz klingt das erbärmlich. Lange kann die AfD das nicht mehr erzählen, das weiß auch Gauland.

Dann ist Schluss, es gibt noch ein Gruppenfoto. Der »gemütliche Ausklang«, der auf dem Programm steht, fällt aus. So viel haben sich die AfD-Funktionäre nicht zu sagen, und Gauland schätzt Zusammenkünfte dieser Art überhaupt nicht. Seine Mitarbeiterin fährt ihn ins Hotel nach Neustadt.

Am Abend sitzt er zusammen mit ihr im Hotel-Restaurant, bestellt Rib-Eye-Steak und ein Glas Rosé. Pointenreich erzählt er von einstigen Treffen mit den beiden früheren *FAZ*-Herausgebern Joachim Fest und Frank Schirrmacher, den großen intellektuellen Köpfen der alten Bundesrepublik. Gauland kannte sie ganz gut. Seine Geschichten liegen noch nicht so weit zurück, doch sie klingen wie aus einem anderen Land, aus einer anderen Zeitrechnung.

Damals gehörte Gauland zum Establishment. Damals war er ein hochangesehenes Mitglied des Bildungsbürgertums. Damals existierte die neue Partei noch nicht einmal in seinen Gedanken.

Es ist der Augenblick, um Gauland zu fragen, wie die AfD, sollte sie noch stärker werden, mit Andersdenkenden umgehen wird? Gauland schweigt kurz:»Da würde ich nicht für alle in der Partei die Hand ins Feuer legen«, sagt er schließlich.

Jetzt betreten Uwe Junge und seine Frau das Restaurant, sie übernachten im selben Hotel. Sie grüßen Gauland kurz und setzen sich an einen anderen Tisch.

Beim Frühstück am nächsten Morgen schluckt Gauland Tabletten. Wer einmal einen Herzinfarkt gehabt habe, müsse sein Leben lang Medikamente nehmen, sagt er. Immer wieder einmal gibt es Meldungen: Er würde sich aus gesundheitlichen Gründen aus der Politik zurückziehen. Im Wahlkampf ist er wie jetzt auch an den Wochenenden unterwegs, und im Bundestag harrt er manchmal bis nach Mitternacht aus.»Wenn wir nicht vorn sitzen, finden das unsere Wähler nicht gut«, sagt Gauland.»Die bekannten Gesichter müssen da sein.«

In einer Stunde wird Alexander Gauland zum Kyffhäusertreffen des rechten Flügels seiner Partei aufbrechen. Diesmal ist das Treffen auf Schloss Burgscheidungen in Sachsen-Anhalt, das einem FDP-Mitglied gehört. Gauland meint, er werde keine Rede vortragen, die Deutschland in Atem halte. Nicht wie beim letzten Mal. Gauland gehört nicht zum rechten Flügel, warum geht er überhaupt dorthin? Weil er eingeladen worden sei, sagt er und Björn Höcke sei ein kluger Kopf. Davon gebe es nicht so viele in der Partei. Jörg Meuthen käme auch, das sei eine ganz normale Parteiveranstaltung. So normal dann aber auch wieder nicht. Journalisten sind nicht zugelassen. Die Autorin würde Gauland gern dorthin begleiten. Der hat nichts dagegen. Aber die Veranstalter um André Poggenburg lehnen die Teilnahme »einer Vertreterin der Systempresse« ab. Gauland akzeptiert das.

Die AfD ist also eine Partei, die für die Meinungsfreiheit kämpft, allerdings nur für die Freiheit ihrer Meinung. Die Freiheit der Meinung der anderen meint sie damit nicht. Wenn Gauland das weiß und sich nicht einmal sicher ist, ob seine eigene Partei ihn heute noch aufnehmen würde – wie geht das?

Am Abend zuvor, auf dem Weg in sein Hotelzimmer, hatte Gauland im gläsernen Fahrstuhl an der Scheibe gelehnt und gesagt: »Manchmal wache ich nachts auf und denke, das hättest du dir so auch nicht vorgestellt.«

LISA BANHOLZER

Als Lisa Banholzer im Sommer 2018 ein Café in Berlin-Mitte betritt, trägt sie ein langes Kleid einer britischen Designerin, es ist schulterfrei, gestreift und hat abgesteppte Ärmel, die wie die Arme einer Krabbe aussehen. Banholzer ist eine Erscheinung. Alle, wirklich alle, in dem Café schauen sie an, sie ist das inzwischen gewohnt und kümmert sich nicht weiter darum. »Die Modebranche ist *mega diverse*«, sagt Banholzer. Es geht um Transgender, in welchem Körper man sich wohler fühle, und ob die Kollektionen irgendwann für Männer und Frauen zugleich entworfen werden. Diskussionen, die Alexander Gauland und die AfD-Anhänger stets als absurd und abgehoben brandmarken. Lisa Banholzer lebt den Gegenentwurf. Es ist, als würden nur vereinzelt Laute von der einen Blase in die andere dringen.

»Wenn ich Nachrichten sehe, kommt es mir vor, als ob Berlin nicht zu Restdeutschland gehört«, sagt sie. »Hat Horst Seehofer wirklich gesagt, zu seinem 69. Geburtstag werden 69 Flüchtlinge abgeschoben?«, fragt sie. Das hat er in der Tat, der Innenminister zeigte sich zufrieden darüber, dass an jenem Tag 69 Migranten nach Afghanistan zurückgeschickt wurden. Einer von ihnen nahm sich kurz darauf in Kabul das Leben. »Die Flüchtlinge werden trotzdem weiter nach Deutschland kommen«, sagt Banholzer.

»Wir führen ein sehr gutes Leben hier, und sie wollen daran teilhaben.« Lisa Banholzer hat viele Freunde mit »Migrationshintergrund«, und fast ihr gesamter Bekanntenkreis stammt nicht aus Berlin. Rassismus spürt sie in der Stadt so gut wie nie, obwohl sie für das Thema durch ihren dunkelhäutigen Freund sensibilisiert ist. Die AfD hält Lisa Banholzer für eine Partei von älteren Männern, die sich vor Veränderungen fürchten und einen falschen Nationalstolz pflegen. Sie denkt, die Medien trügen Mitschuld an der ausländerfeindlichen Stimmung im Land, diese schlachteten jedes Verbrechen von Migranten zu intensiv aus. Gauland und die AfD hingegen kritisieren die Medien genau für das Gegenteil, diese würden die Kriminalität von Flüchtlingen verharmlosen oder gar verschweigen.

Im Augenblick scheint die Klage über die Medien das einzige Thema zu sein, auf das sich viele einigen können – egal, welcher gesellschaftlichen Schicht sie angehören oder welche politische Überzeugung sie verfolgen. »Die Medien« sind als Begriff diffus genug, um als Projektionsfläche für allgemeine Angriffe zu dienen.

Lisa Banholzer will mit der Presse vorerst nichts mehr zu tun haben. Ende März 2018 erschien in der *Zeit*, der Zeitung, für die auch die Autorin schreibt, eine Geschichte über Influencer, »Die Einfluss-Reichen«. Der Journalist beschreibt darin kritisch deren Alltag – unter anderem den von Banholzer. Dieser Artikel ist weder böse noch beleidigend, aber er ist in einem Ton verfasst, der Banholzer und ihre Branche oberflächlich und geldgetrieben aussehen lässt. Kein Zweifel, ein großer Teil dieses Geschäfts ist genau so. Doch Banholzers ernsthafte, zweifelnde, manchmal geradezu melancholische Seite – die Lisa Banholzer, die sich fortwährend über alles Gedanken macht – kommt darin fast gar nicht vor.

Nach der Veröffentlichung des Artikels fühlt sich Banholzer nicht richtig verstanden, sie ist enttäuscht und verstimmt. Der Autorin schreibt sie, dass es ihr nun schwerfalle, sich Zeit für etwas zu nehmen, von dem sie nicht wisse, was dabei herauskomme und ob es ihr guttue. Sie mag sich eine Weile lang nicht mehr treffen, empfängt nicht mehr in ihrer Wohnung, agiert nun vorsichtiger.

Im Café erzählt sie jetzt eine Erfolgsgeschichte, betont wie gut es ihr gehe, gerade habe sie eine neue Projektmanagerin eingestellt, und sie entwerfe zwei Teile für die Firma Strenesse, ein Kleid und einen Blazer mit Minirock. »Das ist was für selbstbewusste Frauen!« Sie lacht sehr viel und laut. Banholzer ist nun noch mehr als zuvor das Gesicht ihres Unternehmens Blogger Bazaar, Tanja Trutschnig arbeitet eher im Hintergrund. Um so mehr will Banholzer ihre Außenwirkung mitbestimmen, will kontrollieren, wie sie sich der Öffentlichkeit zeigt und wie diese sie präsentiert. Sie will sich schützen.

»Wir möchten lieber bestimmten Leuten gefallen als allen. Wir haben nicht die Mega-Reichweite, da ist es umso wichtiger, wie wir uns positionieren. Wir setzen auf Hochwertiges.« Sehr kritisch wählt sie aus, was sie anpreist und wie. »Ich stehe unter Beobachtung der Öffentlichkeit. Die Menschen verfolgen einen wie auf einer Bühne.« Und es gibt manche, die keine Fehler verzeihen. Einige ihrer Follower essen nur vegan, benutzen niemals einen Plastikbecher. Banholzer bemüht sich, allen Ansprüchen der Nachhaltigkeit und der Political Correctness zu genügen. Sie nimmt kaum noch Fleisch zu sich, fährt viel Fahrrad, setzt sich für Fair-Trade-Mode ein. Aber ab und zu fragt sie sich: »Inwiefern muss ich alles richtig machen?«

Ihr öffentliches Leben führt zu viel Zuspruch, doch sie entblößt sich dabei auch, macht sich angreifbar. Auf Instagram kann man in ihrem Leben wie in einem Tagebuch lesen. Vor dem Sommer war Banholzer bei der Formel Eins in Monaco, auf Sizilien, und auch das Coachella-Festival in Kalifornien fehlt nicht. Im Juni machte sie Urlaub mit zwei alten Freunden in Portugal, postete aber trotzdem jeden Tag Bilder, und auch eine Werbung. Erstaunlich viele Fotos zeigen sie im Bikini. Unter einem dieser Bilder kritisiert eine Followerin, dass Banholzer und Trutschnig immer nur schlanke Körper zur Schau stellen würden und somit ein schlankes Schönheitsideal als Muss manifestierten. Sie sollten auch andere Körperformen »featern«. Aber Banholzer ist nun einmal schlank.

Ein anderer Follower meint: Es sei nicht glaubwürdig, wenn Banholzer im Campingurlaub in Portugal permanent Inhalte auf der offiziellen Blogger Bazaar-Seite streame und es dann heiße, das seien Ferien: »Vielleicht ist es aber auch der permanente Druck, hier präsent sein zu müssen, der heute schon epidemisch um sich greift. Ist es einem Blogger möglich, sich mal 14 Tage Auszeit zu nehmen, ganz krass ohne Netz, oder springen dann potentielle Kunden ab und verliert man tragisch an der Superwährung Reichweite?«

Banholzer versucht, sich zu verteidigen, sie habe nur zeigen wollen, dass vier Tage Camping genauso cool sein können wie ein Aufenthalt in einem Luxushotel. Es gibt auch Influencer und Blogger, die Likes kaufen, um noch beliebter und gefragter zu erscheinen. Banholzer sagt, so was würde sie niemals machen.

Seit kurzem hat sie eine Staffelei in ihrer Wohnung aufgebaut, da warte nur eine weiße Leinwand auf sie, die keinerlei Erwartungen hege, sagt sie. Lisa Banholzer würde auch gern eine Familie gründen in den nächsten Jahren, denkt über Kinder nach. »Es ist nie der richtige Zeitpunkt. Aber selbst wenn die Beziehung nicht hält, wäre es ein Kind von einem wahnsinnig tollen Mann.«

Banholzer und ihr Freund überlegen oft, wo sie in Zukunft gemeinsam leben könnten. Im Stillen hofft sie, dass er nach Berlin zieht und nicht von ihr verlangt, nach New York überzusiedeln. Ziemlich viele Unwägbarkeiten. Vor nicht allzu langer Zeit hatte sie noch gar keine Familie geplant, nun hat sie eine Wohnung, eine eigene Firma, ein Büro und Angestellte.

Die Geschwindigkeit, die Anforderungen ihres Jobs und ihres Lebens haben ihre Mitgliedschaft bei der SPD an den Rand gedrängt. Sie bekommt noch Mails und Einladungen von ihrer Partei, aber die hat für Lisa Banholzer sehr an Anziehungskraft verloren. »Die müssen sich neu erfinden. Das ist nicht meine Aufgabe.«

JÖRG ASMUSSEN

*An einem Donnerstagnachmittag Ende September betritt Jörg As-
mussen das Café Einstein, Unter den Linden, wo sich gewöhnlich
viele Berliner Politiker mit Journalisten treffen. Auch Asmussen
spricht über die SPD, aber er will das Gesagte nicht veröffentlicht
sehen. In diesen Tagen im September diskutiert Deutschland über
die Absetzung von Verfassungsschutzpräsident Hans-Georg Maaßen. Nachdem Ende August ein Deutscher in Chemnitz bei einer
Auseinandersetzung mutmaßlich von Migranten tödlich verletzt
wurde, hatte Maaßen in einem Interview mit der Bild-Zeitung be-
zweifelt, dass es in der Stadt daraufhin zu »Hetzjagden« auf auslän-
disch aussehende Menschen gekommen sei. Zugleich säte er damit
auch Zweifel an der Darstellung der Ereignisse in den Medien und
durch die Polizei vor Ort, wofür er scharf kritisiert wurde.*

*Asmussen trägt Jeans und bestellt einen Espresso, bei keinem
der Treffen bestellt er jemals etwas zu essen. Nach zwei Jahren bei
Lazard ist er inzwischen zum Europachef aufgestiegen. Asmussen
wirkt gutgelaunt, geradezu gelöst. Das, was er sagt, klingt deshalb
umso härter, desillusionierter.*

*Die Spitzen von SPD, CDU und CSU haben sich geeinigt, dass der
Verfassungsschutzchef Maaßen abgesetzt und als Staatssekretär ins*

Innenministerium versetzt werden soll, was faktisch eine Beförde-
rung bedeutet. Die Mehrheit der deutschen Bevölkerung kommt da
nicht mehr mit. Wie sehen Sie als ehemaliger Staatssekretär diesen
Vorgang?
Die Geschichte übertrifft alles. Es gab immer Geschichten, die
man außerhalb des Regierungsviertels nicht erklären konnte.
Doch diesmal kann man sie auch innerhalb des Regierungsviertels nicht mehr ernsthaft erklären. Vielleicht führen Vorgänge wie
diese auch dazu, dass sich viele in der Privatwirtschaft ganz aus
der Politik ausgeklinkt haben. Das hätte ich mir früher nie vorstellen können.

Die Nachrichten von den rechtsextremen Ausschreitungen in
Chemnitz gingen um den Globus. Stellen Ereignisse wie diese in Ih-
rer Branche zukünftig ein Investitionsrisiko dar?
Die Amerikaner reagieren relativ vorsichtig, sie hatten selbst
rechtsextreme Demonstrationen in Charlottesville. Die Franzosen haben den Rassemblement National. Die meisten sehen diese
Ereignisse jetzt eher als Teil einer größeren nationalistischen
Welle. Unter den großen Unternehmensführern gab es viel Sympathie für die Flüchtlingspolitik von Angela Merkel. Die meisten
fanden, das war ein mutiger Schritt, vielleicht mangelhaft im-
plementiert, aber mutig. Eine große Geste. In der Politik ist das
Thema verhärtet, in der Wirtschaft geht man offener damit um.

Sie haben 2017 gesagt, dass nun mehr in Frankreich investiert
wird, wie steht es mit Deutschland?
Unsere Kunden denken eher langfristig. Auch deutsche Unternehmen investieren nicht unbedingt in der Bundesrepublik, weil
es ein alterndes Land ist. Die meisten investieren, auch wenn es
gerade schwierig ist, lieber in Schwellenländern wie der Türkei,

Indonesien, China, Mexiko oder Brasilien. Die alternde deutsche Bevölkerung ist für Firmen ein Absatzproblem. In der Türkei leben hingegen mehr als achtzig Millionen Menschen, die sind jung und e-commerce-affin. Auch die Regierung Trump führt im Moment noch immer eher zu Investitionen, weil Firmen sagen, wenn es Handelskriege geben sollte, brauche ich in den USA eine eigene Produktionsstätte. Viele kaufen oder bauen also dort Produktionsstätten auf. Interessanterweise führt dieser Art Handelskrieg erst einmal zu mehr Investitionen. Es ist paradox: Die Ökonomen nennen das *Localization.*

Aufgrund der AfD ist die Regierung der Großen Koalition in diesem Sommer fast zerbrochen.
Wir haben in Deutschland bisher auf die AfD keine effektive politische Antwort gefunden. Früher wurde gesagt:»Lass die mal in den Landtag kommen, dann entzaubern sie sich von selbst.« Das funktioniert bisher nicht. Die AfD bekommt trotzdem immer mehr Stimmen. Auch Fakten helfen nicht weiter. Die AfD sagt: Die Medien, die Politik, die Unternehmen – alle lügen kollektiv. Sie sind, wie gesagt, Anti-Establishment. Und Sie und ich sind das Establishment!

Vor vielen Jahren habe ich mal zu einem französischen Kollegen gesagt:»Ich kenne in Frankreich Grüne, Gaullisten, Konservative, Sozialisten und Trotzkisten, aber von der Front National kenne ich keinen einzigen.« Der Kollege antwortete:»Die triffst du auch nicht. Du gehörst klar zur Elite und triffst auch nur Leute aus der Elite.« In Deutschland ist das noch nicht ganz so extrem aufgeteilt.

Sie haben einmal gesagt, die Politik beantworte die großen gesellschaftlichen Fragen nicht mehr. Warum nicht?

Ja, ich sage das schon seit einer Weile. Was funktioniert, ist der Politikbetrieb, die Gestaltung nicht. Kleine Anfragen von Bundestagsabgeordneten an die Bundesregierung, die dann ein Beamter beantwortet: Ändert das irgendwas an dem Leben der Menschen? Nein! Auf die großen Fragen wie Migration, Klima, Pflege, hat die Politik im Augenblick keine Antworten. Deswegen sagen viele Menschen, ist doch völlig egal, wer da regiert. Oder das Thema Wohnen, ein elementares Menschheitsbedürfnis – das ist ein Thema, das alle Parteien unterschätzt haben. Wir machen zu viel Politikbetrieb! Deshalb interessiert das außerhalb dieses Betriebes kaum noch jemanden, weil dieser Betrieb an den Fragen der Bürger vorbeigeht.

Das klingt seltsam für einen Mann wie Sie, der selbst lange Teil dieses Betriebes war.

Wenn demokratisch gewählte Regierungen diese wichtigen Fragen nicht mehr beantworten können, eruptiert das ganze System. Das hat man zum Beispiel in Frankreich gesehen, da wurde das bestehende Parteiensystem hinweggefegt, in Griechenland auch. Und in Italien liegen die Christdemokraten, die dort vier Jahrzehnte lang regiert haben, bei fünf Prozent. Die Frage stellt sich im Grunde in Deutschland jetzt auch.

Einige Monate später, nachdem die AfD bei den Landtagswahlen in Hessen und Bayern zweistellige Ergebnisse erzielt, Angela Merkel ihren Rückzug als CDU-Vorsitzende angekündigt und Annegret Kramp-Karrenbauer sich gegen Friedrich Merz als ihre Nachfolgerin durchgesetzt hat, greift Asmussen bei einem letzten Austausch das Thema noch einmal auf.

Vor einem Jahr sagten Sie, in Frankreich herrsche unter Emmanuel Macron Aufbruch und viele Investoren würde es dorthin ziehen. Nun gibt es den Aufstand der »Gelbwesten«. Wirken die jetzt negativ auf Investoren?

In der Zwischenzeit hat sich die Stimmung der Wirtschaftsführer und Investoren in Hinblick auf Frankreich verschlechtert. Macron hat mit seiner Rede an der Sorbonne 2017 für eine Neubegründung Europas geworben, ein europäisches Verteidigungsbudget, eine europäische Asylbehörde und ein gemeinsames Finanzbudget für die Eurozone vorgeschlagen. Deutschland hat er eine besondere Partnerschaft angeboten – beide Märkte bis 2024 zu integrieren. Die Franzosen sagen: »Emmanuel Macron hat euch die Hand ausgestreckt und da steht er nun.« Angela Merkel würde ihm bei der Reform der Eurozone entgegenkommen, aber mehr bekommt sie in ihrer eigenen Partei nicht mehr durch. Deswegen steht Macron nun da und weiß nicht, wohin. Viele von außen sehen, dass wir uns in Deutschland in der Endphase einer Ära befinden. Emmanuel Macron hat die richtigen Reformen angestoßen, die lange nicht in Angriff genommen wurden, und sein jetziges Einknicken beschädigt sein Ansehen als Modernisierer in Europa.

Und die Gelbwesten?

Ohne die Zerstörungen und die Gewalt der Gelbwesten zu rechtfertigen, muss man zugeben, dass sie einen Punkt, genau genommen sogar zwei haben: das Gefühl des Abgehängtseins und der Verlust der Kaufkraft der unteren Mittelschicht in Frankreich. Ihr Slogan »Ihr Eliten da oben sorgt euch um das Ende der Welt, wir uns um das Ende des Monats« ist kraftvoll und nicht einfach wegzuwischen. Aber gerade das Gefühl des Abgehängtseins lässt sich nicht nur mit materiellen Verbesserungen lösen.

Deutschland erscheint momentan politisch tief gespalten. Wohin führt das?

Es wird interessant, wie sich das Parteiensystem nach Merkel sortieren wird. Die Abwendung vom Establishment ist radikal in den Köpfen, noch nicht auf der Straße, aber die Spaltung unseres Landes reicht sehr tief. Das wird vermutlich erst einmal so bleiben. Damit einher geht die wachsende Einkommensungleichheit. Bei den drei Spitzenunternehmen eines Sektors verdienst du durchgängig sehr viel mehr als in einem kleineren Unternehmen. Selbst ein Hausmeister bei einer internationalen High-Tech Firma verdient viel mehr als ein IT-Entwickler in einer kleinen No-name Firma. Die Frage ist, was hält unsere Gesellschaft noch zusammen? Auf dem Wirtschaftsgipfel in Davos ist Ungleichheit seit fünf Jahren das Thema, aber passiert ist nichts.

Was für Folgen hat die Digitalisierung der Wirtschaft für Ihre Branche?

Wir befinden uns in einer völlig veränderten Medienwelt und erleben den digitalen Umbruch der Wirtschaft in allen Teilen. Auch bei uns im Finanzbereich: Börsengänge gibt es seit mehreren hundert Jahren. Doch jetzt hat erstmals ein Musikstreamingdienst ein *direct listing* gemacht. Das heißt, er hat eine Internetplattform geschaffen, die auf einer bestimmten Verschlüsselungstechnologie, *Blockchain*, basiert. Auf dieser Plattform konnten Interessierte selbst Aktien zeichnen. Über hundertfünfzig Jahre haben Menschen bei einem Börsengang auf allen Zwischenstufen aber richtig viel Geld verdient – bis hin zum Bankberater in der Sparkasse. Jetzt sind einfach alle diese Zwischenhändler ausgeschaltet. Und das hat tadellos funktioniert.

Können Sie Ihren Eltern diese Welt noch erklären?

Bei meinen Eltern saß früher Montagabends noch der Versicherungsvertreter auf dem Sofa, der hatte eine Mappe mitgebracht und zeigte die KFZ-Versicherungen. Das macht heute kein Mensch mehr, das geht alles übers Internet. Der Beruf des Versicherungsvertreters, ein klassischer Mittelschichtsjob, ist damit verschwunden. In Zukunft wird es weniger Versicherungsvertreter und Bankberater, aber mehr Yogalehrer geben. Personenbezogene Dienstleistungen, die kein Roboter ausführen kann, werden bleiben. Aber wie gut sind die bezahlt? Meine Eltern gingen noch zur Bank und ließen sich Geld auszahlen. Jetzt gibt es (noch) Geldautomaten, Online-Banking und Kreditkarten, und kaum einer betritt noch eine Bankfiliale. Das ist eine Welt, die meine Eltern nicht mehr verstehen. Für meinen Vater ist es zum Beispiel eine Hürde, Karten für die Leichtathletik-Europameisterschaft im Internet zu bestellen. Irgendwo bleibt er immer hängen. Also mache ich das.

Sie sind in diesem Sommer zum Europachef von Lazard aufgestiegen. Wie es aussieht, hat der Ausstieg aus der Politik für Sie gut funktioniert.

Ja, denn wie misst man Erfolg in der Politik? An der Wiederwahl? Die klare Europaperspektive jetzt bei Lazard habe ich auch bei der EZB schon gemocht. Ich bin ein zutiefst überzeugter Europäer. Ich sehe nicht, dass ein Rückfall in die Kleinstaaterei uns weiterbringt. Wir durchleben in dieser Hinsicht gerade eine schwierige Phase und stehen sehr unter Druck, der auch noch zunehmen wird. Denn was machen wir, wenn ein Drittel der Menschen bei der Europawahl das Europaparlament eigentlich gar nicht will?

JÖRN UND KATRIN REICHENBACH

Die Reichenbachs hadern im Herbst mit einer politischen Entscheidung der EU. Sie haben sich erst in diesem Jahr einen neuen Dieselwagen angeschafft. Deshalb setzten sie auch eine Sondertilgung für ihre Hausraten aus. Mehrere Städte wie Berlin, Hamburg, Essen und Köln beschließen 2018 aber Fahrverbote für ältere Dieselmodelle. Und es werden weitere folgen. Die Städte werden jetzt verklagt, weil die Stickstoffdioxidwerte über dem von der EU erlaubten Grenzwert liegen und das zum Teil schon seit Jahren. Bis zum Leipziger Urteil im Februar hatte das die Städte und Gemeinden nur nie wirklich interessiert.

Jörn Reichenbach fühlt sich nun »verarscht«, wenn tatsächlich Fahrverbote in Stuttgart eingeführt werden sollten, will er seinen Diesel trotzdem weiterfahren und die Strafe dafür in Kauf nehmen. »Ich mache den Irrsinn nicht mit, mir jetzt wieder ein neues Auto zu kaufen. Und mein alter Wagen fährt dann irgendwo in Osteuropa herum.« Der Dieselskandal und dessen Folgen halten die Reichenbachs und die gesamte deutsche Automobilindustrie nach wie vor in Atem.

Jörn Reichenbach steht im Laden des Gemüsehändlers in seinem Viertel und kauft Salat, Gurken, Tomaten. Der Verkäufer bietet Espresso an, Reichenbach lächelt und lässt sich auf einen kurzen Smalltalk ein. Er ist schmaler geworden. Nach seinem Zusammenbruch und Magengeschwür im Mai hat er zehn Kilo abgenommen und seine Ernährung umgestellt. Er isst kaum noch Fleisch und nichts mehr nach 18 Uhr.

Als Reichenbach mit seinem Einkauf zu Hause anlangt, deutet er auf die Reihenhäuser gegenüber. Sie sind inzwischen fertig gebaut und wurden zum Teil an Chinesen verkauft. Der Rasen vor dem Haus der Reichenbachs ist in der Hitze des Sommers 2018 vertrocknet, gelb und braun umrahmt er die Terrasse. Einen Zaun gibt es bis heute nicht.

Katrin Reichenbach kommt gerade vom Joggen. Sie wirkt nun müder als ihr Mann, ihre Augenlider hängen tief, ihre Wangen sind ein wenig eingefallen, die vergangenen Monate sitzen ihr in den Knochen. Ist Jörn Reichenbach im Mai dieses Jahr aus Stress zusammengebrochen? Er selbst sagt dazu erst einmal nicht viel, nur, dass er gehört habe, die Hälfte der Arbeitsausfälle zwischen dreißig und fünfzig Jahren seien stressbedingt. Wenn man Umfragen glaubt, fühlen sich mehr als fünfzig Prozent der Deutschen bei der Arbeit gehetzt und bewerten trotz positiver Wirtschaftslage ihre Arbeitsbedingungen kritisch – Konflikte mit Kunden, zu wenig Unterstützung von Vorgesetzten und Angst vor mangelnder Altersvorsorge. Tatsächlich sind psychische Erkrankungen in Deutschland die zweithäufigste Ursache für Arbeitsunfähigkeit.

Aber Burnout klingt besser als Depression. »Wenn du viel leistest, ist ein Burnout nicht so schlimm, aber wenn du sagst: Ich bin traurig, mir geht es schlecht, hört sich das nicht gut an«, sagt Katrin Reichenbach. Sie ist davon überzeugt, dass es nicht so weit gekommen wäre, wenn ihr Mann sich einmal vier Wochen zu Hause hätte ausruhen können. Doch welcher Angestellte kann das schon?

Katrin Reichenbach hat beobachtet, wie erschöpft ihr Mann

von den vielen Geschäftsreisen mit Veranstaltungen, die sich bis in die Nächte hinzogen, zurückkehrt. Danach bräuchte er einmal einen Tag Pause. Aber stets geht es sofort weiter. So kündigte sich der Zusammenbruch allmählich an, erst Müdigkeit, dann Kopfweh und Verspannungen im Rücken.»Aber das baust du in deinen Alltag ein«, sagt Jörn Reichenbach. Er ignorierte die körperlichen Signale einfach. Sein Unternehmen erwartet, dass es immer vorangeht. Also erscheint Reichenbach am Morgen oft schon geschafft auf der Arbeit, um dort wieder viel zu reden, zu diskutieren, aufzunehmen, und am Abend kommt er heim, da warten seine Frau und die Kinder auf ihn und fordern seine Aufmerksamkeit.

Sein beruflicher Erfolg treibt ihn zusätzlich an, immer schneller, immer mehr neue Aufgaben.»Es macht ja auch Spaß. Und ich fühle mich gebauchpinselt.« Bei Bosch kann er seine Überstunden in Freizeit umwandeln, er ist ziemlich frei, aber die Arbeit muss trotzdem fertig werden. Jörn Reichenbach ist als Ingenieur gefragt. Die Erwartungen steigen – von außen, aber auch an sich selbst. Irgendwann im Frühjahr 2018 verliert er den Überblick – noch schnell eine Präsentation, dann eine Fortbildung und zwischendrin bei Kunden in Frankreich vorbeischauen.»Bam! Bam! Bam!«, beschreibt Reichenbach die Abfolge der Anforderungen.

Inzwischen hat er einiges in seinem Leben verändert, bemüht sich, die Arbeit besser zu verteilen. Manchmal geht er nun auch einfach heim, wenn ihm alles zu viel wird, fährt Fahrrad oder trifft am Abend mal einen Freund. Zuvor rettete er sich oft ins Wochenende, nur um sich so weit zu erholen, dass er am Montag wieder arbeitsfähig war. Früher schaffte er es, auszugehen und am nächsten Morgen trotzdem frisch die Arbeit anzutreten.»Heute denkt man, man muss früh ins Bett, um am nächsten Tag Hochleistung bringen zu können.« Das Leben – eine Aneinanderreihung von Anstrengung, Anspannung, Anforderung. »Wie eine Gesellschaft mit Tieren umgeht, spiegelt auch wieder, wie sie mit Menschen umgeht. Im Prinzip sind wir wie die Hochleistungskühe und Säue in den Ställen, die jeden Tag maximale Leistungen bringen sollen.« Vielleicht zeigt es aber auch, wie Jörn Reichenbach denkt, mit sich selbst umgehen zu müssen, um den Anforderungen zu genügen.

Er kennt niemanden mit Burnout, weil niemand darüber spricht. Seine Frau meint, alle in ihrem Umfeld gäben vor, es mit Leichtigkeit zu schaffen, stets das perfekte Bild abzugeben: wohlgeratene Kinder, erfolgreich im Job, harmonische Ehe, materiell gut aufgestellt. Nie gebe einer zu, dass dies alles ganz schön anstrengend sei. Selbst die Kinder der Reichenbachs finden, dass sehr viel von ihnen verlangt werde.

Die Wahl der richtigen Schule beherrscht die Gespräche der Eltern. Sophie besucht nun ein angesehenes Gymnasium in Stuttgart. Nur drei Kinder von 21 aus ihrer Grundschule wechselten auf eine Realschule. Als bedeute das bereits den sozialen Abstieg. Manchmal hat Sophie jetzt am Morgen Bauchschmerzen. 32 Schüler gehen in ihre Klasse, in ihre Schule mehr als 2000. Sophies Lehrer machen Fotos von den Schülern, um sich deren Namen merken zu können. In Sophies Klasse wollen alle Klassensprecher werden, manche weinen bereits, wenn sie eine Drei bekommen. Schon die Kinder sind überzeugt davon, dass sie Leistung bringen müssen, um eine Zukunft zu haben und später einen guten Posten zu erlangen.

Viele Eltern sind auch verunsichert wegen der vielen Bildungsreformen der vergangenen Jahre. Exzellenz existiert neben Experiment. Sophies inzwischen achtjähriger Bruder Konrad hat im Unterricht zum Beispiel nicht mehr die lateinische Schreibschrift gelernt. Er kann nur Druckbuchstaben schreiben und lesen. In seiner Grundschule hieß es, die Kinder sollten sich eher aufs Rechnen und die Rechtschreibung konzentrieren. Inzwischen wurde diese Maßnahme wieder rückgängig gemacht. Nun muss Konrad die Schreibschrift allein zu Hause mit seinen Eltern nachholen. »Die Ausbildung ist ein unglaublich wichtiges Thema. Damit deine Kinder die Top-Absprungbasis kriegen, um hier überleben zu können«, sagt Jörn Reichenbach.

Vom Küchentisch schaut er nach draußen, ein ungewöhnlich warmer Herbst, die Reihenhäuser gegenüber liegen in der Sonne. Für die haben die neuen Bewohner auch eine halbe Million Euro gezahlt, so viel wie die Reichenbachs vor fünf Jahren für ein ganzes Einfamilienhaus. Jörn Reichenbach würde es nicht so sagen, aber das gibt ihm ein ziemlich gutes Gefühl.

Dann fällt sein Blick auf den vergilbten Rasen vor dem Fenster, ein Sonnenschutz wie eine Markise fehlt noch immer. Reichenbach erzählt von Nachbarn, die ihr gesamtes Einkommen in ihre Häuser stecken, nicht mehr in den Urlaub reisen, aber dafür ihre Garagen fliesen. So wird das Eigenheim zum Existenzinhalt, mutiert zu einer Art eigenständiger, alles verschlingender Lebensform.

Reichenbach weiß auch, dass die Nachbarn ihrerseits noch immer über sie witzeln, natürlich nur hinter vorgehaltener Hand. Darüber, dass sie ihren Rasen vertrocknen lassen und seit dreieinhalb Jahren weder ihren Garten anlegen noch die Garage fertig bauen. Eigentlich müssten sie einen deutschen Baum pflanzen, sagt Reichenbach. Es gäbe eine Liste mit Bäumen, die man setzen darf. Aber die Reichenbachs haben das auch dieses Jahr einfach nicht geschafft. Und sie weigern sich, verdörrtes, von Unkraut durchzogenes Gras zu wässern. So bleibt das Bild der Reichenbachs eines der mangelnden Perfektion.

Es ist drei Uhr nachmittags, Jörn Reichenbach steht vom Tisch auf und geht Fahrrad fahren. Noch eine Veränderung nach seinem Zusammenbruch. Er bemüht sich, mehr Sport zu treiben. In der Zwischenzeit will Katrin Reichenbach ihren Kindergarten zeigen. Sie läuft durch ihr Viertel, dicht an dicht liegen die neugebauten Häuser und Gärten nebeneinander, nur selten kommt Reichenbach noch an einem brachliegenden Grundstück vorbei, das die einheimischen Bauern bis jetzt nicht verkauft haben.

Auf dem Weg erzählt Katrin Reichenbach, dass sie allein ihren Lebensstandard ohne das Geld ihres Mannes nicht halten könnte. Schon die monatlichen Kredittilgungsraten von 1600 Euro für das Haus übersteigen um mehr als das Doppelte ihr Gehalt. Diese Tatsache ist ihr in den vergangenen Monaten sehr bewusst geworden. »Das hat mich traurig gemacht. Wenn Jörn ernsthaft krank werden würde, müssten wir wegziehen«, sagt sie. Auch deshalb hat sie sich beim Jobcenter nun noch nach einer weiteren Zusatzausbildung erkundigt.

Aus finanziellen Gründen hat sie schon ihren ersten Beruf, die Ergotherapie, aufgegeben. Ein »Härtejob«, wie sie ihn nennt, bei dem man kaum etwas verdiene – 2700 Euro brutto für eine Vierzig-Stunden-Woche. »Wenn jemand mit Problemen kommt, brauche ich Zeit, muss mit ihm reden, ihn untersuchen, aber das schaffst du gar nicht. Wenn du Menschen nicht mehr helfen kannst und nur noch wie am Fließband schaffst, ist das sehr unbefriedigend.«

Katrin Reichenbach ist bei ihrem Kindergarten angelangt. Er liegt idyllisch auf einer Anhöhe im Zentrum des Vorortes, hat einen großen Garten und bunt bemalte Fenster. Das Essen wird selbst gekocht.

Das sich in ihrer Kleinstadt etwas verändert, kann Katrin Reichenbach daran ablesen, dass ihr Kindergarten, um konkurrenzfähig zu bleiben, jetzt zusätzlich eine Ganztagsgruppe bis 18 Uhr eröffnet. Zuvor schloss er bereits um 14:15 Uhr. Die Kindergartenleitung stellt sich auf die neue Situation ein – immer mehr zugezogene Familien ohne Großeltern und immer mehr Mütter, die arbeiten. Als Katrins ältere Tochter klein war, blieb die Hälfte der Frauen noch zu Hause, bei dem jüngeren Sohn war es nur noch ein Drittel. »Dafür ist der Druck höher, man soll eine gute Mutter, eine gute Ehefrau und im Beruf auch noch toll sein. Das ist ganz schön viel auf einmal.« Manchmal, wenn Katrin sich allein und unbeobachtet fühlt, scheint sie in sich zusammenzusinken – ihre Schultern klappen nach vorn, ihr Blick richtet sich nach innen. Das sind die Augenblicke, in denen man ahnt, wie viel Kraft sie die vergangenen Monate gekostet haben.

Am Abend sitzen die Reichenbachs beim Abendbrot. Es dämmert, eigentlich bräuchten sie gar kein Licht anschalten, die erleuchteten Fenster der Nachbarn ringsum strahlen hell genug. Jörn Reichenbach ist zwei Stunden Fahrrad gefahren und guter Laune. Er deutet auf die Reihenhäuser gegenüber, die seien zum Teil von rumänischen Arbeitern gebaut worden. Zeitgleich hatten die Reichenbachs einen deutschen Handwerker bei sich, der mit »speichelfliegendem Hass« gegen Ausländer und Flüchtlinge hetzte, bis Jörn Reichenbach ihn mit den Worten zum Schweigen brachte: »Ich möchte nicht, dass hier in unserem Haus so über andere Menschen gesprochen wird.«

An Erlebnissen wie diesen merken die Reichenbachs, wie gespalten ihr Land ist. Auf der Arbeit fällt das weniger auf, Bosch agiert global, die Konzernmitarbeiter stammen aus der ganzen Welt, sind ethnisch durchmischt. In Katrins Kindergarten ist es ähnlich. Die Reichenbachs verorten sich politisch eher im grünen, alternativen Spektrum.

Wenn sie in den Nachrichten die Bilder aus Dresden, Chemnitz oder Bautzen sehen, wo Pegida demonstriert, Rechtsextreme

Migranten und Andersaussehende jagen, fragen sie sich, in welchem Land sie eigentlich leben. Und sie sind nicht naiv oder gutgläubig, sie haben selbst viele Fragen und Zweifel.

Jörn Reichenbach sieht die wichtigste Aufgabe der Politik in Zukunft darin, die Bürger besser vor der Macht der Konzerne zu schützen. Das klingt erstaunlich für einen Mann, der selbst bei einem Konzern arbeitet.

»Wir haben es gerade mit einem Mobilfunkanbieter erlebt.« Jörn Reichenbach hatte dort einen Vertrag über eine CallYa-Karte abgeschlossen. Nach ein paar Monaten kündigte er sie schriftlich, die Kündigung wurde auch akzeptiert. Trotzdem buchte der Anbieter weiter jeden Monat die Summe für die Karte vom Konto ab, und Katrin Reichenbach buchte diese daraufhin immer wieder zurück. Kurz darauf meldete sich ein Inkassounternehmen mit weiteren Forderungen. Auf Anfragen reagierte das Unternehmen nie. Am Ende mussten die Reichenbachs einen Anwalt beauftragen, erst danach herrschte Ruhe. Das Gefühl, dass bei den Reichenbachs blieb: Sie sind der Willkür eines Konzerns ausgeliefert. Und sie möchten sich lieber nicht vorstellen, wie die Geschichte ausgegangen wäre, wenn sie keine Rechtsschutzversicherung gehabt hätten.

Es ist diese Anhäufung von Dingen, die in Deutschland einmal als selbstverständlich galten und heute Kampf bedeuten: Dass es nicht möglich ist, einfach einen Vertrag zu kündigen. Dass man gezwungen ist, Handwerkern hinterherzulaufen. Dass man, auch wenn man gut verdient, nicht einfach eine Wohnung in der Stadt mieten kann. Dass man beim Arzt keine Termine bekommt. Dass es für eine Lebensversicherung, die das Alter absichern sollte, keine Zinsen gibt. Dass Probleme und Entscheidungen an Callcenter und Computer delegiert werden. Und dass fast niemand für irgendetwas Verantwortung übernimmt. »Wenn du das Gefühl hast, du bist bei einfachsten Dingen wie einer Vertragskündigung nicht mehr geschützt. Du wirst bei der Altersvorsorge übers Ohr gehauen und im Krankenhaus nicht richtig behandelt. Wenn das alles möglich ist, macht das Angst und führt zu Stress!«, sagt Jörn Reichenbach.

Die Macht der Konzerne. Zum Beispiel der Kampf um den Hambacher Forst: Der Energiekonzern RWE will ihn roden, um dort Braunkohle abzubauen. Umweltaktivisten haben im Wald Baumhäuser zu dessen Schutz gebaut. Im Sommer 2018 bekriegen sich Polizei und Umweltaktivisten über Wochen, dabei stürzt ein freier Journalist von einer Hängebrücke zwischen den Baumhäusern in die Tiefe und stirbt. Später untersagt ein Gericht die Rodung vorerst doch wegen der Bechsteinfledermaus und dem Erhalt der Artenvielfalt. »Die Mehrheit der Bevölkerung sagt, wir wollen keine Braunkohle mehr. Wir wollen nicht, dass dieser uralte Wald gerodet wird, aber ein Großkonzern schaltet auf stur«, sagt Jörn Reichenbach. »Da kommt die Fratze der reinen Geldverdien-Maschinen gegenüber dem Volk zum Vorschein. So etwas höhlt eine Demokratie, einen Staat aus«, sagt er weiter und klingt dabei geradezu kämpferisch. »Im Grunde sind Riesenkonzerne wie Länder, die sich nicht an die Demokratie halten müssen.«

Seine Frau Katrin hat die Erfahrung gemacht, sobald einmal jemand Verantwortung übernehme – wie etwa die Chefin, die sich einmischte, als es Konflikte in Katrins Kindergartenteam gab – und Entscheidungen fällte, führe dies zur Entspannung. Die Reichenbachs sehnen sich keineswegs nach einem starken Anführer, sie verachten Politiker wie Donald Trump. Aber sie vermissen nach vielen Jahren mit Kanzlerin Angela Merkel an der Regierungsspitze klare Urteile und Bekenntnisse. Das ist die Lücke, in die die AfD versucht, mit ihren Hauptsätzen vorzudringen.

Im Umfeld der Reichenbachs spielt die Partei jedoch nach wie vor kaum eine Rolle. Im Reich der Groß- und Automobilkonzerne geht es den meisten Menschen noch immer ziemlich gut. »Aber die Decke der Zivilisation ist dünn«, meint Jörn Reichenbach. Viele fürchteten, ihren Wohlstand zu verlieren. »Und wenn die deutschen Konzerne keine Autos mehr verkaufen könnten, wären wir ganz schnell im finstersten Mittelalter.«

Das ist der Moment, in dem Jörn Reichenbach eine große Papierrolle holt und auf dem Küchentisch ausbreitet. Er will ein wenig Ordnung in die Dinge bringen, und er ist es gewohnt, die Welt mit Diagrammen, Tabellen und Schaubildern zu erklären. Reichenbach malt mit einem Bleistift drei Kreise, darüber schreibt er jeweils »*chilling mode*«, »*sustaining mode*« und »*accelerating mode*«, um die verschiedenen Lebensumstände der Arbeitnehmer zu versinnbildlichen. Diejenigen im *accelerating mode* sind im Beschleunigungsmodus, haben Stress, müssen Wohnungen, Häuser, Autos abbezahlen; diejenigen im *sustaining mode* sind damit beschäftigt, ihren Wohlstand, ihren Status aufrechtzuerhalten und zu sichern; und diejenigen im *chilling mode* sind die Erben oder diejenigen, die finanziell abgesichert sind und nicht mehr unbedingt arbeiten müssten.

Daneben zeichnen Reichenbachs Kinder einen Zug: Vorn in der Lokomotive sitzt der Zugführer, bei ihm liegt sehr viel Geld, das soll den Konzern symbolisieren. Dahinter reihen sich Waggons, darin feiern ein paar Menschen mit Sektgläsern in der Hand. Sie sollen die Angestellten darstellen, denen es gutgeht. Hinter dem Zug rennen viele Gestalten her, die versuchen, in die Waggons zu gelangen. In Denkblasen über ihren Köpfen steht, worum sie sich sorgen: Geld, Haus, Wohnung, Ferien, Auto, Rente. Darüber schreiben Reichenbachs Kinder: »Angst!«, »Angst!«, »Angst!«. Mit Ausrufezeichen.

Besser kann man das Lebensgefühl der Reichenbachs und vieler anderer Deutscher im Moment kaum veranschaulichen: In ständiger Furcht sind sie fortwährend darum bemüht, die Waggons zu erreichen.

Jörn Reichenbach setzt nun zu einem längeren Monolog an. Es geht wieder um den Diesel, diesmal ist es noch heftiger als beim Gespräch vor anderthalb Jahren: »Mein alter Diesel ist für den Treibhauseffekt das Beste, was ich fahren kann, der verbraucht nicht viel, und vor allem ist er bereits fertig produziert. Die Herstellung jedes neuen Autos verursacht erst einmal eine Menge mehr CO_2 und wenn große Batterien darin sind, produziert das noch mehr CO_2. Das heizt den Treibhauseffekt richtig an. Aber wenn man in den wunderbaren europäischen Zentren die Luft verbessern will, kann man das verlagern. Dann hast du das CO_2 halt woanders, aber CO_2 zerstört die Schutzschicht der Erde. Das macht richtig was aus.

Und wenn du dann siehst, dass deine Regierung entscheidet, Elektroautos zu fördern, die zwar lokal die Luft sauberer machen, aber dort, wo die Batterien hergestellt und wo die Rohstoffe dafür abgebaut werden, herrscht Sodom und Gomorra, macht das keine gute Laune. In Chile holen chinesische Firmen seltene Erden aus Salzseen und zerstören die Umwelt. In Afrika werden Kinder unter verheerenden Bedingungen als Arbeiter in den Kobalt- und Lithiumminen verheizt. Und wenn nachher der Strom, um die Akkus aufzuladen, nicht aus alternativen Energiequellen oder aus Atomkraftwerken kommt, wird wieder viel CO_2 freigesetzt. Außerdem ist die Entsorgung der Batterien noch nicht gelöst.

Ich bin Ingenieur geworden, weil ich die Welt besser machen wollte, und dann sitzt du da, und die Gesellschaft entscheidet sich für so einen Schrott. Dass nicht die richtigen Entscheidungen getroffen werden, führt auch zu Stress.« Nach diesem Ausbruch wirkt Reichenbach erschöpft.

Draußen, vor seinem Haus, ist es nun vollkommen dunkel, kein Mensch ist auf der Straße. Katrin Reichenbach hockt sich auf den Teppich im Wohnzimmer. Jörn Reichenbach zieht sich auf den schwarzen Ledersessel zurück. Er redet leidenschaftlich, der Diesel, die Motoren, die Autoindustrie, die Prüfverfahren, das sind seine Lebensthemen. Vielleicht nimmt er seine Arbeit auch deshalb so wichtig, weil er damit zumindest in seinem Bereich dafür sorgen kann, dass die Motoren und die von ihnen produzierten Abgase umfassend getestet sind.

Immer wieder fragt sich Reichenbach, wie er sicherstellen oder messen könnte, dass der ganze Motorbereich eines Autos sauber ist. »Mein Wunsch wäre, dass man ehrlich die Faktenlage und den gesamten CO_2-Fußabdruck bewertet«. Abgase sind unter anderem abhängig von Temperaturen, vielen chemischen Prozessen und den Beschichtungen der Katalysatoren. Weltweit forsche man noch an besseren und genaueren Tests.

Auch dabei spielt die Angst wieder eine große Rolle. Reichenbach darf nur von »bad«, aber nicht mehr von »worst case scenarios« sprechen. Denn das könnte bedeuten, die Ingenieure wüssten, was der »worst case« ist. Womöglich ein Klagerisiko. Wenn es um den Abgasskandal geht, wird auch Reichenbach stets vorsichtiger. Für alle, die bei einem großen Konzern der Automobilindustrie angestellt sind, ist das ein sehr brisantes Thema. Jeder Satz könnte gegen einen verwendet werden, weitere Verfahren provozieren.

Zugleich bemühen sich Reichenbach und seine Kollegen, den hundert Prozent immer näher zu kommen. Im April 2018 hat Bosch eine neue Dieseltechnologie vorgestellt, die zehnfach unter dem Abgas-Grenzwert liegt. Für Reichenbach geht es in der

Diskussion weiterhin vor allem um Moral. Die neue Dieseltechnologie sei viel sauberer, als es die Richtlinien vorschreiben. Der Gesetzgeber jage den moralischen Vorstellungen der Gesellschaft beim Thema Abgas und Luftverschmutzung hinterher. Früher sei es umgekehrt gewesen. Stets würden vorrangig die Autohersteller angegriffen, aber dass die Testpraxis bisher vom Gesetzgeber so geregelt und erlaubt gewesen sei, dem werde kaum Beachtung geschenkt. Normalerweise reiche es aus, das Gesetz einzuhalten, nun müsse man darüber hinaus gehen. »Auch das belastet«, meint Reichenbach.

Letztendlich muss sein Unternehmen im weltweiten Wettbewerb mit den anderen Zulieferfirmen bestehen. Die Entwicklung neuer Technologien, Prüfverfahren und schließlich die Umrüstung der Wagen kosten Geld. Wenn ein Autobauer entscheidet, Moral ist ihm egal, und dann seine Wagen günstiger anbietet, geht es sofort um Arbeitsplätze. »Bei allen Produkten hat man immer nur den Druck, ob man sie nicht billiger anbieten kann. Als Ingenieur trage ich aber auch Verantwortung.«

Obwohl Jörn Reichenbach bei einem sehr großen Konzern fest angestellt ist, hat er das Gefühl, im Zweifel allein zu sein.

Reichenbach erinnert sich an sein Schaubild. Er überlegt, wie er darin noch die Tatsache, dass Deutschland wirtschaftlich erfolgreich sein will, und die Frage, wie sich diese Anforderung auf jeden einzelnen Mitarbeiter und ihn selbst auswirke, unterbringen könnte. »Wie passt das jetzt noch hier rein?«, fragt sich Reichenbach leise und sieht auf sein Schaubild: *chilling, sustaining, accelerating mode.* Aber an dieser Stelle bleibt es leer.

Nun ist es an der Zeit, einmal seine Firma, seinen Betrieb zu besichtigen, wenn auch nur von außen. Werksfremde dürfen aus Sicherheitsgründen nicht auf das Gelände. Jörn Reichenbach verlässt sein Wohnzimmer, setzt sich ins Auto, seine Tochter Sophie klettert auf den Rücksitz. Etwa fünfzig Kilometer von dem Haus der Reichenbachs entfernt leuchtet im Dunkeln mitten auf einer Wiese ein gigantisches Gebäude. Rundherum liegen riesige leere Parkplätze. Zwölf Standorte dieser Art betreibt Bosch in und um Stuttgart. Das ist der Augenblick, in dem einem physisch klar wird, was für eine gewaltige Macht das ist, das ökonomische Herz der Bundesrepublik.

Reichenbach umrundet seinen Betrieb, er kommt auf drei Kilometer. Vor dem Eingang ist eine Schranke, dahinter warten Sicherheitsleute. Sophie fürchtet sich auf dem Rücksitz davor, dass ihr Vater dabei erwischt wird, wie er sein Werk von außen zeigt. Dass er Ärger bekommt. Sie weiß, wie wichtig diese Arbeitsstelle für ihre Familie ist. Was auf dem Spiel steht, wenn sie in Gefahr gerät.

Jörn Reichenbach erzählt derweil einmal mehr vom Beginn seiner Laufbahn bei Bosch. Er habe so viel gearbeitet, dass er 45 Tage Urlaub angesammelt habe. Er wollte aufsteigen. »Ich wusste, das Standardgehalt reicht nicht, wenn wir hier wohnen bleiben wollen, brauche ich Leistungszulagen.« Dabei verdienen schon Berufsanfänger bei Bosch so viel wie Lehrer. Und die Gehaltsunterschiede zwischen Konzernen und Nichtkonzernen sind enorm. Im Prinzip bedeutet das lebenslänglich für die Konzernmitarbeiter. Man verlässt den Konzern nie wieder, es sei denn für einen anderen.

Reichenbach deutet auf einen Teil des Gebäudes, in diesem Flügel liegt sein Büro. Dann zeigt er auf die hell erleuchteten Fenster in der obersten Etage, da sind die Cafélounges. Reichenbach meint, er habe eigentlich nie Zeit, sie zu nutzen. Gewöhnlich fegt er in hohem Tempo durchs Haus, damit beschäftigt, Testdaten zu analysieren, die richtigen Leute zu kontaktieren. Manchmal sitzt er tatsächlich in einer der Cafélounges, aber selbst dort geht es stets um die Arbeit. Ohne Pause. »Man redet ganz selten über etwas Privates.« Die neuen Arbeitsbedingungen scheinen dazu zu führen, dass die Arbeitsdichte noch zunimmt. »Die Konzerne trainieren dich, immer effizienter, immer mehr zu arbeiten. Das nimmt jedes Jahr ein bisschen zu.« Man ahnt, was es bedeutet, sich in so einer Umgebung schwach zu fühlen oder nicht gesund. »Krank werden geht eigentlich nicht«, sagt Reichenbach auf dem Rückweg im Auto. Es klingt brutal.

Als er nach Hause kommt, ist es schon spät. Sophie verschwindet ins Bett. Reichenbach setzt sich zu seiner Frau ins Wohnzimmer und öffnet eine Flasche Weißwein. Er öffnet am Abend manchmal eine Flasche Wein. Alkohol gibt das wohlige Gefühl entspannen, loslassen zu können. Er blickt sich in seinem Haus um: »Ich bin so froh, dass wir nicht mehr auf dem Bauernhof wohnen. Hier geht nicht ständig alles kaputt, und es ist immer warm«, sagt Reichenbach. Ein kurzer Augenblick der Zufriedenheit.

Sonst erscheint den Reichenbachs die Vergangenheit oft als durchaus heimeliger Ort. Sie erinnern sich daran, dass in ihrer Jugend kaum einer bei der Berufswahl darüber gesprochen habe, ob man da viel oder wenig verdiene. Dass man davon leben könne, davon seien alle ausgegangen. Auch Maschinenbau war damals noch kein Studienfach, das zwingend hohe Gehälter versprach. »Es gibt eine Verschiebung in Deutschland: Wenn du fast nur noch als Ingenieur, IT-, Marketing- oder Logistik-Experte gutes Geld verdienen kannst – was ist das dann für eine Gesellschaft von lauter industriegeformten, stromlinienförmigen Konzerntypen?«

Wenn sich die Reichenbachs heute mit ihren Eltern vergleichen, arbeiten sie mehr und haben weniger Freiheiten. Jörns Eltern waren beide selbständig, das wollte der Sohn nicht. Er suchte bewusst die Sicherheit des Konzerns, nun verdient er mehr, muss dafür aber stets erreichbar und verfügbar sein.

Katrins Vater wurde mit seiner Computerfirma wohlhabend. Katrin mochte sie nicht übernehmen. Ihr Vater lebt und lebte besser als sie, hatte immer viel Freizeit. Sein Haus in Niedersachsen hat nicht die Hälfte von dem seiner Tochter in diesem Vorort von Stuttgart gekostet, ist größer und längst abbezahlt. Jetzt kann er mit seinem Schiff auf dem Mittelmeer kreuzen.

Jörns Zusammenbruch hat den Reichenbachs grausam vor Augen geführt, wie schnell ihr kleines Glück in Gefahr geraten, wie schnell alles zu Ende sein kann. »Wohlstand ist, wenn du Sicherheit hast, ein Haus besitzt, aus dem dich keiner rauswerfen kann«, sagt Katrin Reichenbach. »Wenn du in dem Moment, wo du krank wirst, alles verlierst, ist das kein Wohlstand.«

Es ist kurz vor Mitternacht, als Jörn Reichenbach seine Frau von der Seite ansieht: »Im Notfall musst du mich vors Auto stoßen«, sagt er zu ihr. Er meint, bevor er ein Pflegefall wird. Jörn Reichenbach grinst, doch seine Frau lacht nicht.

THOMAS MATCZAK

Auch Thomas Matczak macht sich Sorgen um seine Gesundheit. Er schafft es einfach nicht, wieder abzunehmen. Früher ist er fünfzig bis sechzig Kilometer in der Woche gelaufen. Dafür hat er keine Zeit mehr. »Mir fehlt die Bewegung. Ich habe keinen Ausgleich, das ärgert mich.« Und sein Haus hat er wie die Reichenbachs ebenfalls noch nicht abbezahlt.

Es sind nur wenige Monate vergangen, nachdem die ganze Welt dabei zusehen konnte, wie die Polizei in Chemnitz vor einem rechten Mob zurückwich, als Matczak an einem Dienstagvormittag in sein Heimatdorf Stöben fährt. Das Saaletal liegt im Sonnenschein, Matczak durchquert geputzte, renovierte Dörfer, in denen kein Mensch auf der Straße ist. Sie wirken wie viele ostdeutsche Dörfer und Kleinstädte hübsch und vollständig saniert, aber seltsam unbehaust. »Chemnitz haben die Rechten geschickt genutzt. Ich bin froh, dass dieser Kelch an uns vorüberging«, sagt Matczak. In Thüringen haben sich die ideologischen Kämpfe in diesem Jahr auf rechtsextreme Konzerte und Festivals verschoben. In keinem anderen Bundesland gibt es so viele wie in Thüringen.

Ende August 2018 sollte im rund zwanzig Kilometer von Jena entfernten Mattstedt auf einer Industriebrache »Rock gegen Überfremdung III« stattfinden. Ein Jahr zuvor zog dessen Vorgänger in

Themar sechstausend Besucher aus ganz Europa an. Das war das größte rechtsextremistische Musikfestival der bundesdeutschen Geschichte.

In der Öffentlichkeit tauchten danach Bilder auf, auf denen einige Besucher den Hitlergruß zeigten und Polizisten dabei anscheinend zusahen. Thomas Matczak fühlt sich angegriffen, obwohl er gar nicht dort war: »Ich glaube nicht, dass wir in Thüringen besonders freundlich oder blind auf dem rechten Auge sind. Wir liegen einfach in der Mitte Deutschlands.«

Einen Tag vor dem geplanten Konzert in Mattstedt verbot das Amtsgericht die Veranstaltung wegen nicht geklärter Eigentumsfragen. Da waren schon vier- bis fünfhundert Besucher angereist. »Mattstedt sollte unter allen Umständen verhindert werden«, sagt Matczak. Das sei die Vorgabe der Politik gewesen. Und Matczak und seine Kollegen mittendrin.

Ersatzveranstaltungen in Magdala und auf dem Marktplatz Apolda wurden Monate später geplant. In Magdala hatte jemand seine Pferdewiese verpachtet, die nur über einen Feldweg zu erreichen war. Am Tag der Veranstaltung entschied das Amtsgericht Weimar, dass dieser einzige Zufahrtsweg nur für Land- und Forstwirtschaftsfahrzeuge zu nutzen sei. Zuvor hatte Thüringens Innenminister öffentlich verkündet, alles zu versuchen, um das Festival abzuwenden. Da hatten die Rechten aber schon das Equipment aufgebaut, nun gab ihnen die Polizei zwanzig Minuten Zeit, um das Gelände zu verlassen. »Die waren stinksauer«, sagt Matczak. Parallel lief eine Veranstaltung in Apolda, auf der die in der Szene bekannte Band Gigi & Die Braunen Stadtmusikanten auftrat. Diese Band hatte 2010, noch bevor der NSU entdeckt worden war, die Mordserie in einem Lied gefeiert. »Wenn ich diese Musik höre, kriege ich sofort Kopfschmerzen«, sagt Matczak. »Bei Linkspunkrock allerdings genauso.«

In Apolda wurde jeder einzelne Gast von der Polizei sehr gründlich durchsucht. Als das Konzert schließlich begann, waren erst etwa hundert Gäste auf dem Gelände, draußen warteten noch vier- bis fünfhundert weitere. »Die hatten sich zuvor mit Alkohol eingedeckt. Dann haben sie geschoben, gedrückt. Das hat sich hochgeschaukelt. Erst flogen Flaschen, dann haben sie geprügelt. Die Polizei setzte Pfefferspray ein. Daraufhin flogen noch mehr Flaschen.« Nach einer Stunde löste die Polizei die Veranstaltung wegen Gewalttätigkeiten auf. Mehrere Polizisten wurden leicht verletzt. »Da frage ich mich, hätte es so weit kommen müssen?«, sagt Matczak und gibt sich die Antwort sogleich selbst: »Man hätte die das einfach auf ihrer Wiese machen lassen sollen.« Aber er sagt das nicht aus Sympathie zu Rechtsextremen.

Aus Rache wurden später Reste von Erbsensuppe vor dem Haus des Magdalaer Bürgermeisters ausgeschüttet. Für den Staat und dessen Polizei ist eine solche Handlung schwer einzuordnen, ist das eine Straftat oder eine Ordnungswidrigkeit? Und es wird noch skurriler: »Wenn Fleischstückchen in den Resten sind, ist das Veterinäramt zuständig. Wenn es vegan war, dann das Straßenbauamt«, sagt Matczak. Es klingt wie ein Scherz. Die Täter sind bis heute nicht gefasst.

Vor Matczaks Wagenfenster erscheinen auf einer Anhöhe in der Ferne die Dornburger Schlösser, die Fassaden leuchten in der Sonne. Die Idylle steht in merkwürdigen Gegensatz zu dem, was Matczak sagt. Wenn er davon erzählt, wie sich Polizei und Politik darum bemühen, rechtsextreme Konzerte zu verhindern, entsteht der Eindruck allgemeiner Hilflosigkeit.

In Themar sollte das Verbot damit begründet werden, dass auf dem Veranstaltungsgelände seltene Vögel wie das Braunkehlchen brüteten. »Man blieb aber die Beweise dafür schuldig. Da musste das Verwaltungsgericht es erlauben.« Danach trugen die Rechtsextremen triumphierend T-Shirts mit der Aufschrift: »Ausge-vögelt«. Oft wissen die Rechtsextremen ziemlich genau, wie sie den Rechtsstaat, den sie abschaffen wollen, für sich nutzen kön-nen. Die Konzertveranstalter müssen vorher eine Liste einreichen mit den Namen der Bands und der Lieder, die sie spielen werden. Die Veranstalter passen sehr genau auf, das keine indizierten Songs darunter sind. »Und die Versammlungsbehörde muss be-gründen, wenn sie etwas untersagt.«

Matczak fühlt sich immer mehr aufgerieben zwischen allen Fronten. Einerseits ist da die politische Führung, die nicht da-für bekannt werden will, dass Thüringen Neonazis eine Bühne bietet. Und andererseits sind da die Rechtsextremen und die be-grenzten juristischen Möglichkeiten, um gegen sie vorzugehen. Matczaks Behördenleitung wünscht sich von seinen Beamten ein »Feuerwerk an Ideen gegen Rechts«. Matczak hat sich darüber fast mit seinem Behördenleiter überworfen. Er hatte den Eindruck, dass mit zweierlei Maß gemessen werde. Wenn er ein »Feuerwerk an Ideen gegen Links« vorschlagen würde, könnte er fortan den Straßenverkehr regeln, meint er.

»Wenn sich die Rechten rechtskonform verhalten und keine Straftaten begehen, kann ich als Polizist nichts aus dem Ärmel schütteln«, sagt Matczak. »Ich finde, so ein Konzert muss eine De-mokratie aushalten.« Bei dem Mann, der den Rechten die Wiese verpachtet hatte, gab es sogar Überlegungen, das Jugendamt ein-zuschalten, um dessen Eignung als Vater zu hinterfragen. Das ging Matczak zu weit. »Hat mal jemand dessen Kinder gefragt?«

Inzwischen ist Matczak in seinem kleinen Heimatdorf Stö-ben angelangt, er fährt an einem frisch renovierten Gut vorbei, das ein Einheimischer für einen Euro gekauft und saniert hat. Es gibt keine Bushaltestelle, keinen Laden, der einstige Tanzsaal ist seit Jahren zu. Die Landwirtschaftliche Produktionsgenossenschaft wurde nach dem Zusammenbruch der DDR geschlossen, die Bauern bekamen ihr Land zurück. In Matczaks Geburtshaus, einem Dreiseitenhof etwas abseits der Straße, mit einer mächtigen Fichte in seiner Mitte, wohnt noch immer die Mutter mit der Schwester. Matczaks Eltern sind nach dem Mauerfall in Pension gegangen.

Am Ortsausgang wachsen Obstbäume am Wegesrand – Pflaumen, Kirschen, Äpfel. »Im Sommer hängen da Tonnen von Obst«, sagt er. Abgeerntet wird schon lange nicht mehr. Die Landwirtschaft ist tot. Im Ort leben fast nur noch Rentner und Arbeitslose. Die gleichaltrigen Freunde von Matczak sind alle fort. »Das ist ein sterbendes Dorf«, sagt Matczak.

Im nahen Camburg zeigt Matczak seine alte Schule. Es gibt sie noch immer, und sie trägt auch noch immer den Namen Bertolt Brechts, einer der wenigen, der auch im vereinten Deutschland wertgeschätzt wird.

In der ehemaligen Stuhlfabrik arbeitete Matczak einst in den Ferien. Für den Westen produzierte er Stühle mit Polster, für den Osten ohne. In seinem ehemaligen Kindergarten bietet nun eine Firma Kanutouren an. Früher sei es schon sehr grau in der Stadt gewesen, erinnert sich Matczak. Die Kohleheizung stank und die frühere Lederfabrik leitete ihre Chemikalien direkt in die Saale. Trotzdem wiederholt er: »Ich habe mich in der DDR wohl gefühlt, mir hat es an nichts gefehlt. Ich war allerdings auch nie politisch engagiert.« Nach dem Mauerfall seien alle zu Reisenden, Getriebenen geworden. Vielleicht hat Matczak sich auch deshalb nie sehr weit fortbewegt. Vielleicht trifft das, was die russisch-amerikanische Schriftstellerin und Journalistin Masha Gessen über den Untergang der Sowjetunion sagt, auch auf den Untergang der DDR zu: »Er hat die Menschen des Gefühls beraubt zu wissen, wo ihr Ort in der Welt ist.«

Und oben auf der Saaleplatte drehen sich die Windräder in der stets wehenden Brise.

Auf der Rückfahrt nach Jena erzählt Matczak von denjenigen, die ihn im Augenblick neben den Rechtsextremen am meisten beschäftigen. Zehn bis fünfzehn junge Männer im Alter von 16 bis 20 Jahren, die 2015 aus Syrien, dem Irak und Afghanistan nach Deutschland kamen. »Sie terrorisieren regelrecht die Stadt.« Matczak hatte schon im Vorjahr von ihnen berichtet. Es begann bereits 2016 in Lobeda-West mit Drogenhandel, Belästigungen der Anwohner und Körperverletzungen. Seit 2017 bewegt sich die Gruppe nun im Zentrum von Jena. »Die Männer suchen Ärger. Und verhalten sich der Polizei gegenüber aggressiv.« Zwei von ihnen sind inzwischen inhaftiert. Sie genießen in Deutschland »subsidären Schutz«, das bedeutet, sie sind weder asylberechtigt noch haben sie Flüchtlingsstatus, aber in ihren Heimatländern droht ihnen ernsthafter Schaden. Matczak wird in seinem Wohnviertel nun oft auf sie angesprochen, warum die Polizei sich das bieten lasse. Die Menschen sind aufgebracht, die Stimmung richtet sich gegen die Geflüchteten. Matczak sagt, selbst die Berater von der Jugendgerichtshilfe gäben zu, sie fänden keinen Zugang, sie hätten diese jungen Männer verloren.

Im Juni 2018 wurde einer von ihnen aus dem Gefängnis entlassen und raubte sogleich einen Mann aus. »Was will man mit einem wie ihm machen?«, fragt Matczak. »Du kannst diese Männer nicht in Kriegsgebiete zurückschicken, aber sie missbrauchen ihr Gastrecht.«

Thomas Matczak kann einige solcher Geschichten erzählen. Manchmal weiß man nicht genau, ob er berufsbedingt eben nur diese hört und erlebt oder ob sich sein Sichtfeld inzwischen auch ein wenig einseitig verengt hat.

Matczak hat auf der einen Seite den Eindruck, die Medien

würden tendenziös berichten und vorgefertigte Meinungen verbreiten, darin nähmen politisch Linksgerichtete und Flüchtlinge stets die Opferrolle ein. Auf der anderen Seite findet er es erschreckend, dass die AfD bei den Bundestagswahlen in Thüringen zweitstärkste Partei wurde, und er hält Stephan Brandner für einen »absoluten Brandstifter«. Wenn Mitglieder der Thüringer AfD nach Braunau reisen und dort vor Hitlers Geburtshaus eine Kerze anzünden, ringt er um Worte und Fassung. Matczak steht zwischen allen Linien. Es wird immer schwerer für ihn, noch den Überblick zu behalten.

In Jena parkt Thomas Matczak seinen Wagen in der Nähe des Marktes. Er deutet auf einen schwarzen BMW X6, das Auto des örtlichen Mafiabosses, wie er sagt, dem natürlich nichts nachzuweisen sei. Ein BMW X6 kostet neu etwa um die fünfundsiebzigtausend Euro, genauso viel muss Matczak noch für sein Reihenhaus abbezahlen, das er vor 22 Jahren gekauft hat. Seit Januar 2018 ist er nun von seiner Frau geschieden und zahlt die tausend Euro Kreditrate im Monat allein an die Bank. »Heute kostet eine vernünftige Mietwohnung in Lobeda auch knapp tausend Euro«, sagt er. Thomas Matczak ist jetzt 52, wenn er das Rentenalter erreicht, gehört das Haus endlich ihm. Und dann will er sich in den Süden absetzen, ins Warme. Spanien oder so. Matczak hat gehört, dass dort viele Deutsche ihren Ruhestand verbringen. Weit weg von der deutschen Wirklichkeit.

Vorerst betritt er aber ein italienisches Restaurant im Zentrum von Jena und bestellt Pasta. Das Lokal ist voll, viele Studenten. Eine Klientel, von der sich Matczak nicht sehr geschätzt sieht. In der Stadt gibt es eine große linke Szene, etwa tausend bis tausendfünfhundert Menschen, die Rechten hingegen nennt er »Dumpfbacken«, ihre Namen kann er einzeln aufzählen. Er weiß, dass gerade die ostdeutsche Polizei oft verdächtigt wird, eher mit den Rechtsextremen zu sympathisieren, nicht entschlossen genug gegen sie vorzugehen. Besonders nach den Ausschreitungen in Chemnitz.

Matczak hat sie aus der Ferne genau verfolgt: Über die sozialen Medien hatte sich verbreitet, dass drei Männer des tödlichen Messerangriffs auf den Deutschen verdächtigt wurden, alle drei waren Asylbewerber. Daraufhin hatten sich an den folgenden Tagen eine Menge aus Rechtsextremen, AfD-Politikern und Bürgern zu Protesten versammelt, die schließlich in einem Schweigemarsch gipfelten, bei dem sich erstmals AfD-Spitzenfunktionäre wie Björn Höcke aus Thüringen und Uwe Junge aus Rheinland-Pfalz Seite an Seite mit Pegida-Anhängern und bekannten deutschen Neonazis zeigten. Die sächsische Polizei erschien überfordert, hatte die Lage anfangs offenbar unterschätzt. Im Gedächtnis bleiben Bilder, wie Beamte vor einem rechten, schwarz gekleideten, zum Teil bis hinauf ins Gesicht tätowierten Mob zurückwichen. Während Migranten oder schlicht Andersaussehende, Journalisten und ein jüdisches Restaurant von Rechtsextremen angegriffen wurden.

In einem internen Lagebericht der Polizei vom 27. August 2018, den das ZDF-Magazin »Frontal 21« einsehen und auswerten konnte, ist notiert: »Hundert vermummte Personen (rechts) suchen Ausländer.« Und: »20 bis 30 vermummte Personen mit Steinen bewaffnet in Richtung Brühl, Gaststätte Schalom.« Wenige Tage später sagt der sächsische CDU-Ministerpräsident Michael Kretschmer: »Klar ist: Es gab keine Hetzjagd, keinen Mob und keine Pogrome.« Der damalige Verfassungsschutzpräsident Hans-Georg Maaßen spricht sogar von »gezielten Falschinformationen«. Ein Ministerpräsident und ein Chef einer Bundesbehörde misstrauen somit öffentlich ihren eigenen Beamten und den Medien. Danach wird in Deutschland tagelang nicht mehr über die tatsächlichen Begebenheiten diskutiert, sondern darüber, ob und ab wann es gerechtfertigt ist, von einer Hetzjagd zu sprechen. Thomas Matczak hat kurz darauf sächsische Kollegen bei einer Fortbildung getroffen. Sie erzählten ihm, dass es vor und nach den Protestmärschen »schwer zur Sache« gegangen sei. Wie es auch in dem internen Lagebericht der Polizei steht. Die sächsische Landesregierung habe das verharmlost. »Ja, sind die Beamten betrunken, wenn sie so etwas sehen? Die bilden sich das doch nicht ein!«, sagt Matczak, er klingt wütend. »Kretschmer wollte nur sein Land gut aussehen lassen!« Und Hans-Georg Maaßen wird in diesen Tagen im November in den einstweiligen Ruhestand versetzt. Für Matczak sind das weitere Begebenheiten, die zeigen, wie kompliziert es für Polizisten wie ihn geworden ist, sich durch das Dickicht aus unterschiedlichen Interessen und politischen Überzeugungen hindurchzumanövrieren. Danach schweigt er. Die Ereignisse lassen ihn ratlos zurück.

Im vergangenen Jahr hatte sich Matczak am meisten davor gefürchtet, dass ihm einer wie der »IS«-Attentäter Anis Amri »durchrutscht«. 2018 gibt es weltweit weniger Tote durch Terroranschläge, was vor allem damit zusammenhängt, dass der »Islamische Staat« auf dem Rückzug ist, Gebiete und Finanzquellen verloren hat. Zugleich nehmen aber die Anschläge von Einzeltätern zu. Auch Matczak hat bemerkt, dass es weniger »Verdachtsmitteilungen« gibt. Das »IS«-Netzwerk existiert innerhalb Deutschlands aber nach wie vor. Nun geht es eher um diejenigen, die sich im Land radikalisiert haben und weiter radikalisieren. Der Verfassungsschutz rechnet 2018 etwa 2220 Männer und Frauen dem »islamistisch-terroristischen Spektrum« zu, darunter sind auch um die 770 Gefährder mit Deutschlandbezug, denen die Sicherheitsbehörden jederzeit einen Anschlag zutrauen. »Wir haben viel mit Männern aus dem Nahen Osten zu tun, die thüringenweit von Unterkunft zu Unterkunft ziehen und werben, Strukturen entwickeln, Geld einsammeln. Es ist ganz schwer, da einen Zugang zu finden«, sagt Matczak.

Kurz vor Weihnachten 2017 nahm das Landeskriminalamt Thüringen einen jungen Syrer fest, der als mutmaßlicher »IS«-Unterstützer bekannt war. Die Beamten befürchteten, er könnte womöglich einen Anschlag planen. Nach zehn Tagen mussten sie ihn wieder gehen lassen, die Belege reichten nicht aus. Aber auch abschieben könne man Männer wie ihn nicht einfach, meint Matczak. Wer eine schwere Straftat im Heimatland begangen oder in Syrien für den »IS« gekämpft habe, dem drohe zu Hause die Todesstrafe. »Wenn wir die jetzt zurückschicken, hängen sie die dort auf.«

Wenn Matczak über den polizeilichen Alltag erzählt, klingt es manchmal wie Slapstick, unfreiwillig komisch. Bei Telefonüberwachungen von Terrorverdächtigen braucht die Polizei zum Beispiel vertrauenswürdige Übersetzer, aber nach wie vor gibt es in Jena keine arabisch-sprechenden Beamten. »Die fehlen uns. Auch bei Flugblattaktionen, damit jemand übersetzen und einschätzen kann: Ist das harmlos oder haben wir es mit Salafisten zu tun?« Dolmetscher kosten extra Geld. Wenn sich Verdächtige von Thüringen nach Sachsen bewegen, fängt die Polizei in Sachsen bei null an. Jede Landespolizei verfügt über ihr eigenes EDV-System, Matczak kann seine Kollegen in Sachsen oder Sachsen-Anhalt nur direkt anrufen oder ihnen eine Mail schreiben. »Die Datenverarbeitung ist nicht kompatibel, das ist eine ganz andere Welt.«

Noch immer verfügt Matczaks Dienststelle nur über einen einzigen internetfähigen PC für zwei Kommissariate. Und auch 2018 sind bei der Jenaer Polizei weiterhin die Nokia-Tastenhandys im Einsatz – das wird sich auch 2019 nicht ändern. »Von uns werden stets aktuelle Informationen verlangt, aber die Werkzeuge, die wir dazu brauchen, gibt man uns nicht.« Wenn Matczak darüber redet, wird er für seine Verhältnisse richtig laut.

Bei einem anderen Thema wird er hingegen sehr viel stiller. Nur noch selten denkt Matczak an jenen Tag vor zwanzig Jahren, als er Uwe Böhnhardt auf der anderen Straßenseite ins Auto steigen und davonfahren sah. Matczak hat die Verhandlungen im NSU-Prozess in München kaum verfolgt. Er ist sich ziemlich sicher, dass zumindest einzelne Beamte beim Verfassungsschutz etwas über das Trio im Untergrund wussten, nachdem in der Behörde 2011 Akten über mögliche NSU-Helfer geschreddert worden waren. »Hier sollte etwas vertuscht werden.« Nun sei der NSU aber kein großes Thema mehr innerhalb der Jenaer Polizei, meint Matczak. Und die Spur zu Uwe Böhnhardt und den Kindermorden hat sich bereits im Frühjahr 2017 als falsch erwiesen. Es hatte sich herausgestellt, dass es zu einer Verunreinigung bei der Spurensicherung gekommen war. Das Gewebe von Böhnhardt am Fundort von Peggys Leiche stammte vermutlich aus dem Wohnmobil in Eisenach, in dem man 2011 den toten Böhnhardt gefunden hatte. Ein sehr peinlicher Fehler für die Thüringer Tatortgruppe.

Im Juli 2018 wird Beate Zschäpe nach fünfjährigem Prozess wegen zehnfachen Mordes zu lebenslanger Haft verurteilt. »Das Urteil finde ich«, Matczak zögert kurz und überlegt: »Ich finde, das geht okay.« Damit ist für Matczak eine Geschichte zu Ende, die ihn fast sein halbes Leben lang begleitet hat. Oder doch noch nicht?

Nun kann er beobachten, wie sich eine neue rechte Szene entwickelt und wieder erstarkt: Das Festival Schild und Schwert, auf dem NPD-Redner auftreten; der Kampf der Nibelungen, eine rechte Kampfsportveranstaltung; rechtsextreme Bruderschaften wie die Turonen beziehungsweise die Garde 20. »Sie sind aktiv und gut vernetzt«, sagt Matczak. Ähnlich wie damals der NSU. Im Januar 2019 wird eine der Opfer-Anwältinnen aus dem NSU-Prozess von einer Gruppe bedroht werden, die sich NSU 2.0 nennt – und das nicht zum ersten Mal.

Gegen zwei Uhr nachmittags verlässt Matczak das Restaurant. Draußen ist es noch immer warm. Matczak muss zurück ins Büro. Auf dem Weg zu seinem Wagen sagt er, er finde, Deutschland habe sich in den vergangenen fünf Jahren sehr verändert. »Es gibt so eine Blockbildung – rechts gegen links, pro oder gegen Flüchtlinge. Beide Seiten lehnen einander konsequent ab. Ich vermisse die Gelassenheit.« Als Polizist erfährt er die gesellschaftlichen Eruptionen, die Verwerfungen, aus erster Hand, den Hass, den Frust, die Wut. Thomas Matczak, der Blitzableiter. Er wird bemitleidet, beschimpft, beleidigt oder attackiert.

Matczak hat nicht den Eindruck, dass die »etablierten Parteien« dieser Spaltung der Gesellschaft etwas entgegensetzen könnten. »Etablierte Parteien«, diesen Ausdruck hätte er vor fünf Jahren auch noch nicht gebraucht, damals existierte die eine größere Partei, die stets ihre »Nicht-Etabliertheit« feiert, noch nicht. Matczak sieht, wie die einstige Volkspartei SPD, die einmal den Kanzler stellte, auf 13 Prozent herabgesunken ist. Und wie die CDU einen Mann wie Friedrich Merz zu ihrem Vorsitzenden küren wollte, der beim US-Vermögensverwalter BlackRock Millionen verdient. Sechs Billionen US-Dollar verwaltet BlackRock. Das sind 6000 Milliarden. Matczak wiederholt diese Zahl leise für sich. Eine unfassbare Summe. Er sagt, alle Volksparteien eine, dass sie keine Antworten auf die drängenden Fragen hätten und keine Visionen. Dafür werde die AfD stärker. Im Prinzip kommt Thomas Matczak zum selben Schluss wie Jörg Asmussen. Ein ehemaliger EZB-Direktor, Staatssekretär und heutiger Banker und ein Polizist aus der Provinz stimmen in ihrer politischen Analyse weitgehend überein. Im Oktober 2019 sind Landtagswahlen in Thüringen. »In der Gesellschaft brodelt es. Ich weiß nicht, ob das gesamte System vielleicht einmal überdacht werden muss.« Ein Staatsschützer, der am System zweifelt. Thomas Matczak versucht, weiter die Balance zu halten. In der Mitte, zwischen allen Fronten. Aber es wird immer schwerer.

ALEXANDER GAULAND

12. November 2018, Jakob-Kaiser-Haus, Berlin, und 6. Dezember 2018,
AfD-Bürgerdialog in Hoppegarten, Brandenburg

Wieder beginnt das Gespräch mit Alexander Gauland an einem
Tag, an dem zuvor die AfD die Nachrichten bestimmt hat. Oder
ist es so, dass diese Partei und ihre Vorsitzenden inzwischen fast
jeden Tag die deutschen Nachrichten beherrschen oder zumindest sehr oft? Diesmal geht es um eine Wahlkampfspende an
Alice Weidel von einem Schweizer Gönner, die sie nicht hätte
annehmen dürfen. Parteispenden aus Ländern außerhalb der EU
sind illegal. Und Weidel überwies das Geld erst Monate später
wieder zurück. Nun hat die AfD also wie andere »etablierte Parteien« vor ihr den ersten Parteispendenskandal.

Alexander Gauland wartet am runden Tisch in seinem Berliner
Bundestagsbüro, er blättert in einer Pressemappe. Inzwischen
liegen ein paar Bücher in den Regalen und ein Bild hängt an der
Wand: das Porträt des früheren französischen Außenministers
Charles-Maurice de Talleyrand-Périgord, den Gauland verehrt.
Er amüsiert sich darüber, dass französische Journalisten darüber
neulich ganz erstaunt waren. Sie hätten wohl vermutet, ein Mann
wie Gauland bewundere nur deutsche Außenminister. Aber Gau-

land spielt gern mit Klischees und Vorurteilen, es bereitet ihm Vergnügen, ihnen nicht zu entsprechen.

Die Spendenaffäre erreichte Gauland am Wochenende. Er meint, Weidel habe sich nichts vorzuwerfen, weil der Landesschatzmeister ihr signalisiert hätte, mit der Spende sei alles in Ordnung. »Insofern ist es ein Fehler des Kreisverbandes und des Schatzmeisters, das muss man einräumen.« Gauland braucht die junge Frau an seiner Seite. »Gott sei Dank hat sie die Mail vom Landesschatzmeister.« Gauland hat zu Weidel ein Vertrauensverhältnis, das betont er immer wieder. Er hat auch ihre Freundin und die Kinder kennengelernt. »Es ist doch ein Unterschied, ob jemand hochgebildet ist oder durch Masseneinwanderung in ein Land gelangt«, kommentiert Gauland die Tatsache, dass Weidels Freundin aus Sri Lanka stammt, einem Land aus dem viele Menschen fliehen.

Einen Rücktritt von Weidel sieht er nicht, auch wenn er weiß, dass sie innerhalb der Partei viele Feinde hat.

Doch es gibt ein anderes Thema, das ihn umtreibt, es ist stärker als jeder Parteispendenskandal. Es geht um den ehemaligen Verfassungsschutzpräsidenten Hans-Georg Maaßen und eine mögliche Überwachung der AfD durch den Verfassungsschutz. Denn das hätte sehr weitreichende und existentielle Folgen für die Partei und auch für Gauland selbst.

Alexander Gauland sagt, er habe Maaßen auf einem Empfang der von seiner Partei verachteten öffentlich-rechtlichen Sender ARD und ZDF kennengelernt. Maaßen habe gesagt, er würde sich gern einmal mit ihm unterhalten. Daraufhin besuchte Gauland ihn. »Da ging es allgemein um Politik. Das war ganz harmlos. Maaßen sagte: Wenn ich ein dienstliches Problem hätte, solle ich mich melden.« Dieses Problem gab es im Februar 2018. In einem Bericht des Magazins *Focus* wurde ein Mitarbeiter eines Abgeordneten der AfD-Bundestagsfraktion verdächtigt, für Russland zu spionieren. »Das war für uns auf der Ebene des Sicherheitsdienstes nicht zu klären. Da habe ich Maaßen angerufen«, sagt Gauland. Maaßen habe nach 14 Tagen zurückgerufen und gesagt, da sei nichts dran.

Auf keinen Fall habe er bei Maaßen vorgefühlt, was seine Partei vermeiden müsse, damit sie nicht vom Verfassungsschutz überwacht werden würde. »Darum ging es überhaupt nicht.« Gauland meint, eine solche Frage wäre ihm gar nicht in den Sinn gekommen.

Aber seine Partei hält diese Frage in Atem. Sie hat eigens ein Gutachten in Auftrag gegeben, wie sich die AfD verhalten müsse, um nicht vom Inlandgeheimdienst beobachtet zu werden. Nun suchen Gauland und seine Partei also selbst nach der Grenze des Sagbaren, die sie zuvor immer weiter verschoben haben.

Der emeritierte Freiburger Staatsrechtler Dietrich Murswiek hat das Gutachten gerade vor den AfD-Bundes- und Landesvorständen vorgetragen. Es fällt für die AfD ziemlich desaströs aus. Aus 16 Verfassungsschutzberichten hat Murswiek zusammengetragen, was schon einmal als Indiz für Verfassungsfeindlichkeit in einem Bericht gewertet wurde – zum Beispiel Fremden- und Islamfeindlichkeit oder rassistische Diskriminierungen. Begriffe wie »Umvolkung« oder »Überfremdung« sollten demnach dringend vermieden werden. Gauland hat nicht das gesamte Gutachten gelesen, aber eine Zusammenfassung. Und es gibt noch ein zweites Gutachten, in dem es darum geht, was eine solche eventuelle Beobachtung für Beamte und Hochschullehrer in der AfD bedeuten würde.

Im Fall einer Beobachtung der Partei müsse »jedem Beamten, Soldaten oder Angestellten im öffentlichen Dienst dringend geraten werden«, sich von verfassungsfeindlichen Kräften innerhalb der Partei »entschieden abzugrenzen und sich für eine verfassungsmäßige Ordnung der Partei einzusetzen«, heißt es in dem Gutachten. Denn wenn ein Beamter seine dienstliche Pflicht zur Verfassungstreue verletzt, kann dies am Ende bis zur Entlassung aus dem Beamtenstatus führen – wegen eines »besonders schweren Dienstvergehens«.

»Für Beamte wäre das ein Problem«, sagt auch Gauland. »Und das wäre für die Zusammensetzung der Partei existentiell.« Sie müssten in dem Fall faktisch austreten.

Das Gutachten war in Auftrag gegeben worden, weil die Junge Alternative Niedersachen und Bremen seit September 2018 vom Verfassungsschutz beobachtet werden. Gauland nennt Niedersachsen einen »echten Katastrophenfall«. »Da gab es tatsächlich Dinge, die überhaupt nicht gehen – handfester Nationalsozialismus bei nicht nur einem Mitglied.« Im Sommer 2018 war schon der niedersächsische JA-Vorsitzende mit seinem Angriff auf Stauffenberg aufgefallen, er wurde danach abgesetzt. »Er hat offensichtlich eine Gruppe von Gesinnungsgenossen etabliert.« Nun sollen beide Verbände von der Partei aufgelöst werden. »Sie können dreißig Leute ausschließen, aber das dauert zu lange.«

Innerhalb der Partei wurde bereits nach den Ereignissen in Chemnitz eine Arbeitsgruppe zum Thema Verfassungsschutz gebildet. Über die Chemnitzer Demonstration sagt Gauland: »Jörg Meuthen und ich waren nicht dort. Wir wollten das nicht. Wir wussten, dass Lutz Bachmann von Pegida dabei ist. Und ich habe immer gesagt, wir treten nicht mit dem gemeinsam auf.«

Doch die Welt sah eine Partei, die augenscheinlich kein Problem damit hat, sich mit Rechtsextremen zu präsentieren, die auf ihrer Veranstaltung auch den Hitlergruß zeigen.

»Ich kann von Ferne nicht den Gesamtauftritt beurteilen. Aber da haben sich wohl auch rechtsradikale Leute angeschlossen. Dieses Image will bei uns eigentlich niemand«, sagt Gauland. Er bemüht sich, nun den Schaden für seine Partei zu begrenzen, und relativiert. »Wer einen Hitlergruß zeigt, ist einfach nur blöd. Diese Leute sind viel zu dämlich, um die freiheitliche, demokratische Grundordnung zu gefährden. Auch wenn es eine Straftat ist.« Eine sehr gewagte These nach den dortigen Gewaltausbrüchen und dem strategischen Organisationsvermögen, das die Rechtsextremen dabei bewiesen haben. Danach gab es eine interne Partei-Empfehlung, Demonstrationen nur noch selbst zu veranstalten, und nicht mit anderen Organisationen oder Bewegungen zusammen.

Gauland meint, dieser Auftritt habe der Partei im Westen geschadet, im Osten werde Pegida eher positiv gesehen. Aber da mehr Menschen im Westen als im Osten lebten, sei das bei Wahlen problematisch. »Diese Geschichte war nicht sehr erfolgreich«, fasst Gauland zusammen. Und wenn Gauland sagt »nicht sehr erfolgreich« bedeutet das: Supergau.

Kein Zweifel: Die AfD hat ein Problem mit dem Rechtsextremismus. Deshalb das Gutachten und die parteiinterne Arbeitsgruppe, um einer Beobachtung durch den Verfassungsschutz vorzubeugen. Mehrere Parteimitglieder empfanden dies aber offenbar als Eingriff in ihre Meinungsfreiheit und probten mit dem »Stuttgarter Aufruf« einen Aufstand gegen ihre eigene Führung. In dem Aufruf steht: »Wir widersetzen uns allen Denk- und Sprechverboten innerhalb der Partei und zeigen allen Vorständen die rote Karte, die sich an Machenschaften beteiligen, den Mitgliedern ihr Recht auf das freie Wort und eine eigenständige Analyse der politischen Zustände zu nehmen.« Fast tausend Unterstützer unterzeichneten ihn.

Wenn man Alexander Gauland darauf anspricht, schweigt er eine Weile. Es ist ihm anzumerken, wie sehr ihn manche seiner

Parteigenossen nerven. Auch sein »Freund« Björn Höcke meldete sich dazu zu Wort. Er bezeichnete die Furcht seiner Partei vor dem Verfassungsschutz auf einem AfD-Parteitag als »politische Bettnässerei«. Gauland fand das gar nicht lustig. »Das war nicht sehr zielführend«. Er rief Höcke an, der aber erklärte, er habe das anders gemeint und Gauland solle die ganze Rede lesen. Den Stuttgarter Aufruf hat Höcke auch nicht unterschrieben. Gauland redet merklich kühler über Björn Höcke als noch vor knapp einem halben Jahr. Er schätzt ihn nach wie vor als wichtig für die Partei ein, von der Höcke noch immer etwa ein Drittel vertritt. Aber Gauland ist ein politisches Tier bis ins Mark: Er wird nur so lange zu Höcke halten, wie dieser der Partei nicht offensichtlich schadet. Noch profitieren beide von ihrer Allianz. Noch.

Nun bemüht sich die AfD um ein anderes, ein gemäßigtes Bild in der Öffentlichkeit. Auch Wolfgang Gedeon, Landtagsabgeordneter in Baden-Württemberg, und Doris von Sayn-Wittgenstein, einst AfD-Vorsitzende in Schleswig-Holstein, sollen jetzt aus der Partei ausgeschlossen werden. Gedeon ist immer wieder durch antisemitische Schriften und Äußerungen aufgefallen, und Sayn-Wittgenstein hat wohl in der Vergangenheit den vom Verfassungsschutz als rechtsextrem eingestuften »Verein Gedächtnisstätte« unterstützt. Beide wehren sich gegen den Ausschluss.

Bisher war Gauland stets ein Mann, der jegliche »Distanziererei« ablehnte, vor allem wenn es Björn Höcke betraf. Wie sehr Gauland seine Haltung in dieser Frage geändert hat, kann man im Dezember 2018 bei einem AfD-Bürgerdialog beobachten.

Ein Lokal kurz hinter der Berliner Stadtgrenze. Es heißt Mittelpunkt der Erde, ein Platz, an dem sich die AfD gern verortet. Gegenüber liegt eine Spielhalle, drinnen im Saal warten um die zweihundert Menschen. Gauland sitzt auf dem Podium, ganz links, neben ihm sind Birgit Malsack-Winkemann, eine Richterin aus Berlin, und Jens Maier, ebenfalls ein Richter aus Sachsen, beide AfD-Bundestagsabgeordnete. Auch Maier sollte schon einmal aus der Partei ausgeschlossen werden, er nennt sich selbst der »kleine Höcke« und gehört zum rechten Flügel der AfD. Maier ist schon mehrmals mit problematischen Äußerungen aufgefallen, zuletzt hat einer seiner Mitarbeiter von Maiers Twitter-Konto den Sohn von Boris Becker, Noah Becker, rassistisch beleidigt. Im Januar 2019 wird er dazu verurteilt werden, Schmerzensgeld an Becker zu zahlen.

Maier bemüht sich, den Saal auf die anstehenden drei Landtagswahlen in Ostdeutschland – Brandenburg, Sachsen und Thüringen – im Herbst 2019 einzustimmen. »Wir können uns nicht in der Opposition einrichten, wir müssen alle was dafür tun, um zur Volkspartei zu werden. In Sachsen haben wir eine reale Chance, stärkste Partei zu werden. Wir sind heiß auf den Wahlkampf!« Die Zuhörer klatschen. Im Publikum sitzen nun auch mehr Frauen als noch vor zwei Jahren.

Ein Mann aus dem Saal wird später fragen, ob in der »BRD« Veränderungen durch Wahlen tatsächlich möglich seien? Da ist sie wieder, die Frage, vor der sich die AfD-Funktionäre fürchten. Alexander Gauland beantwortet sie denn auch ungewöhnlich genau und ausführlich: »Natürlich kann man durch Wahlen etwas ändern! Schauen Sie sich die Debatten heute und vor sechs Jahren an – das ist unsere Leistung. Verfallen Sie nicht dem Fehler, dass man in der Demokratie nichts verändern kann. Wir müssen stärker werden durch Wahlen. Durch nichts anderes kommen Sie in Deutschland an die Macht!« Es klingt fast wie ein Appell an seine Parteianhänger.

Danach wendete sich sein Podiumsmitstreiter Jens Maier gegen »diese Abgrenzeritis« innerhalb der Partei aus Angst vor der Beobachtung durch den Verfassungsschutz. Er mahnt mehr »Korpsgeist« an. Im Prinzip richtet sich diese Kritik auch gegen seinen Vorsitzenden Gauland. »Der Feind steht außen und nicht in unseren Reihen«, ruft Maier in den Saal. Ein anderer Mann im Publikum vertritt die Meinung, der Verfassungsschutz leite sowieso schon die AfD. Paranoia scheint die Partei ergriffen zu haben.

Gauland hat die meiste Zeit zugehört, gelesen, seine Halbbrille ist auf dem Nasenrücken mal wieder weit vorgerückt. Nun holt er zum Schlag aus: »Ich glaube nicht, dass der Verfassungsschutz bei uns im Vorstand sitzt. Es gibt Aussagen, die ich für nationalsozialistisch halte. Es geht nicht, dass wir uns davon nicht distanzieren. Menschen wie Stauffenberg als Verräter zu bezeichnen, ist ein Angriff auf die Moral und steht nicht auf dem Boden der freiheitlichen demokratischen Grundordnung. Das ist nicht Abgrenzeritis, sondern mit Nationalsozialismus und Hitlerei haben wir nichts zu tun!« So deutlich hat man das öffentlich von Alexander Gauland in all den vergangenen Jahren nie gehört. Er wechselt die Strategie.

Dabei rückt ein Satz in den Hintergrund, den er auch gesagt hat: »Ich bin dafür da, die Partei möglichst sicher zum Erfolg zu führen.« Im Kern geht es jedoch stets darum. Gauland sieht sein Lebenswerk, den Eintrag im Geschichtsbuch, in Gefahr.

Wenn die AfD tatsächlich beobachtet werden würde, wäre das nicht nur für die Beamten in der Partei – wie seine Podiumsteilnehmer – schwierig, sondern ziemlich wahrscheinlich würden sich auch Wähler, Unterstützer und Spender abwenden. Das muss er als Vorsitzender verhindern.

An dem Tag im November in seinem Berliner Büro liegt das noch vor ihm. Alexander Gauland hat die Maßstäbe und Indizien für Verfassungsfeindlichkeit des Gutachtens von Murswiek mit seinen eigenen Reden verglichen und dabei festgestellt, dass demnach fast alle in mindestens sechs von acht Fällen verfassungsfeindlich wären. »Das geht gar nicht«, schimpft er. »Wenn es zur Beobachtung kommen sollte, müssen wir vor das Bundesverfassungsgericht ziehen. Wenn ich mich an all das halten würde, müsste ich morgens nicht mehr aufstehen, ich müsste jedenfalls keinen Wahlkampf mehr machen.« Wenn er zum Beispiel sage, der Islam gehöre nicht zu Deutschland, sei dies nur erlaubt mit dem Zusatz: Aber jeder einzelne Muslim gehört zu uns. »Das machen Sie in einer Wahlkampfrede nicht.«

Im Prinzip bedeutet das, alle Wahlkampfreden müssen holzschnittartig, schlicht und in der Tendenz aufhetzend sein.

Im Januar 2019 werden sich alle Bemühungen der AfD zur Mäßigung als vergeblich erweisen. Der Verfassungsschutz erklärt die gesamte Partei zum Prüffall. Ein Gericht wird kurz darauf aber entscheiden, dass die Behörde die AfD so nicht weiter nennen darf. Björn Höcke und sein rechter Flügel sowie die Junge Alternative werden zum Verdachtsfall, sie können nun auch observiert und – wenn auch eingeschränkt – durch V-Männer ausgespäht werden. Für diese Einschätzung hat der Inlandgeheimdienst ein vertrauliches Gutachten erstellt, in dem die Beamten öffentliche Auftritte und Reden von AfD-Funktionären auswerteten. Und der Mann, der neben Björn Höcke und einem weiteren AfD-Mitglied am häufigsten darin auftaucht, ist Alexander Gauland.

Nun geraten die Partei und der Mann, die die anderen jagen und vor sich hertreiben wollten, selbst unter Druck.

Doch davon weiß Gauland an diesen Tagen im November und Anfang Dezember noch nichts. Im Gegenteil. Er kann einen Erfolg feiern, eine Forderung seiner Partei ist in Erfüllung gegangen. Angela Merkel ist nach den für die CDU/CSU desaströsen Stimmenverlusten bei den Wahlen in Bayern und Hessen als Parteivorsitzende zurückgetreten. Aber Gauland mag nicht triumphieren: »Als Kanzlerin steht sie weiter im Mittelpunkt.«

Friedrich Merz, der sich zu diesem Zeitpunkt noch um Merkels Nachfolge bemüht, kennt er schon lange, Gauland nennt ihn eine Symbolfigur für die gute alte Zeit der CDU. Aber dessen Privatflugzeug, dessen hohes Gehalt und sein Posten bei BlackRock wirken auf viele Menschen im Osten abstoßend und kämen auch im Westen nicht überall gut an: »Einer, der viel Geld verdient und den anderen erzählen will, wie sie zu leben haben.« Annegret Kramp-Karrenbauer, die einen Tag nach dem AfD-Bürgerdialog in Hoppegarten die neue CDU-Vorsitzende werden wird, sieht er als bloße Fortsetzung der Politik von Angela Merkel.

Wie wertet Gauland jetzt seine Mitschuld an der Spaltung des Landes, an der explosiven politischen Stimmung? »Dass wir die Grenze des Sagbaren verschoben haben, habe ich bis zu einem gewissen Grad begrüßt. Dass es wieder möglich ist, über Dinge zu diskutieren, die lange Zeit tabu waren. Sie können diese Tabuzone aber nicht immer weiter ausweiten.«

Für einen, der selbst massiv dazu beigetragen hat, dass sie immer stärker ausgeweitet wurde, klingt er nun nachdenklicher als noch im Sommer. Vielleicht liegt es an der drohenden Beobachtung durch den Verfassungsschutz. Aber Gauland merkt selbst, wie sich das politische Klima in Deutschland verändert, geradezu verhärtet hat. »Wenn ich die AfD nicht mitgegründet hätte und heute eintreten wollte, könnte es sein, dass jemand sagt: Das ist ein U-Boot vom Verfassungsschutz oder weiß der Teufel.« Und diese Verhärtung trifft ihn nun auch persönlich, reicht bis in sein Privatleben hinein.

Seine Lebensgefährtin leidet immer öfter an dem, was er sagt und tut. Und mit seiner Tochter reiste er im Sommer zwar gemeinsam nach Südtirol, aber sie bemühten sich beide, nicht über Politik zu sprechen. »Das geht gar nicht. Das kriegen wir nicht hin, unsere Ansichten gehen zu weit auseinander. Sie ist eine linke evangelische Pastorin und wählt leidenschaftlich gern die Grünen. Für mich ist das die Partei, die Deutschland ruiniert.«

Auch dank Gauland wurden die Grenzen des Sagbaren so weit verschoben, dass in seiner eigenen Familie nun Sprachlosigkeit herrscht. Gauland und seine Tochter sind verstummt. Eine politische Verständigung ist nicht mehr möglich.

LISA BANHOLZER

Banholzer erscheint in einem langen schwarzen Mantel und neonorangen Turnschuhen im *Beets and Roots* in Berlin-Mitte. Sie ist noch im Jetlag, und erst vorige Nacht von ihrem Freund aus New York zurückgekehrt. In diesem Lokal sitzen die Gäste an massiven Holztafeln, rohe Betonwände, die Männer tragen Wollmützen und Bärte, die Frauen Kunstfellmäntel in Übergrößen. Bestellungen werden unter Namen wie Ryan Gosling oder Beyoncé aufgegeben. Wenn es Klischees für Hipster gibt, wird hier jedes erfüllt. Es gibt vegane und glutenfreie *Wraps* und *Bowls*. Und selbstverständlich sprechen alle englisch.

Lisa Banholzer wählt eine Linsenschale mit Süßkartoffeln und eine Gurkenlimonade. Draußen hat der Tag noch nicht entschieden, ob er hell werden will.

Banholzer ist ein paar Jahre jünger als Gaulands Tochter. Sie vertritt eine ähnliche politische Meinung. Vielleicht sind die verschiedenen Weltanschauungen auch Ausdruck eines Generationskonfliktes? Die Jüngeren wurden in eine globalisierte polyglotte Welt hineingeboren, während es den Älteren schwerer fällt, die abgeschottete, durch Blöcke voneinander getrennte Welt der Vergangenheit zu verlassen.

Banholzer hat im Sommer nach den Ausschreitungen in

Chemnitz ihren Blog geöffnet für einen Beitrag von Milla aus Chemnitz, eine junge Frau, die sie über Instagram kontaktiert hatte. Milla beschreibt darin ihre Erfahrungen bei der Gegendemonstration, wie sie sich vor den Rechtsextremen fürchtete und wie überfordert die Polizei agierte. Der Beitrag steht da nun zwischen den Posts zum »Louis Vuitton Look« und »BB's Must have: Glamour shopping week«.

Banholzer war zu dieser Zeit bei ihrem Freund in den USA und verfolgte im Fernsehen, was in ihrer Heimat geschah. »Ich hatte das Gefühl: *Shit, it is real!* Da gibt es echt Leute, die andere Menschen verfolgen, weil sie nicht deutsch aussehen. Das ist mega erschreckend.« Für Banholzer war es auch eine Zäsur. Bis dahin dachte sie, so schlimm sei es nicht. Bis dahin hatte sie, wenn sie sich mit ihrem dunkelhäutigen Freund in der Öffentlichkeit zeigte, keine schlechten Erfahrungen in Deutschland gemacht. »Von meinen Followern kommen nur positive und keine rassistischen Kommentare.«

Nun erzählen ihre Freunde »mit Migrationshintergrund« über Alltagsrassismus, wie oft sie damit konfrontiert seien. Und eine Freundin, die ebenfalls mit einem dunkelhäutigen Mann zusammen ist, überlegt sogar, aus Berlin wegzuziehen. »Das ist krass. Wir denken immer, Berlin ist offen.« Es scheint auch das erste Mal zu sein, dass Banholzer bemerkt, wie eng und begrenzt ihre eigene Wahrnehmung ist. »Ich kenne keine AfD-Anhänger. Wirklich niemanden.«

All das führt dazu, dass Banholzer ihre Plattform öffnen und Stimmen gegen den Rassismus Raum bieten will. Sie erzählt von der »Unfollowme-Kampagne«, eine Social-Media-Aktion gegen Rechts, bei der Künstler wie Smudo oder Sido Follower mit rechtem Gedankengut auffordern, ihnen nicht mehr zu folgen. Banholzer sieht das differenzierter: »Ich verstehe, was sie sagen wollen, aber das schließt einen Dialog aus. Ich würde mir wünschen, dass mir Leute folgen, die ein anderes Mindset haben, um sie mit neuen Ideen anzuregen.« Wer immer nur mit seinesgleichen redet, bringt auch keinen Wandel. Allerdings folgt Lisa Banholzer selbst auch niemandem, der anders denkt als sie.

Vor kurzem hatte ihre Firma Blogger Bazaar fünfjähriges Jubiläum. Banholzer und ihre Geschäftspartnerin feierten es gemeinsam mit zweitausend Menschen in einem Berliner Club. Dieses Jubiläum führte aber auch dazu, dass Banholzer intensiver über ihre Branche nachdachte: Wer sind diese Influencer, die vor fünf Jahren niemand kannte, und wohin führt sie die Zukunft?

»Wir sind im Megawandel«, sagt sie. Viele aus Banholzers Bekanntenkreis haben ihre Stellen in der Modeindustrie gekündigt. Sie hatten das Gefühl, was sie machten, sei zu oberflächlich, habe zu wenig Sinn und Gehalt. Auch Banholzer selbst hat dieses Gefühl manchmal, sehnt sich nach Substanz in ihrer Arbeit. Sie hat nun die Reichweite und könnte ihre Inhalte bestimmen und umformen. Zugleich ist sie Sklavin des Systems und des Algorithmus. Wenn sie etwas Substantielles postet, ist das Feedback nicht so groß wie bei einem schlichten Selfie, das hat sie oft erlebt. Für Selfies bekommt sie zwei- bis dreitausend Likes, bei »inhaltlichen« Posts, wie sie das nennt, vielleicht tausend. »Aber wenigstens sehen es überhaupt Leute. Es sind immerhin tausend Leute, die deine Gedanken gelesen haben!«

Banholzer zweifelt oft daran, wofür bestimmte Marken stehen, für die sie wirbt. »Aber ich kann nicht alles wegwerfen und sagen: *Ich lebe jetzt im Wald!*« Also versucht sie, jede Woche kleine Label vorzustellen, die nachhaltiger produzieren. »Trotzdem müssen wir zwischendurch auch Aufträge für kommerzielle Label annehmen, um die Plattform zu finanzieren.«

Im Gegensatz zu Alexander Gauland und den AfD-Anhängern,

die stets davon überzeugt sind, dass ihre Lebensweise die einzig richtige und mögliche ist, fragt sich Banholzer fortwährend: Wie lebt man richtig? Wie verhält man sich richtig? Und wie könnte man es noch besser machen? Sie ist darum bemüht, keine Fehler zu begehen. »Das ist voll der Druck und mega anstrengend.« Und sie hat ständig ein schlechtes Gewissen, jede Aktion, jede Handlung ist moralisch aufgeladen. Wenn Banholzer sich etwas *to go* kauft, lehnt sie die Pappbecher ab, sie bestellt kein Essen mehr, weil Foodora so viel Müll produziert, selbst Gesichtspeeling ist schwierig, weil darin Mikroplastikteilchen enthalten sind. Wer daran nicht zugrunde gehen will, dem bleibt irgendwann nur die Erkenntnis der eigenen Fehlbarkeit. Banholzers Art einer rigorosen Hypermoral steht der von Alexander Gauland gegenüber, der jede moralische Verantwortung für seine Politik von sich weist.

Vielleicht ist Banholzer auch deshalb noch immer in der SPD: »Ich bin gerade nicht Teil einer erfolgreichen Partei, aber ich glaube, dass die Grundwerte, für die die SPD steht, wichtig sind.«

Sie nippt an ihrer Gurkenlimonade, das Lokal ist voll, vor dem Fenster laufen Touristen entlang.

Auch die eigene Instagram-Kommunikation sieht Banholzer nun kritisch. »Ich war Teil davon, wie dieses Monster entstanden ist, nun muss man Kindern beibringen, wie sie damit umgehen.« Manche sagen jetzt auch, dass Influencer mit mittlerer Reichweite wie Banholzer schon bald in die Unsichtbarkeit, also in die Vergeblichkeit, gedrängt werden würden. Und dass nur die Superstars wie Caro Daur oder Bibi mit Millionen Followern überleben werden. Banholzer schweigt. »Wenn du dich austauschbar gemacht hast, kann das sein. Aber wir haben unser Profil geschärft.« Das heißt, das Lisa Banholzer jetzt wieder öfter offline arbeitet – Paneltalks, Shop-Eröffnungen, Pop-up-Stores. Der Trend gehe Richtung reale leibhaftige Begegnungen – »Auge-in-Auge-Interaktion«, wie Banholzer das nennt. Auch um sich unabhängiger zu machen vom Netz. »Dieses Medium ist wahnsinnig übersättigt. Ich will gar nicht mehr so viel am Handy und auf der App sein.«

Vor fünf Jahren hatte kaum jemand ein Instagram-Konto. Heute fragen sich die Jüngeren untereinander nicht nach der Handynummer oder der Facebookadresse, sondern, ob man auf Instagram sei. Doch jede Bewegung erschafft eine Gegenbewegung. Digital Detox. Inzwischen gibt es Apps, mit denen man sein eigenes digitales Verhalten kontrollieren und beschränken kann. Banholzer lebt nun in dem Widerspruch, selbst kritisch zu sehen, was sie ernährt. »Wer weiß, ob Instagram in zwei Jahren noch da ist.«

2019 wird Lisa Banholzer dreißig Jahre alt. Sie beschäftigt inzwischen fünf Mitarbeiter, trägt Verantwortung für sie. Und der größte Erfolg ist ihr Gesicht. »Je mehr Leute wir anstellen, desto mehr muss mein Gesicht irgendwo da draußen zu sehen sein.«

Unsicher wie sie aussieht oder wie sie sich vor der Kamera darstellen will, ist sie längst nicht mehr. Ihr fehlt nun die Leichtigkeit des Anfangs. Der Druck, alles richtig zu machen, ist höher, weil sie unter strenger Beobachtung der Netzgemeinde steht.

Die hat vor kurzem fast auch die italienische Modemarke Dolce&Gabbana zu Fall gebracht. Dolce&Gabbana planten eine große Show in Shanghai. Zuvor brachten sie aber einen Werbespot heraus, in dem sich eine Chinesin müht, Spaghetti und Cannoli mit Stäbchen zu essen. Sie scheitert daran ziemlich klischeehaft. »Dafür wurden Dolce&Gabbana in den sozialen Medien auseinandergenommen«, sagt Banholzer. Dem Label wurde Rassismus vorgeworfen. Eine globale Modemarke kann heute nicht mehr so agieren. Respektlos, gedankenlos, eurozentristisch. Anschließend hat Stefano Gabbana sich wohl ebenfalls über die sozialen Medien einen Schlagabtausch mit seinen Kritikern geliefert, darin soll er China unter anderem als Scheißland bezeichnet haben. Davon wiederum wurden Screenshots gemacht und im Netz verbreitet. Gabbana behauptete daraufhin, die Plattform, sein Account, sei gehackt worden. Offenbar glaubte ihm das niemand. »Das kannst du nicht mehr bringen. Du kannst nicht mehr hinterrücks beleidigen. Das Internet bringt Transparenz«, sagt Banholzer.

Der Grat zwischen einem vielleicht witzig gemeinten Werbespot und einer Verletzung wird schmaler. Banholzer nennt es das Recht anderer Menschen, nicht verletzt zu werden. Nur ist eine Verletzung ein individuelles Gefühl, dass sehr unterschiedlich empfunden und ausgelegt werden kann. Banholzer sieht diese Entwicklung positiv: »Wir lernen, unsere Klischees und Vorurteile zu hinterfragen.« Manchmal kann diese moralische Rigorosität aber auch anstrengend, ja geradezu gnadenlos sein. So verengt sich die Grenze des Sagbaren in Banholzers Umfeld immer mehr, während sie sich in Alexander Gaulands Umfeld immer stärker ausweitet. Es ist, als bedingten sich beide Extreme gegenseitig.

Am Ende mussten Dolce&Gabbana die Show in Shanghai absagen und sich für die misslungene Werbekampagne entschuldigen. Lisa Banholzer kritisiert diese Marke schon länger. Gabbana habe auch Melania Trump ausgestattet und auf seinem Kanal von der amerikanischen Präsidentengattin geschwärmt. Banholzer schrieb ihm, dass sie dies für ein politisches Statement der Marke halte. Das finde sie problematisch. Darauf erwiderte er, sie verstehe nichts, Trump sei eine starke Frau. Domenico Dolce und Stefano Gabbana bekennen sich zu ihrer Homosexualität, was sie jedoch nicht davon abhält, sich in Interviews gegen die Homo-Ehe und Leihmutterschaft auszusprechen. Banholzer sagt dazu nur: »Die haben es einfach nicht verstanden! *They are just not modern persons!*« Den letzten Satz sagt sie auf Englisch, so wirkt er noch distanzierter. In ihrer Gemeinde klingt das wie ein Todesurteil.

Banholzer denkt nun viel über ihre persönliche Zukunft nach, ihr Freund will 2019 längerfristig nach Deutschland ziehen. Sie haben vor zu testen, wie sie als Paar im Alltag funktionieren. Aber es gibt so viele Optionen und Angebote.»Wenn unsere Welt sich die ganze Zeit ändert, müssen auch wir uns die ganze Zeit verändern.« Der New Yorker Lebensstil erschöpft Banholzers Freund. Der finanzielle Druck dort ist hoch – bei einer Miete von drei- bis viertausend Dollar im Monat. Wenn er Freunde treffen möchte, muss er vor die Tür gehen. Banholzer hat eine Wohnung, in die sie ein paar Menschen einladen kann. Das Leben in Berlin sei freier, sagt sie. Aber sie fürchtet auch die AfD und deren Anhänger. Mit ihrem Freund nach Dresden zu fahren, würde sie sich nicht trauen. »Ich hätte Schiss.«

Es ist früher Nachmittag, als Banholzer das *Beets and Roots* verlässt. Am Abend wird sie die Eröffnung eines Lacoste-Shops besuchen, für die sie die Gästeliste kuratiert hat; danach übernimmt sie das Premieren-Styling für eine Freundin, die bei der Serie »Dogs of Berlin« mitspielt. Am selben Abend wird Alexander Gauland beim AfD-Bürgerdialog in Hoppegarten auftreten. Das *Mittelpunkt der Erde* und das *Beets and Roots* – zwei Lokale, die nur wenige Kilometer voneinander entfernt liegen. Zwei Blasen, die doch völlig fern voneinander existieren. Berührungspunkte gibt es nicht.

DANK

Ich danke vor allem Lisa Banholzer, Bożena Block, Jörg Asmussen, Alexander Gauland, Thomas Matczak und der Familie Reichenbach.

Ich danke meinem Mann und meiner Tochter, dass sie mich während der intensiven Arbeit an diesem Buch ausgehalten haben.

Und ich danke: Siv Bublitz, Barbara Wenner, Tanja Ruzicska, Jenni Roth, Christian Schertz, Kerstin Schmitt, Mark Schieritz, Annabel Wahba, Paul Middelhoff und der *Zeit*.